译文经典

哲学的生活方式
La philosophie comme
manière de vivre

皮埃尔·阿多与雅妮·卡尔利埃、
阿尔诺·戴维森对话录
Pierre Hadot

〔法〕皮埃尔·阿多 著

姜丹丹 译

对话者简介

雅妮·卡尔利埃：法国（巴黎）高等实践研究学院副教授，开设了以"在古代末期的哲学理念与宗教实践"为题的研修班，针对后期新柏拉图主义的宗教思想发表了数篇论文，也针对普拉提诺的弟子与作品的编订者波斐利的宗教思想撰写了一部专著。

阿尔诺·戴维森：芝加哥大学教授，研究领域涉及哲学、科学史与神学。著有《性的涌现：历史知识论与概念的形成》(哈佛大学出版社，2001年)、《批评的质询》(合编)，发表过关于法国当代哲学家让凯列维奇、列维纳斯、康吉翰姆、福柯的研究文章数篇。目前，他正在整理和主编米歇尔·福柯的法兰西学院授课稿在美国的译本。

推荐语

皮埃尔·阿多的著作《哲学的生活方式》，在当代法国哲学舞台上被当成是"改变哲学"和"美化生命"的书；它重新点燃了古希腊及古罗马希腊化时代哲学的"生活智慧之光"，让哲学走出抽象理论的象牙之塔，紧密地与有声有色的生活实践相结合，倡导哲学沉思的旋律与生命脉搏的节奏和谐共舞，在现实社会和个人的生命洪流中经受陶冶与提升，促使哲学转化成为一种审美生存的艺术，变为富有创造精神的处世态度。

——高宣扬
上海交通大学人文学院资深教授

哲学不只是一种纯粹的理论，也是需要在日常生活中去亲历和体验的一种实践，法国当代著名哲学家皮埃尔·阿多通过对西方古代哲学史的梳理与重新诠释，呈现了哲学也是一种生活方式。

——杜小真
北京大学哲学系教授

在今天这个混乱、功利、急躁而且忽视"内心"和外界真实沟通、忽视用自己的眼睛感受他人和外界的时代，阿多的书犹如一股清泉，滋润并洗涤着灵魂，他用自己的经历和体验，用丰富而多趣的经典解读，用深刻而多面的思考，引导读者向往那从古到今真正的哲学家们追求的智慧之路。因此，这本书是为所有人写的。

——冯俊

清华大学马克思主义学院特聘教授

中国现代外国哲学学会法国哲学专业委员会主任

目 录

导 言 ································· 001

1. 在教会的裙裾里 ······················ 001
2. 学者、教师、哲学家 ·················· 051
3. 哲学话语 ···························· 090
4. 诠释、客观性与误读 ·················· 104
5. 契合的体验与哲学生活 ················ 125
6. 作为精神修炼的哲学话语 ·············· 146
7. 作为生活与智慧探求的哲学 ············ 164
8. 从苏格拉底到福柯：一段漫长的历史 ····· 203
9. 无法接受？ ·························· 242
10. 唯有当下是我们的幸福 ··············· 269

后记 ································· 291

皮埃尔·阿多作品选目 ··················· 300

再版译后记 ···························· 302

导　言

　　改变人生。改变，至少一段人生。很少有书能达到这个效果。但是，有一个年轻的美国人，他是一位史学家，完全不是哲学家，在读过《古代哲学的智慧》①英译本之后，他给皮埃尔·阿多的信里这样写道："你改变了我的人生。"(You changed my life.) 因而，这个作者预先回答了我在这本书里向皮埃尔·阿多提出的问题：除了格外博学以外，您的著作在总体上难道不是具有引导性 (protreptique)，致力于让读者"转向"(trepein) 哲学的生活吗？在这两种规划之间存在着间距：一方面，告知读者一系列的事实，并以没有多少争议的方式表明，对于古希腊人而言，哲学不是一种体系的建构，而是一种生活的选择；另一方面，用含蓄的方式引领读者"转向"如此

---

①　原名为《何谓古代哲学?》(*Qu'est-ce que c'est la philosophie antique*)，皮埃尔·阿多著，伽利玛出版社，1995年。中译本见《古代哲学的智慧》，张宪译，上海译文出版社，2012年。——译者

被理解的哲学。在皮埃尔·阿多的一本著作的英法文书名之间，完全容纳了这种间距：法文的原文是《精神修炼与古代哲学》(*Exercices spirituels et philosophie antique*)——这个书名并不怎么引人注目（但却很畅销），而本书中的对谈人之一阿尔诺·戴维森（Arnold I. Davidson）编订出版并作序的英译本书名改为《哲学的生活方式》(*Philosophy as a way of life*)。但是，在英译本里，不忠于原文的这个书名并不完全是迷人眼目的。皮埃尔·阿多在这本对话录里说明，在他关于古代哲学的三本博学的重要著作里，人们可以"间接地"称之为具有引导性的特征：《精神修炼与古代哲学》(1981)、《内心的城堡》(*La Citadelle intérieure*，1992)、《古代哲学的智慧》(1995)。与其对人们讲"这样做"，阿多说，不如援引克尔恺郭尔的"非直接沟通的方法"，我们可以"通过另一个经历的精神体验的描述［……］让人隐见与联想到一种精神态度，让人听见一种召唤……"这三本书，具有无可挑剔的渊博学识，但又总是明澈的、从不沉重，而人们确实这样做了，也听到召唤，正如读者们的来信所证实的。这本书或许超出了这些含蓄的联想。这不再是一番"什么是古代哲学"的提问，尽管其中涉及古希腊与拉丁哲学的许多问题。"对哲学家提出的主旨性的问题"，皮埃尔·阿多在谈论一个问题时偶然说道，"意味着在根本的层面上了解究竟什么是做哲思",这不是在对话录的开头作为纲领提出的,而相反是在书的最后,如同一种小结。针对这个核心的问题,"什么是做哲思?",皮埃尔·阿多将归根结底给出唯一的一种答案,尽管他用不同的形式变幻音调,正如围绕一个主题,做出各种变奏。而这些回答首先嵌在他的知性与内心的路径之中。他在前两篇访谈中,刻画出相关路径,随后,这些回答穿梭在其他访谈提出的问题中,我们提问如何阅读、如何诠释古代哲学,在古代哲学中有什么是恒久的,有什么是也许今人不再能接纳的,以及今天我们能对于古代哲学构成的"实验室"采取什么样的价值判断。简而言之,它们如今凭借什么能够帮助我们更好地生活。

第一个回答是非常早熟的,因为早在皮埃尔·阿多几乎还是一个孩子时,天空——星辰遍布的星空——给予他一种难以忘怀的、难以言述的经验(最重要的东西无法言说,这一理念已经呈现)。后来,等他读了罗曼·罗兰,他意识到,在这种体验里,有这位作家所称作的"海洋般的情感":有一种既恐怖又美妙的焦虑感攫住我的身心,那是世界的在场,整个宇宙的在场,还有自我在世界之中的在场所引发的感受。"我相信,正是从这个时刻起,我已成为哲学家,"皮埃尔·阿多在六十多年后如是说道。因此,他早在认识古代的哲学家们之前(他首先了解的是托马斯主义，如果说那是成体系的哲学的话），他就知道哲学不是一种体系的构建，而是一种亲身经历的体验。今天，皮埃尔·阿多将罗曼·罗兰的"海洋般的情感"等同于米歇尔·于兰（Michel Hulin）的"野性的神秘主义"，他在对话里几次提到后者；他在成年后曾对普罗提诺（Plotin）的否定的、防御性的神秘主义（aphele panta，放下一切）着迷，相比之下，他后来更倾心于一种接纳性的神秘主义："接纳一切事物"。当读到他在这本书的末尾处所列选的很棒的选目时，我们会明白，在他的一生中数次体会到的"海洋般的情感"，它不断地滋养着他的哲学思考。这是他在古代哲学中找不到根源的唯一主题：古代人在一些令人崇拜的文本里表达了他们在宇宙面前的心醉神迷，以及属于宏大的存在链条的生动意识，这种链条让我们与石头、树木、动物、其他人和星辰相互关联；但是，如果说他们体会到与宇宙整体融合的这种情感，他们却并没有言说。

皮埃尔·阿多与古代哲学的第一次接触是非直接的。他通过蒙田遭遇了柏拉图的那句著名的定义：哲思，意味着练习去面对死亡。"我在当时也许还没有明白，"皮埃尔·阿多在今天如是说，"但这正是引导我把哲学做不同于理论话语的呈现的文本之一。"这个文本恰恰是丰富的，因为它承载着多种诠释，当我们以绝对的方式并在语境之外看待它，它将渐渐地迁移到既是一个学者、也是一个人的皮埃尔·阿多的思考核心。

但是，倒并不是柏拉图-蒙田的这句话引导他发现古代的哲学话语不是一种体系的构建，而是在经过深思熟虑之后，他也并不怕与时尚逆道而行（他从来也不操心时尚的问题），他称之为"精神的修炼"。相反，这种发现是出于对正确法文的观照。从三年级起，我们就要学习撰写很齐整的作文，既不要词句啰嗦，也不要前后矛盾，层次要清晰；但古代的哲学话语却并不符合秩序与明晰性的标准；亚里士多德、奥古斯丁撰写得不好，柏拉图的对话自相矛盾。皮埃尔·阿多显然不是注意到这些问题的第一个人，但他得出了一个重要的结论。他在此讲述的方式，也许相对他的前几部著作而言，对于非专家的读者更容易接受。他表明，这些不连贯的地方是可以解释的，如果我们假定古代哲学家是为一个特定的听众群或一位听众讲述的话（随后写成文字），而他期待的不是传递信息，而是说服、让人发生转变、产生"一种培育的效果"；简而言之，古代的论著几乎无一例外都是具有引导性的；与此同时，这些话语，旨在有利于听众，有时候也与听众相互合作，无论是否用对话的形式，都是"思想的体验"、"如何思考"的练习。因为对于古代人来说，哲学首先是一种生活的方式，他们把哲学家称为犬儒主义者，而哲学家没有任何的理论话语，或者他们还可以是各种各样的人物：女人、普通的公民、政客，既不写作，也不教书，却以哲学家的方式生活。但是，苏格拉底正是因其生与死的方式让古代人崇敬，这超出了他的学说，而他的学说也没有写成文字，而且很快被那些盗用他大名的人们独揽和篡改。皮埃尔·阿多在这里简短地说明这个主题在中世纪的基督教时代之外的涌现。他也强调，对于任何哲学家来说，有一个诱惑在于认为，做哲思即是建构一套完美无缺的理论话语，而且最好是全新的话语。"一个概念建筑的或多或少灵巧的结构会化为自足的目的"，"哲学家总倾向满足于他自身的话语"。在一个国家，当哲学作文对许多体面的职业而言，都是作为开门秘诀的第一粒芝麻时，这种倾向就格外强烈。

如今，皮埃尔·阿多满怀长年熟读古代文本（无论是柏拉图，还是斯多葛派的传统）的经验，他对柏拉图关于面向死亡修炼的诠释彻底地远离了对于死亡的任何迷恋，远离基督教的那句训诫"记住你注定会死"（memento mori）以及重死轻生的任何注释。练习去死亡，皮埃尔·阿多说，即练习真正地去生活，也就是超越"片面的、偏颇的自我"，提升到一种"在高处的目光"，提升到一种"普遍性的视野"。这种三重的主题，最终只是唯一的一个主题，恰似在这些对话录里不断重现的一个主题曲，因为它运用在生命里的各个层面，对于所有的人类兄弟都是一样的。超越"片面的、偏颇的自我"，也就是首先要对我们属于人类共同体有所意识，对我们在行动中需要不断地拥有"共有"（koinônia）的财富的必要性有所意识。在众人之后，皮埃尔·阿多毫不费力地指出，不仅仅在古代哲学的话语中，而且也在从苏格拉底到普罗提诺的哲学家们的实践中，还有所有那些不是职业的哲学家却从哲学家的格言里汲取灵感的那些人们的实践中，这个主题有多么重要。您可知道斯凯沃拉（Scaevola）兄弟，作为斯多葛主义的信徒，表现为廉政的执政官，而穆修斯·斯凯沃拉作为罗马派驻亚洲省份的督察官，不仅仅没有根据惯例填满自己的腰包，反而自己付旅费，甚至要求他的下属也做到同样廉正？您可知道马可·奥勒留，作为斯多葛派的皇帝，流传的故事成百上千，他在得知做空中杂技的孩子们伤亡的消息时，特地规定这些训练从此要加系带来保护；当为了捍卫罗马边境而抵抗在巴尔干附近的萨尔马特人时，他会自问这场战争的合法性？这些原则和范例对今天的民主都是有用的，而无需对之进行"当下化"的处理。

对于皮埃尔·阿多来说，依照古代哲人尤其是亚里士多德的观点，这种规则，以及对"片面的、偏颇的自我"的超越，还有"从高处俯视的目光"、"普遍性的视野",也给学者做了规定:"研究一个文本,或者一些微生物,或者星辰,要抛除主体性。"在民主的实践以及科研的工作中,"需要抛除个体自我、激情自我的片面性,来升华到理性自我的普遍性的层面"。在这种情况下,皮埃尔·阿多将矛头直指一种所谓时髦的理念,即认为所有的话语都是有效的,所有的注解都是主观的,不仅不可能抵达客观性,甚至连朝这个方向努力都是不可能的。但人们却不能搞错了。在作为史学家,尤其是哲学史专家的情况下,置身在普遍性的视野里,这丝毫不意味着在诠释文本时可采用仿佛文本脱离时间、地点及其产生的社会的方式。皮埃尔·阿多沿着这样一条路阐明观点,从他认为流传过广的关于哲学话语的非时间性、超地点的概念出发,过渡到哲学话语嵌在历史中的明确意识的形成。

对于古代哲人而言,这种自我的超越,这种普遍性的视野,并不仅仅关涉学者与政客,而且关涉所有的人类:古希腊人首先构想了人类共同体的统一性,其中包括奴隶,宣称是"世界的公民"。当皮埃尔·阿多被问到这种"普遍性的视野"的意义以及与康德的"普遍性法则"的关系时,他强调了它们之间的相似性:在康德那里,"道德性在意料之外的、在某种程度上是英雄主义式的飞跃中创造出来,这让我们从一个有限的视野过渡到普遍性的视野",或者还"从仅能看到自我利益的小我过渡到朝向他人与宇宙敞开的自我"。这正是苏格拉底的遗产,他曾对雅典人这样说道:"谁能比我更多地忘记个人的利益,而来关怀你们呢?"

另有三个其他的主题,交织在我们以上提及的主题里,并且是用令人钦佩的方式表达的,在这里,短短几行的归结远不及在这本对话录末尾的选目。第一个主题,皮埃尔·阿多是在高中会考里初次遇到的,当时,他要针对柏格森将哲学界定为"一旦采取素朴的方式看待自身和周遭的决定"的一篇文本撰写论文。这种素朴的感知,他在古代人那里找到,比如在他援引的塞内加的文本里,而且也在距离我们当代更近的一些画家或诗人那里找到。在其中也关联了瞬间的重要的情感,这是斯多葛派与伊壁鸠鲁派不断表达的〔这是伊壁鸠鲁派诗人贺拉斯的"采摘当日"(carpe diem,另译为"及时行乐")的真正意义〕,也是一些现代哲人例如蒙田和歌德所不断表达的——唯有当下是我们的幸福;皮埃尔·阿多所称作的"存在的纯粹幸福"、心醉神迷的状态是与瞬间的丰富性相联系的,在现代哲人那里,也是在存在的谜语面前的焦虑、甚或恐惧。

我们清楚地看到,所有这些主题相互交织:"海洋般的情感"是皮埃尔·阿多称作宇宙意识的细腻的顶端;体会到当下瞬间的重要性——在我们构成其中一部分的广袤时空里,仅仅是我们对之有把握的时间与地点,这就等于生活在每一个时刻,仿佛这既是最后一次,也是第一次,仿佛人们用如同初次相见的目光"纯真地"看待这个世界。而属于这个世界的意识,也是置身在人类共同体中的意识,带着由此而来的所有义务。难道我们可以说皮埃尔·阿多拒绝建构一个完美无瑕的体系的诱惑吗?根本不是这么一回事。任何的形而上学,甚至任何的存有学都在这本书里缺席。过去,柏拉图试图用理性的方式向我们证实,美德要比罪恶更有益,而我们应该依照自身的利益行善。阿多完全不讲这一类的理论。这类理论什么都不能证明,也不能向我们保证幸福,事实上,完全不能给我们任何的许诺。他仅仅告诉我们,如同在苏格拉底或者马可·奥勒留的时代,一些原则引导了这些哲学家的日常生活,今天对我们来说,也可以产生"更自觉的、更理性的、朝向他人与世界的广袤更敞开的"一种生命。

因此,这是为众人撰写的一本书。难道这对于以教授哲学为职业的人们来说没有意义吗?我不这样认为。偶然与可预见的结果的交融促使这本书由三个声音构成,它们由于友谊而联结在一起。阿尔诺·戴维森是任教芝加哥大学的哲学教授;尤其是他在美国介绍和翻译了皮埃尔·阿多的作品,并已计划良久要与皮埃尔·阿多一起做对话录。而且,当我们的主编埃莱娜·蒙萨克雷(Hélène Monsacré)了解到多年来的友谊把我与皮埃尔·阿多及他的夫人密切联结在一起，就请求他接受也回答我的问题。我们四个人就一起决定，由戴维森与我本人来分担这项提问的任务。我们都很清楚，双方的问题、兴趣、能力都不同：戴维森是真正的哲学家，十分贴近当代的哲学问题。从我的方面来说，当我在法国高等实践研究学院开设研修班时，我就曾提到一些主题，但只是与哲学擦边，比如阿多对星相学、祈祷、斯多葛派的决定论的批评。结果就是——正如古代的哲学话语一样——在这本书里，即使没有矛盾之处，也至少包含了从不同视角涉及的一些主题和反复，可以说，一些回答与听众相对应，面对"世俗化"或"职业"的哲学家：透出奏鸣曲式的一致性，胜过哲学论文。因此，在这里显而易见，哲学不是体系的构建，而是作为生活方式的哲学。

雅妮·卡尔利埃（Jeannie Carlier）

1. 在教会的裙裾里

雅妮·卡尔利埃：您 1922 年出生在巴黎，父母双亲都是法国人，但您的表亲们都会讲德语，您对于歌德与蒙田同样喜爱，这并不完全出于偶然……

皮埃尔·阿多：我母亲是洛林人的女儿，1871 年，当阿尔萨斯与洛林合并时，她父亲选择拒绝归入德国。他在兰斯找到一份工作，在一个乡下人家里做酒窖管理工。在我的孩提时代，1930 年前后，我们每年都去洛林度假，洛林省在第一次世界大战之后又重新归属法国。我的表亲们住在临近德国边境的法国小村庄或者小市镇里，离萨尔格米讷和萨拉尔布不远。当地许多人不讲法文，而是讲一种德国的方言。比如说，在那边的火车站，给旅客看的所有指南都是用德文写的。此外，当地的神甫们也都用上流的德文布道，他们并不掩饰对世俗化的法国的敌意，而孩子们在教堂里也用德文做祈祷。在那里严守天主教的教规。我在孩提时代穿短裤都有伤风化。和我同龄的男孩子们都穿着长过膝盖的短裤来遮掩他们的"肉棒儿",布利斯布吕克的神甫常常这样说道。神甫们幸亏有梵蒂冈协议的资助,在一战后的法国,又由阿尔萨斯-洛林省供养,因而在他们的教区里做绝对的主人。比如,在二十世纪二十年代,泽汀的神甫曾拒绝给我堂妹做领圣体的仪式,根据一战后的风尚,他们给她剪了短发,在其他的信徒面前用这种方式羞辱她。

因此,我很早就遇到法国与德国之间的复杂关系的问题,当我童年时代在洛林度假时,也通过祖父和父母讲故事的途径有所了解。1914年,我父母不得不逃离兰斯,最终到巴黎避难,我1922年出生在巴黎。在我出生的一个月后,他们便返回兰斯,回到那座被轰炸得几乎面目全非的城市。城中的大教堂要花二十年修复,等到1939年才重新启用……直到第二次世界大战的前夕。从1922年到1945年间,我生活在兰斯,我一直爱着那座令人愉快的小城,它因大教堂与香槟而闻名。

说起洛林,法国人对当时一半属于法国却又讲德语的地区(所谓洛林人)的某种无知,总是让我感到恼火。在二战初期,1939年,洛林的居民全部被疏散。我的一个表兄曾特别偷偷地回到他的村庄,发现他的家里被洗劫一空:有人甚至愚蠢地把一些猪关在大衣柜里。法国人看到德语的碑文，还以为到了德国境内呢。

总的来说，许多法国人对德国现实的无知让我愤慨。比如说，我想到相当戏剧化的一桩事件，发生在七十年代左右。一位年轻的德国教授曾被邀请到巴黎做讲座。值此之际，他遇见一位法国教授，史学家、犹太裔，其父母双亲在纳粹对犹太人的大屠杀中丧生。这位法国学者拒绝与他的德国同行握手。但那位德国教授告诉我，他也经历过可怕的痛苦，因为他的父亲是一位共产党员，也死在集中营里。为什么这位法国教授会用刻板而盲目的态度对待别人，却不知道或者说不想知道，在对立的阵营里，也可能有人会和他一样，经历过相似的痛苦呢？但我想，关于这个话题，阿尔弗雷德·格罗塞（Alfred Grosset）在那本令人钦佩的著作《罪行与回忆》（*Le Crime et la Mémoire*）里已经谈过了，他讲到了一些知识分子"公开表示的不想知道的愿望"。

雅妮·卡尔利埃：您的母亲是信守教规的天主教徒吗？

皮埃尔·阿多：我的母亲非常虔诚。她每天早晨都去做弥撒。她这个人是个矛盾体：她非常快活，时常唱歌，有时候还扮一些吓人的鬼脸来取乐；她善于社会交际（而我父亲却不愿意与任何人来往频繁），她反感斋戒与夸张

哲学的生活方式 | 003

的苦行，却又拥有一种近乎狂热的信仰。在童年时代，我感到在我的父母之间有一种冲突。母亲让我做希望我父亲皈依的祈祷，那时候，他不再去做弥撒，有时候，他还对听我母亲忏悔的布雷泽尔神甫做一些古怪的影射。后来，我才明白，从我出生之后，母亲的身体状况很不好，也不能再生孩子。听她忏悔的神甫禁止她过夫妻生活，因为依照教会的教义，如果不是以生育为目的，不允许有性的结合。父亲和母亲各住一个房间。最终，我父亲回心转意，每个礼拜日去教堂做弥撒，但他总是一个人去，在早上六七点钟。每年，他也总是一个人出去度假一周，那是当时在香槟酒庄做工的雇员享受的特权：要等到1936年，法国的雇员和工人们才有权享受带薪的假期。当时的假期，父亲或在阿尔萨斯地区，或在萨尔地区度过。

雅妮·卡尔利埃：您对这位有点儿被抹煞的父亲，留下了一些什么记忆呢？

皮埃尔·阿多：我从他那里得到了很多，从他给我讲的丰富多样的各种话题里获益。他靠自学成才。他出生在马恩省沃图附近的一个小村庄里，家境非常贫困。大概在十一或十二岁时开始做工，在马恩河畔沙隆市（当时叫这个名字）。但这份工作并没有妨碍他学习德语、英语、速记和会计。当时，也是世界语兴起的时代，那是普世语言的一种尝试。他在欧洲的好几个国家都有用世界语通信联络的笔友。他拥有一个放着好多德文书的大书架，也曾研究德国的体育教育联盟。他画素描和油画，都画得很好；我保留了一幅他的自画像。大约在五十岁，他做到了白雪香槟（Piper Heidsieck）酒庄代理经理的位置。几年之后，他出了一次车祸，眼睛瞎了。在后来的二十年里，他用一种堪称典范的耐心承受着这种痛苦，一直到去世。我教他学习盲文。我们之间非常默契：我经常给他朗读，和他一起散步。

雅妮·卡尔利埃：因而，您父亲有点儿远离宗教，但您还是接受了一种非常宗教式的教育？

皮埃尔·阿多：是的，可以这样说，借用丹尼丝·邦巴尔迪耶（Denise Bombardier）的一部小说的标题来说，我有过"泡在圣水里长大的童年"。我在基督教会学校读完小学，学校坐落在兰斯的孔特莱街。在我看来，那些教士非常虔诚，给予了我们很好的教育。他们还费心在课间休息时组织我们做游戏。但是，每天早上讲的道德课，却让我们相当害怕。比如，他们会谈到在共济会支部会议里有魔鬼现身；或者一个圣女出现在另一个的梦中，托梦告诉对方,她一直承受折磨,因为即使她过着基督徒的典范生活,她还是在忏悔时隐藏了一个致命的原罪。

我母亲有三个儿子(我是最小的一个,比两位兄长分别小十岁、十五岁),她决定要让三个儿子长大后都去做神甫,带着那么一股子激情。当我的一个哥哥问她如果他放弃神甫生涯她会怎么想,她这样回答:"我宁愿看到你去死。"而他也许是她最心爱的儿子。况且她套用了通常认为是卡斯蒂利亚的布朗歇(Blanche de Castille)的一句话,后者大概是在谈及致命的原罪时对她的儿子圣路易说过这句话。无论如何,当时,我甚至无法设想我自己有可能在人生中做与两个哥哥不同的事,因此,当我在十岁时,进入兰斯的教会中学就读,我感到十分自然。

我先做了两年的寄宿生,随后,由于身体虚弱,我开始走读。在那所学校教书的神甫们也都非常虔诚,水平很高,尤其是负责教高年级,即最后两个年级课程的那些神甫。他们的确都是一些人文主义者,反复教我热爱古希腊罗马时代。但是,在"语法班级"里(第四至六年级)任课的神甫中,有好几位并没有同样高的水平或思想层次。其中有一位教五年级的柏热老师,普遍遭人厌恶,坦率地说,他就是个虐待狂。我曾经很天真地选他做我的忏悔师。当我在他的房间里忏悔时,有时候,他会让我在地上跪很长时间,让我实在感到很不舒服,不得不恳求他让我坐下来。在五年级里，时常会看到一个倒霉的学生，坐在地上，臂端擎着一本字典，这是专门研究出来的一种姿势，让人感到极为难受。此外，在当时家庭的教育行为里，总体来说，也不乏这一类的体罚。我在六年级时见过修道院院长主持的对一个在宿舍里大吵大闹的学生当众打屁股的处罚。此外，在每个礼拜一的晚上，都会对我们前一周的行为与学习情况打分。我们也会看到在食堂里高高的观礼台上，老师们在用餐，而那些受处罚的孩子们跪在同学们的面前，或者在一个角落里站着，不许吃饭。

雅妮·卡尔利埃：您小时候是一个虔诚的孩子吗？

皮埃尔·阿多：是的，我曾经拥有一种完全纯真的信仰，但应当说，并不狂热。比如，当我参加"圣餐礼"的仪式时，祖父对我说："这是你生命中最美的一天。"而我听了他的话却一点都不高兴，因为在那一天，我完全没有任何特别的感受。十二岁时，我和两个哥哥去罗马朝圣，教皇端坐在教宗御座（sedia gestatoria）上被人抬着出现时，我的哥哥亨利喊道："教皇万岁！"而我对于这种狂热，感到万分惊讶。我觉得这很有趣，但并不需要让自己也陷入那样一种状态。

在我的少年时代，事情发生了改变。而且，在很长时间里，我感到，从成年之后，我才真正地活在世上。我总是遗憾——出于基督徒的谦恭——我扔掉了最早写的日记，里面有我的人格诞生的回音，因为，现在很难再找回在我经历震撼心灵的发现时的心理体验。我还记得那种体验发生的情境。有一次，那是在鲁纳尔的街上，在从小修院返回我父母家的路上。那段时间，作为走读生，我每晚都走路回家。夜幕降临，星辰在广袤的天空上闪烁。在当时，还可以清楚地看见星星。另一次，是在我们家的一间屋子里。在这两种情境下，都有一种既恐怖又美妙的焦虑感攫住我的身心，那是世界的在场，整个宇宙的在场，还有自我在世界之中的在场所引发的感受。事实上，我当时还没有能力表述我的体验。但随后，我感受到，这种体验可以对应如下的问题："我是谁？""为什么我在这里？""我置身其中的这个世界究竟是什么？"我体会到在此处存在的一种奇异、惊诧与美妙感。与此同时，我产生了沉浸在世界之中的感受，成为世界的一部分，而这个世界从最微小的一根草延展到天空的星辰。这个世界以强烈的方式呈现在我眼前。许久以后，我才发现，关于我沉浸在世界之中的意识，个体属于宇宙整体的感觉，正是罗曼·罗兰称作的"海洋般的情感"。我相信，正是从这个时刻起，我成为哲学家，如果人们将哲学理解为关于存在、在世存在的意识的话。在当时，我尚且不会表述所体会到的感受，但我体会到写作的需要，我很清楚地记得，我写的第一个文本是类似于亚当在发现他的身体以及他周遭的世界时所说的一段独白。从这一刻起，我产生与其他人不同的感觉，因为，我不认为我的同学甚至父母和兄长会设想这一类的事。好久以后，我才发现，许多人都有相似的经验，只是不加谈论。

我开始用一种新的方式感知世界。天空、云彩、星辰，我自言自语"世界的夜晚"，让我着迷。背靠着窗户，我看着夜空，感觉好似浸身在广袤的星海之中。这种体验在我的整个生命中发挥了主导的作用。我有好几次重新体会到，比如在瑞士阿斯科纳的马焦雷湖畔时，或者在我从洛桑的莱蒙湖畔、瓦莱州的萨尔旺看向对面的阿尔卑斯雪山的山脉时。首先，对我而言，这种体验意味着发现了某种既令人感动又迷人心魄的东西，并不绝对与基督教的信仰相关联。这首先在我的内心演变中起到了重要的作用。此外，也强烈地影响了我的哲学观念：我总是把哲学看作对世界的知觉的一种转变。

从那段时间起，我很强烈地感受到在两种类型的日常生活之间的根本对立：一方面是对生活毫无觉悟的状态，听由自动的机制与习惯引导着我们，对于我们的存在以及在世界之中的存在毫无意识；另一方面是在日常生活中的某些特殊状态，在其中，我们以强烈的方式生活，对我们的在世方式有所觉悟。柏格森与海德格尔清晰地区分了两种自我：始终停留在海德格尔称作"俗人"的层面的自我与上升到他所称作的"本真的"层面的自我。正是从这个时期起，因为不敢和任何人讲我所体会到的感受，我总是感到有一些东西无法言说，即使是我可以言说的，也只是一些平庸的。我也留意到，当神甫们讲到上帝或死亡时，讲到惊心动魄或者令人恐惧的现实时，他们总会说出一大堆现成的语句，在我看来，这些语句是落入俗套和不自然的。对于我们来说，最主要的东西，是无法用言语表达的。

雅妮·卡尔利埃：总的来说，在您的哲学生命里，您经常称作"存在的最纯粹的幸福"始终构成主导乐句，还有对最重要的东西无法言说的确信，仿佛就这样偶然地确立下来，而从表面上看，这与您在神学院以及在父母家所接受的宗教教育，并没有任何的关系？

皮埃尔·阿多：这种经验与基督教完全陌异。在我看来，这要比在基督教义、礼拜仪式、日课经的宗教祈祷里获得的体验，更本质、更根本。基督教似乎更确切地说，是与日常生活的平庸性联系在一起。两个世界分别属于隐秘体验与社会习俗，最终平行并存，因为在那个年纪，我还没有就此对自己提出什么问题：事情就是这样，没什么好讲的。后来，我认识了一个人，而这种情形对他来说，已然构成问题。他就是莱因纳·舒尔曼（《无政府的原则》一书的作者）①，在七十年代，他至少花了一年的时间，到法国高等实践研究学院听我讲课，当时，他也在勒索尔索阿做多明我会的初学修士。他受到海德格尔很大的影响，而他的基督教信仰与他对"本真"存在、朝向实存敞开的体验并行，但彼此并不相协调。他把个人日记拿给我看，在日记中，他表达了内心的困扰，而我当时很困惑，不知如何帮助他。我尝试着把自己置身在他所具有的基督教视野里，尝试着说服他在自己身上接受两种经验并存的可能性。但我认为，他最终放弃了基督教的信仰。

此外，还是在神学院的小修院，多亏了教过我的一些优秀的教授，我发现了希腊文与拉丁文的古代著作，古希腊的悲剧，维吉尔的长诗《埃涅阿斯纪》②。在初中三年级，我们读到了维吉尔笔下的狄多与埃涅阿斯相恋的情节：神

---

① 莱因纳·舒尔曼（Rainer Schürmann）原籍德国，但他能讲一口令人钦佩的法文。1971年，我担任了他的博士论文《艾克哈特或流浪的快乐》（*Maître Eckhart ou la joie errante*）答辩的委员之一。舒尔曼对海德格尔的诠释遭到研究海德格尔的著名专家亨利·比罗（H. Birault）的强烈批评。他的国家级博士论文约在1980年答辩（《无政府的原则》（*Le Principe d'anarchie*），巴黎，瑟伊出版社，1982），明确地从海德格尔的思想中得出结论：不可能围绕一个核心原则把真实统一。randa后，他在美国成为了一位卓越的大学教授，还撰写了一部出色的自传性叙事作品，《根源》（*Les Origines*），巴黎，法亚尔出版社，1978年。
② 狄多与埃涅阿斯原本是出自古希腊神话中的人物，狄多是蒂尔王的女儿，埃涅阿斯是特洛伊的王子，曾抵抗希腊的侵略。公元前一世纪，罗马大诗人维吉尔撰写了一首长诗《埃涅阿斯纪》（*Eneide*），把狄多和埃涅阿斯当作同时代人，两人相恋，埃涅阿斯在诗中向狄多描绘特洛伊的末日。——译者

学院对我们掩藏与爱情相关的一切，然而，在诗中，有关于这个主题非常令人感动的一些诗句；在当时，这又让我感到尴尬——我还没有清楚地意识到这一点——在里面，有一种体验，与基督教完全陌异。

雅妮·卡尔利埃：您提到"海洋般的情感"，因为罗曼·罗兰这样命名，但我们也许更愿意称之为"宇宙情感"，因为这样的名称更具有总体性。此外，或许，这难道不会轻微地在每个人身上都发生吗？人们却总不加理会。而这正是如此发生在您身上的某种东西。另一方面，您说，这种"情感"与基督教完全陌异。的确，除了在《旧约》中（天空与大地讲述上帝的光荣），在您所援引的基督教文本，尤其在基督教的灵修中，这种情感并不经常出现。但在古希腊罗马时代，在自然面前体会到心醉神迷的情感，带着一种离奇的抒情调子，不仅在例如吕克拉斯这类诗人的作品中，而且，甚至在例如爱比克泰德① 那样最枯燥的哲学家的作品中，均反复出现。说到底，这难道不是与古代之间的一种强烈的断裂吗？

---

① 爱比克泰德（Epictetus, 55—135），古罗马斯多葛派哲学家、教师。出生于罗马弗里吉亚的一个奴隶家庭，在童年时被卖到罗马为奴，后师从斯多葛哲学家鲁佛斯，并获自由。此后，他在罗马教学，建立了自己的斯多葛派学园，后因罗马皇帝图密善害怕该哲学家日益强大的影响力对王位构成威胁，他被驱逐出罗马。于是，爱比克泰德移居希腊西北海岸的尼科波，终其一生在那里教书。——译者

皮埃尔·阿多：我要捍卫罗曼·罗兰所使用的"海洋般的情感"这一表述，由此出发，我甚至要把这种体验与我提到的在自然面前的心醉神迷的体验加以区分。在讲到"海洋般的情感"时，罗曼·罗兰希望表达一种非常特殊的细微差别，即犹如在无垠的海洋中的一朵浪花的感觉，作为神秘、无限的现实的一部分的感觉。米歇尔·于兰在他令人敬佩的著作《野性的神秘主义》（对他而言，野性的神秘主义只不过是海洋般的情感）中，用"在此时此地、以强烈的方式存在着的在世界之中在场的情感"来标志这种体验，他也讲到"在我自身与周遭世界之间的本质性的共属关系（co-appartenance）"[1]。

面对自然的情愫，在《福音书》里也有。耶稣讲到开满百合花的田野的华美光彩。但我要说，如我前面提起的海洋般的情感与对自然的情愫不同，这与基督教完全陌异，因为在其中，没有上帝或者基督的介入。这属于存在的纯粹情感的层面。我不确定古希腊人是否了解这种体验。如果您说，他们有过对自然的情愫，并且这种情感达到了顶点，那么，您是有道理的，但他们只是很少讲到沉浸在作为整体的宇宙中的情感。在塞内加[2]的作品里，有

---

[1] 米歇尔·于兰，《野性的神秘主义》（*La Mystique sauvage*），巴黎，法国大学出版社，"批评视野"丛书，1993年，第56—57页。
[2] 《道德书简》（*Lettres à Lucilius*），66，6。

哲学的生活方式 | 013

一句话这样结尾,"toti se inserens mundo"("沉浸在世界的整体之中"),讲的是完美的灵魂。此外,也不能断定这与我们在这里讲到的体验相吻合。吕克拉斯讲到(Ⅲ,29),当他想到无限的空间时,会有颤栗与神圣的快感攫住他的身心,他也许联想到这种体验。在文学中,缺少相关的例证,但并不意味着这种体验缺席,我们只是局限于对这方面的无知。

无论如何,这种体验并没有什么特殊。各种类型的作家都有过影射,比如,于连·格林(Julien Green)的《日记》(*Journal*),阿瑟·库斯勒(Althur Koestler)的《零度与无限》(*Le Zéro et l'Infini*),米歇尔·波拉克(Michel Polac)的《日记》(*Journal*),雅克琳娜·德·罗米莉(Jacqueline de Romilly)的《通向圣维克多的路上》(*Sur les Chemins de Sainte-Victoire*),陀斯妥耶夫斯基的《卡拉马佐夫兄弟》(*Les Frères Karamazov*),也许还有卢梭的《孤独散步者的遐想》(*Les Rêveries du Promeneur Solitaire*)(第五章)。可以有一长串的名单,在此仅列举几个书名。在其他的文化中,我们也可以找到类似的体验,比如在印度文化[《罗摩克里希纳福音书》(*Ramakrishna*)①]或者中国文

---

① 米歇尔·于兰,见前页引书,第27页。

化里：我们在中国思想或绘画里可以推测出来。

雅妮·卡尔利埃：在十五岁时，您进入大修院学习。那么，您对这个时期留下什么印象呢？您在三十年代末就读的这所大修院究竟是怎样的呢？

皮埃尔·阿多：我先完成高中会考中的第一部分，其中包括法文的作文考试。随后，我在 1937 年进入了兰斯的大修院就读。我当时感到非常幸福。我们每个人有一个单人房间，这是我在此前从未有过的奢侈。当夜晚降临时，就断电了。在入睡前，我时常注视广袤的星空。在一种温馨的氛围里，我们以知性的方式劳作。每个早晨，先做冥思，随后参与两次弥撒。在白天，我们上课、研读有关灵修的著作。我们有两年的哲学课，学习托马斯主义的哲学学说，也读柏格森的著作。在写过《创造进化论》（*L'Évolution créatrice*）而被教会批判之后，柏格森几乎成了一名教会的神甫，尤其自从他写了《道德与宗教的两大来源》（*Les Deux Sources de la Morale et de la Religion*）以后。柏格森对我的思想演变产生重要影响，他全部的哲学集中阐述存在、生命迸发的体验之中，在意愿之中，在让我们看到活力演变产生飞跃的"绵延"之中，我们在自身中亲历这种体验。我在 1939 年通过了哲学方向的高中会考，考试的作文题目是评述柏格森的一句话："哲学不是一种体系的建构，而是一旦采取素朴的方式看待自身与周遭的事物的决定。"我经常，也许过于经常地讲述在谈论这个主题时我所体会到的热情。但这证实了这件事对我来说至关重要。这也表明，在1939年，法国的哲学教师也向自身提出了关于哲学的本质的问题。

雅妮·卡尔利埃：二战在同一年爆发。您是如何经历那段战争时期的？

皮埃尔·阿多：在经过所谓"奇怪战争"的阶段，德军发动了1940年5月的进攻。兰斯的所有居民都被疏散了。大修院迁移到旺代省的吕松市避难。这给我提供了机会去发现旺代省教士们令人难以置信的反动心态。在吕松大教堂每个礼拜日的大弥撒仪式上，人们也不唱献给共和国的祈祷歌（当时是用拉丁文咏唱《主啊，赐福共和国》）。由于我在礼拜仪式中演奏管风琴，时机到了，我就演奏了这首曲子的开头，同窗们唱起祈祷歌，这可以说是革命性的，引起了一阵骚动。我还想起，当吕松大修院的一个教师在1940年向我们宣布停战以及成立贝当政府的消息时，他这样评论："终于，在国家教育部，我们有了一个信奉天主教的部长！"成千上万的法国人流离失所，上千名法国士兵做了战俘，法国被打败了，遭受着凌辱，而神学院的老师却对我们讲了这么一句话！

不久之后，我与在拉罗舍尔附近避难的父母亲团聚。那年十月之前我们都住在一个名叫克鲁瓦·沙波的小镇。十月份我们返回兰斯，我们得以重回大修院。

雅妮·卡尔利埃：在整个法国被占领时期，您都始终在吕松当地吗？

皮埃尔·阿多：不，仅仅在1940到1942年间。在我们的象牙塔里，生活如同往常一样照旧继续。唯一的问题是饮食，但负责这项任务的神甫们非常机灵，他们悄悄地从外面运进肉类和土豆，当地的农民们都很慷慨。有一天，有一个德国飞行员为了让他的情妇开心，他在毗邻的高中的上空做一些飞行的特技，结果坠毁在大修院的小教堂上。幸好没落在饭堂上方，我们当时刚好在用餐！德国士兵赶到现场，闯进大修院。还好我们勉强有时间把羊羔与小公牛藏在一间教室里，牲口们在里面大肆地拉尿拉屎。

就这样，我们没受饥饿之苦，又可以阅读神秘主义作家的作品了。神甫布雷蒙（Brémond）的鸿篇巨作《宗教情感的文学史》（*Histoire littéraire du sentiment religieux*）让我特别感兴趣。尤其是胡安·德·拉·克鲁斯①及其令人钦佩的诗歌。还有阿维拉的德兰修女②以及利雪的德兰修女③。于是,我热烈地体会到神秘冥合的欲望。与上帝有直接接触的理念,让我着迷。从此,我对自己提出以下问题:"如果人们将上帝视作绝对,如何可以与上帝产生接触,尤其又如何将相对与绝对等同呢?"在我们阅读的神秘主义的著作里,精神意识的导师扮演着重要的角色:他在炼狱、启示或者冥契的路上引导他的信徒。此外,这也是从新柏拉图主义继承而来的三个阶段。因此,当我留意到,我的精神导师似乎对这方面的问题并不太感兴趣时,我非常失望;我甚至换过精神导师,我设想一个新的导师会更多地关注这些问题,但是,他们在这个方面,全都很有保留。

---

① 胡安·德·拉·克鲁斯(Jean de la Croix, 1542—1591),另译为十字若望。西班牙神秘主义者,加尔默罗会修士和神甫,天主教改革的主要人物。他还以写作闻名于世,他的诗歌及其对灵魂增长的研究,被认为代表西班牙神秘主义文学的高峰。1726年,本笃十三世封他为圣人。他被列为天主教三十三位圣师之一。——译者
② 阿维拉的德兰另译为阿维拉的德肋撒(Thérèse d'Avila, 1515—1582),杰出的西班牙神秘主义者、罗马天主教圣人、加尔默罗会修女、反宗教改革作家。她是加尔默罗会的改革者,并被认为与十字若望一起创建了赤足加尔默罗会。因与利雪的德兰修女区分,又被称为大德兰。她的著作,包括她的自传,被认为是西班牙文艺复兴时期的文学以及基督教神秘主义的一个组成部分,在她的一部重要著作《圣德之路》(Camino de Perfection)里涉及默祷与冥思的生活。——译者
③ 利雪的德兰修女,又称作圣女小德兰(Thérèse de Lisieux, 1873—1897)。她十五岁入选加尔默罗会,二十四岁因肺病去世。她的自传在去世后发表,其灵修精神引起轰动。1997年,在她去世一百周年之际,教会将她列入四大女圣师,称之为最伟大的神学家之一。——译者

雅妮·卡尔利埃：在您的印象里，教会对于神秘主义的保留是相当系统化的吗？虽然有一些那么伟大的信奉基督教的神秘主义者，但神秘主义却被基督教带着一种怀疑的眼光看待，是否基督教并不鼓励神秘主义，今天依然用同样的方式？当涉及基督现身或者神迹的现象时，教会尽可能少地介入？

皮埃尔·阿多：我想，在这里，还有一个历史问题。在我看来，在十六、十七世纪，在胡安·德·拉·克鲁斯的时代，或者随后在费纳隆（Fénelon）的时代，人们非常注重神秘主义现象以及从新柏拉图主义继承而来的古典路径：炼狱之道，启示之道，冥契之道。后来，人们心态发生了转变，但我并不了解个中理由。无论如何，人们完全不鼓励抵达神秘主义的体验，因为，归根结底，人们认为这关涉的是完全例外的一些现象。关键在于履行义务。不管怎样，基督教的神秘主义体验是一种神圣的恩赐，不能仅仅通过人类的力量抵及，人们认为，依据上帝的旨意，上帝本人负责赐予这种神恩。

无论如何，我从来没有体会到在基督教意义上的神秘主义的体验，这并没有什么令人惊讶的地方，但是，我有一种大动感情的恻隐之心。在复活节前一周的所谓圣周，我曾用一种强烈的方式参与基督受难的痛苦，乃至于到了圣周的礼拜六或者复活节的礼拜日，我仿佛有一种真正的释放。在圣周从礼拜四到礼拜五的夜间,人们轮流守夜祈祷,我尝试着参与基督临终末日的仪式。我恰恰是在帕斯卡尔的作品里读到基督直到世界末日都处在缓慢垂危的过程中,而在这个时段里,世人不应当沉睡。

雅妮·卡尔利埃:在您接受的神学教育中,您还记取了什么呢?

皮埃尔·阿多:我当时开始的神学研究包括《圣经》的注疏相关的部分。我们曾有一个教授讲授《圣经》的注疏,他本人就是谨慎的代表。但是,我们毕竟隐约见到,尤其在《新约》的注疏中,也包括在《旧约》中,在受到神灵启示的这部文本里也有相当一大部分的人性成分。在这个阶段,我读了让·吉东(Jean Guitton)令人钦佩的著作《普热先生的肖像画》,讲述一个失明的天主教遣使会会士的生活与理念,他似乎是一个格外卓越的人物。他所在修道院的上司禁止他开设《圣经》注疏方面的课程,因为他运用一种批评性的历史方法,也就是科学的方法,来研究《圣经》的各种版本。他说,在这种研究中,他需要考虑到曾经影响了圣书作者的集体心态。对我来说,这是我所接受的诠释《圣经》文本的学养中的第一个阶段,我后来花了大半生的精力进行专攻。

在 1941 至 1942 年，大修院的院长决定让我中断神学的研究，因为我还年轻（我差点儿在二十一岁时被授予神甫的职位），让我在一年的时间里担任小修院学监。与此同时，我本来也要开始哲学本科阶段的学业（但我没能去巴黎修课）。就这样，白天做"大孩子"的督学，晚上做"小孩子"的舍监，在这一年，1942 年的 6 月和 7 月，我通过了古典文学研究合格证书的考试［这迫使我阅读了巴尔扎克的所有小说、圆桌骑士的小说以及舍尼埃（Chénie）的作品］和哲学史的合格证书考试［论文题目涉及笛卡儿与康德的"我思"（cogito），还有把塞内加的文本从拉丁文译成法文并加以评述］。我在 1942 年 10 月回到大修院学习，在那里度过了 1942 至 1943 年的学年生活。但这一年，颁布了强迫劳动服务的法令，于是，在做了体检之后，我被指派到德国从事劳役。我本应在 1943 年 7 月前往德国。此外，在我们修道院里，有几个人和我情况一样，为了让我们看上去不要太笨，院长给我们开设了关于性生活现实的启蒙课，用灾难应急的方式，也是唯一一次，而这通常是为六品修士（人们称之为六品副祭）专设的课程。在那个晚上，整个世界都在我面前显得未知，我得说，这对我来说是完全振聋发聩的。

我的一个哥哥在凡尔赛的大修院任教，他了解如何办手续能让人留在法国从事强迫劳动服务。这种劳役是面向法国高等（中央、地方等）院校的学生。按照当时的官方规定，只有机械专业技师可以免去德国服役，因为他们对于法国的工业生产是必不可少的人员。我去巴黎办了行政手续，我记不清相关的细节了，但结果就是，我被分配到法国国营铁路公司劳动。因此，我到了塞纳河畔维特里的火车机车修复场，离罗纳·普朗克的化工工厂不远。整座城市，在后来的很长时间里，一直散发着一股浓烈的氯气的味道。在工厂接待我们时，因为我的一番天真的言论，让所有伪装成机械专家的同伴们大笑，我就被主任派到最辛苦的车间，在那里拆卸火车头。我们在一些机器上劳动，拆卸重得可怕的火车头的各个部分，淤泥土屑都落在头上。我尽力做我力所能及的，但我对整个团队来说，都是一个大累赘，而且我的笨手笨脚还让车间的产量奖金化为泡影。但工人们并没有责备我。同时，他们教我学手艺，让我拿到了装配校准技工的结业证书：尽管我把所有东西都锯歪了，还得用锤子校准零件，他们还是把合格证书颁发给我了。

雅妮·卡尔利埃：您不是用双手做体力活的第一个哲学家：克莱昂特（Cléanthe）曾经做过搬运工，我记得。但校准工，这可真有象征性！

皮埃尔·阿多：于是，我至少学习到了一件重要的事。直到那时，在我撰写的文学、哲学或神学的论文过程中，我总是在校准理念，而不是金属材料。在这种情况下，用一种或另一种方式，我们总能顺利通过。概念很容易延展。但是，换到材质，事情就变得严肃起来。不能游戏，不能差不多，不能有或多或少虚假的安排。这不等于说在思想的作品里没有严谨的可能。但是，这是非常罕见的，而且很容易为自己和他人制造幻觉。

雅妮·卡尔利埃：因此，您当时在巴黎，离兰斯与教会的圈子都很远？

皮埃尔·阿多：我每晚累得要死。每天早上约五点钟就要起床，去罗蒙街圣神教堂的神甫那里做六点钟的弥撒。随后，我坐火车到维特里。每个礼拜日，我还得很早起来，去凡尔赛的大修院度过一整天，父亲当时也在那边。我尝试着尽可能多地躲避在教会的裙裾里。

九月份，我被调换到别的工厂。我到了马塞纳火车站，去修理火车车厢间的折箱，相对没有那么辛苦。十月份，又有了新的变化。由于抵抗运动，火车也经常脱轨。要把火车翻起，有一台功率非常大的起重机，即所谓欧洲最强大的吊车，我想，当时就停放在马塞纳火车站。显然，对于抵抗运动者来说，它可能成为要摧毁的目标。德国人要求日夜守护它。这种守卫工作要求始终待在吊车的旁边，一旦它被摧毁，就得和它同归于尽。总而言之，我被当成人质。当工人们随它一起出发，去吊火车头时，我就得和它一起上路，甚至按照规定，我需要始终待在吊车里面。不过，只有一次，有一个工头强迫我在运输的过程中也始终待在吊车里，甚至在夜间，我也得忍受这辆机器轰隆隆的震动声。但总的来说，其他的差旅还是相当愉快的。在每次为期几天的整段行程中，我们睡在火车车厢里，也一起做饭：比如炸薯条，在食品定量配给的时期，那是一道极其罕见的菜肴。

做人质的境遇，也有好处。往往，在做守卫的无所事事的时段，我可以读书。记得，我就这样第一次发现了柏拉图的《斐多篇》(Phèdre)。当我在夜间做看守时，我可以白天去光顾巴黎的图书馆，比如吉美博物馆的图书馆：于是，我对印度的神秘主义产生了兴趣。

到了年底，情况开始变得清楚起来，我还是需要被送到德国。例外不再被接受。再一次，凡尔赛的大修院介入了。我记不清细节了，但我被一个劳工督察员召见——我后来才发现——他是一个抵抗运动者。他把我送去做了一次体检。大夫发现了我心脏的一道杂音，这个症状确实无误。这就是伴随我终生的心脏问题的开端。于是，我被

"分配到大修院"，在我的工作证上写着这样的评语。

我当时的经历，也是修道院一些修士有过的经历，我想，这是促使在这个时期发展起劳工神甫运动的原因之一。他们留意到，在工人世界与教会世界之间，存在着一种几乎无法跨越的深渊，后者与资产阶级的偏见与价值过多地联系在一起。

雅妮·卡尔利埃：您是1944年在维也纳上了最后一年的研修班的课程吗？

皮埃尔·阿多：是的，那年秋天，我终于在兰斯接受神职授任礼。仪式在美国士兵驻扎的修道院里进行。那年我二十二岁，按照正常的情况，我本可以从罗马教廷获得免除年龄限制的破格批准，但当时无法与罗马取得沟通。教会之所以那么快地给我授予神品，是因为在1944至1945年，在兰斯的大修院里需要一位哲学教师。

雅妮·卡尔利埃：您当时是毫不犹豫、毫无情绪地去参加神职授任礼吗？

皮埃尔·阿多：需要把整个事件重新放置在我的童年与青年时代的情形里。正如我对您说过的，我母亲希望她的三个儿子都成为神甫。我从没设想过,我可以做其他事。我父亲完全没有给我任何压力,但母亲给过我一些压力。当我在大修院里就读时,我当然体会到,我不是做教区神甫的材料——顶多可以做个牧师,简而言之,我过于知性,不适合照顾救济院的孩子们、上教理课,等等。于是,我对自己说,最好能做个修道士,做多明我会的修士就不错。由于胡安·德·拉·克鲁斯的影响,我也想到加尔默罗会。我没有想到耶稣教士,因为我们深受帕斯卡尔的《致外省人信札》(Provinciales)里耶稣教士的阴郁形象的影响,他写道:"没什么能和那些耶稣教士相比的了!"但是,当我和母亲提起时,她叫道:"这绝对不可能,你父亲会为此而死的。"(我父亲当时已经双目失明,他非常在意我。)事实上,她希望我们都待在她的身边。她不能容许我封闭在一个修道院里不去看望她。

因此,我的未来,早在幼年时,就被规划好了,我无法设想其他的可能。简直可以说,一切与教士无关的事对我来说都是完全陌生的,而强迫劳动服役的六个月生活也没有让我看到"世界"迷人的一面。但是,要做反现代主义的宣誓,还是会让我感到极其尴尬。他们事先并没有通知我会有这种程序,让我当场念了一段文字,其中的每一行,或者几乎每一行都让我大为扫兴。我想,如今,没有人再提这种宣誓了。那是在1919年9月1日由庇护十二世的一道指令设立的。我需要宣告，比如，我认为，十二使徒与早期教父所传达的信仰教义从起源至今始终绝对未变，关于教条演变的理念则被当作异端；我也要声明，对于《圣经》与早期教父著作的纯粹科学化的注疏是不被容许的，而且禁止进行自由判断。我记得，在这种出乎意料的处境下，我困惑极了，但我最终对自己说："等着看看以后会发生什么。"如今，带着暮年人的眼光，我可以说，这种态度，如同怜悯一样，它可以是灾难性的，滋生出诸多惨剧。最终，除了在宣誓反现代主义时的怀疑之外，我当时并没有犹豫，只是因为我对自己的介入可能意味着什么完全没有概念。我并没有在了解到理由的前提下采取决定。后来渐渐地，我才发现生活现实的方方面面。

雅妮·卡尔利埃：因此，就是在1944年秋天，您刚刚被授予神甫职位之后，在结束您的本科学业之前，就要担任哲学的授课教师吗？您是在怎样的条件下进行这种双重生活，既做教师，又做学生呢？

皮埃尔·阿多：在1944—1945的学年里，我都在教哲学课，不仅在大修院，也在修女们开办的年轻女生的寄宿学校（我比其中一些人稍稍年长些）。在寄宿学校教室的后面，有一个和蔼的修女监督我上课，看看我的话语是否符合正统与分寸。

在这一年的教学结束时，兰斯的总主教派我到巴黎去完成本科学业。我当时要同时兼修天主教学院与索邦大学的课程。我在1945年10月到了巴黎；我住在卡塞特街，在专门接待天主教学院里读书的神甫的一座房子里。这座房屋与开设加尔默罗会研修班的地点相通，也面向天主教学院，在那里，还可以看到法国大革命期间九月大屠杀的那道门。

在天主教学院，我特别选修了拉勒芒（Lallemand）神甫（极端的托马斯主义者）、韦尔诺（Verneaux）神甫（精通康德思想的行家）和西姆泰尔（Simeterre）神甫（柏拉图专家）的课程。在索邦大学，普瓦耶[①]讲授现代逻辑学（在天主教学院，教授给我们的是形式逻辑学，也就是经院式的逻辑学）。我永远难以把握现代逻辑学，乃属天意。除了逻辑学以外，他什么都讲，而每当他讲到这个方面时，则毫无教学法可言。但这并没有妨碍我在1946年2月获得逻辑学的证书，当时，为抵抗运动者与拒绝到德国进行强迫劳动服役的人士举办了一场特殊的考试。而

[①] 勒内·普瓦耶（René Poirier，1900—1995），法兰西公学院成员（1956），在1936年成为索邦大学教授，1939至1945年间派驻巴西，1945年后回到索邦大学。他有两部重要的著作：《论归纳法的盖然性》（*Remarques sur la probabilité des inductions*，1931）、《论时间与空间概念的几个特征》（*Essai sur quelques caractères des notions d'espace et de temps*，1932）。从总体上而言，他的作品与知识论相关；他努力地界定一种"知性的人类学"。他具有不可思议的敏锐，在上课时，他既阐述了我完全听不懂的一些逻辑理论，也讲到一些微妙的心理学分析，比如关于嫉妒或信仰。

我还很幸运地得到一份文件，证明我有权不进行强迫劳动服役，我本人并没有要求过，这与我在1943年末随凡尔赛的劳工督察员去做的体检有关。位于巴黎维尔吉诺街十四号的"黑奴"抵抗运动协会为此提供了担保。那份文件显然是假的。在一生中，对于这份我本人没有申请过的虚假文件，我只用过一次，用于以快速便捷的方式通过逻辑学的考试。考试很容易，因为，我不知道，普瓦耶决定在这一课程的大纲里，只设形式逻辑学。一些人指控他参与法奸与纳粹合作的行为（在他的课上有些传单流传）。这种逻辑学上的薄弱让我后来受到惩罚，在我的知识学养里，有一种严重缺陷。后来，我试图弥补这种空白，但并没有找到太好的方式。

当时，阿尔贝·巴耶①也在索邦大学开设伦理学的课程。他用一种有点开玩笑的口气讲话。他非常相信进步，向我们预告，我们会看见人类在月亮上行走。勒内·勒塞纳②讲课的方式令人钦佩，讲稿写得如同论文一样，有引论、展开论述与结论。此外，我在他的《总体伦理学论著》

---

① 阿尔贝·巴耶（Albert Bayet）是《法国伦理学历史》（*Histoire de la morale en France*，1930—1931）、《善的理念》（*L'Idée de bien*，1908）、《伦理事实的科学》（*La Science des faits moraux*，1925）的作者，他是世俗道德领域的佼佼者，在伦理科学（伦理事实）与科学的伦理（即立足在科学方面的伦理学）之间徘徊。

② 勒内·勒塞纳（René Le Senne，1888—1954），法国索邦大学教授，撰有多部著作，其中包括如下著作：《总体伦理学论著》（*Traité de morale générale*，1942）、《论性格学》（*Traité de caractérologie*，1946）、《障碍与价值》（*Obstacle et valeur*，时间不明）。他的思想处在唯灵论与理想主义的传统之中。在他的授课中，我尤其记取了"义务冲突"的理念。

里学到很多。乔治·戴维①给我们讲授社会学，雷蒙·巴耶②讲美学，也在他的课上投影一些艺术作品。由于课程时间的安排，我不巧没能听让·瓦尔③讲海德格尔的课程。

1945—1946 年是思想活动密集的一年，尤其在二战后以及存在主义运动沸腾活跃的氛围之中。我在天主教学院与索邦大学两所学院同时修课，分别修了两个本科学位。不仅如此，我还听了许多讲座，尤其是亨利-伊雷内·马鲁（Henri-Irénée Marou）、别尔嘉耶夫④、加

---

① 乔治·戴维（Georges Davy），涂尔干学派的社会学家。在著作《宣过誓的信仰》(*La Foi Jurée*, 1922) 里，为了解释契约联系的形成，乔治·戴维为印度的种姓 (potlach) 的风俗（赠与，构成制造一种相对等的赠与的挑战）赋予相当大的重要性。这个词让学生们感到好笑。

② 雷蒙·巴耶（Raymond Bayer, 1898—1959）的夫人是埃米尔·伯里哀（E.Bréhier）的女儿，当她先生在美国突发脑血而导致瘫痪之后，她非常关切地照管先生的学生们，其中包括我本人。巴耶先生著有以下两本重要的著作：《论美学》(*Traité d'esthétique*) 与《优美的美学》(*Esthétique de la grâce*)。

③ 让·瓦尔（Jean Wahl, 1888—1974），法国现代哲学家。1936 年起任索邦大学教授；为躲避对犹太人的迫害，他于 1942 年逃亡至美国；1945 年重任索邦大学教授一职，主编《形而上与伦理学》杂志（*Revue de Métaphysique et de Morale*），并创立哲学学院。他的主要著作包括《笛卡儿哲学中瞬间概念的角色》(*Le Rôle de l'idée d'in stant dans la philosophie de Descartes*)、《英美多元哲学》(*La Philosophie pluraliste d'Angleterre et d'Amérique*)、《柏拉图的〈巴门尼德篇〉研究》(*Étude sur le Parménide de Platon*)、《黑格尔哲学中的不幸意识》(*Le Malheur de la conscience dans la philosophie de Hegel*, 1930)、《克尔恺郭尔研究》(*Études kierkegaardiennes*)、《形而上学专论》(*Traité de métaphysique*) 等。他为法国学界了解英美哲学以及海德格尔的思想作出了很大贡献。

④ 尼古拉·别尔嘉耶夫（N. Berdiaev, 1874—1948），出生在基辅。在 1917 年十月革命之后，他试图在当地提倡保存"精神的文化"，但他并不反对十月革命。作为俄国作家协会的副主席，他在 1920 年成为莫斯科大学的教授，但他在 1922 年被驱逐出境。在一次到德国访问后，他撰写了《一个新的中世纪》(*Un nouveau Moyen Âge*)。他 1924 年在法国定居，住在克拉马尔市，在那里写出他最重要的著作：《精神自传随笔》(*Essai d'autobiographie spirituelle*, 1938)，也出版了他翻译的雅各布·伯麦（Jacob Boehme）的拉丁文著作《伟大的神秘》(*Mysterium magnum*)。他的作品既是神秘主义的，也是具革命性的，他是捍卫精神自由的卫道士。

缪（Albert Camus）的讲座。每个礼拜五的晚上，我与加布里埃尔·马赛尔（Gabriel Marcel）的那个圈子频繁来往。我在大修院读过他的著作，甚至包括他的戏剧作品《砸碎的世界》（*Le Monde cassé*），这令我受益匪浅。也不记得是通过谁的引荐，我被他接纳去参与他在每周五傍晚主持的讨论会。有一年的时间，我经常出入他们的圈子。但是，当我从近距离接触他这个人以及在他身边的人们时，发现他们矫揉造作、废话连篇，并不讨我喜欢。

雅妮·卡尔利埃：那么，您是通过基督教的存在主义初次接触到存在主义的思想吗？

皮埃尔·阿多：我试图把托马斯主义与存在主义相协调。于是，我曾想因循雅克·马里坦①的范例，他在《关于存在的七堂课》里写道，要拥有作为形而上学的对象的存在的意义，仅仅拥有思辨还不够，需要"以鲜活而深刻

---

① 雅克·马里坦（Jacques Maritain，1882—1973），法国哲学家，新托马斯主义的主要代表。早年是新教徒，后在诗人布卢瓦的影响下于1906年皈依天主教，从此把新托马斯主义的传播作为终生事业。他曾先后在斯坦尼斯拉公学、巴黎天主教学院任教。1948年移居美国，任普林斯顿大学教授。第二次世界大战后担任过法国驻梵蒂冈大使，晚年在法国图卢兹修道院隐居。主要著作包括《从柏格森到托马斯·阿奎那》（*De Bergson à Thomas d'Aquin*）、《自然法——理论与实践的反思》（*Natural Law: Reflections on Theory & Practice*）等。——译者

哲学的生活方式 | 031

的方式感受事物"。我尤其还想以爱迪安·吉尔松①为典范,他提议从托马斯·阿奎那的学说中发展出带有当下哲学强烈影响的神学版本。在他看来,在托马斯主义学说的关于本质与存在的理念中,有真正的存在主义。此外,他也对萨特与梅洛-庞蒂的哲学赞誉有加:"长久以来,哲学第一次决意谈论严肃的事情。"他还提到一种体验,"自身身体以生机勃勃的方式"对整个存在"表示兴趣"。对他来说,哲学旨在认知,不在于建构、产生一种体系。此外,我并不后悔曾经从托马斯主义开始自己的研究:这至少是努力以"强有力的方式"言说的一种哲学,而我总是对现代哲学的概念浪潮感到失望。

于是,我结识了保罗·亨利神甫②,耶稣会的教士,普罗提诺著作的编订者,他对我在天主教学院与索邦大学完成的博士论文主题的选择方面起到非常重要的作用,尤其对我的工作方法的总体方向,甚至对我的精神演变起到重要的影响。

---

① 爱迪安·吉尔松(Etienne Gilson, 1884—1978),法国哲学家、历史学家,新托马斯主义的代表之一。曾任巴黎大学中世纪哲学教授。1929年起在加拿大多伦多大学任教,创立"中世纪研究所"。1932年任法兰西公学院教授。1947年当选为法兰西科学院院士。主要著作:《中世纪哲学》(*La Philosophie au Moyen Âge*)、《圣奥古斯丁研究导论》(*Introduction à l'étude de Saint Augustin*)、《存在与本质》(*L'Être et l'essence*)、《基督教哲学概论》(*Introduction à la philosophie chrétienne*)等。——译者

② 保罗·亨利(Paul Henry)神甫,比利时人,天主教学院的神学教授,与施怀泽(H.R.Schwyzer)一起出色地完成普罗提诺《九章集》(*Ennéades*)的再版,讲授一种非常明晰的神学。他对德日进的研究表示出热情。在《普罗提诺与西方》(*Plotin et l'Occident*, 1934)里,他揭示出普罗提诺在拉丁语世界中的影响。

这次结识是通过一个修女引荐的,她当时也在天主教学院修本科,我经常与她见面。我对她心生爱意,那是一种既柏拉图式又富有激情的爱情。亨利神甫察觉到这一点,他要求我们不要再见面。但事实上,我们后来一直保持通信,始终都是好朋友。

雅妮·卡尔利埃:保罗·亨利给您提议了一个博士论文的题目,但并不真正符合您的期待。当然,那种方向也并不怎么能为您保证日后著作的大量出版以及为广大公众感兴趣和支持的职业生涯吧?

皮埃尔·阿多:事实上,我当时在两个博士论文题目之间犹豫不决。一个是关于里尔克与海德格尔,接受让·瓦尔的指导;一个是关于公元四世纪的一位基督教、新柏拉图主义的作家,他非常神秘莫测,远没有托付出所有的秘密,他就是马里乌斯·维克托里纽斯(Marius Victorinus),官方指定的导师是雷蒙·巴耶,但实际上是在保罗·亨利的指导下完成的。我最终决定选择研究维克托里纽斯。从青年时代起,我就体会到各种形式的神秘主义的巨大吸引,这对我来说,似乎打开了关于上帝的不可言说的体验。胡安·德·拉·克鲁斯,还有普罗提诺,都属于我最偏爱的作者之列。于是,我就想把学院工作与我对神秘主义的兴趣联系起来。当我去看望保罗·亨利神甫时，我原本期待他建议我做关于普罗提诺的论文研究。结果让我大为惊讶，他建议我研究一个用拉丁文写作的非常晦涩的作者，马里乌斯·维克托里纽斯。他认为，我可以在这位被人判定几乎无法读懂的作家的拉丁文著作中发现普罗提诺译文的片段。如此，我花费了二十多年来研究这位作者，直到我的博士论文出版。在其中，我既没有发现神秘主义，也没有发现普罗提诺，但是，我似乎发现了他的弟子波斐利的一些痕迹。

兰斯的大主教给我延期一年的时间（1946—1947）来开始这份研究工作。但从学年之初，他就紧急召见我，因为需要找人接替在沙勒维尔市的圣雷米中学任哲学教师的一位神甫的职位，后者与一位年轻姑娘一起私奔了。于是，我就到了天气寒冷的阿登地区，在一所男生初中与一所女生的寄宿学校教书。这座城市的图书馆藏有十九世纪的普罗克洛斯（Proclus）与达马希乌斯（Damascius）的旧版译本，而这些材料对我撰写博士论文非常有用。我总记得，当时在午休的时间，在默兹河畔，在奥兰普山顶，我阅读这两位新柏拉图主义者的著作的情景。

在随后的一年（1947—1948）里，我感到有必要前往巴黎，好好地做与博士论文相关的研究。因此，我每个礼拜乘坐火车在巴黎与沙勒维尔之间往返。在我到巴黎查资料期间，我住在近郊九十二省的安东尼，靠在一所女生寄宿学校代课来付旅费与住宿费。但这种工作状态没能坚持多久，由于过度劳累，我只得中断了所有的教学工作。我先到孚日山①，后去瑞士休养了一段时间，在这一年及次年里，在圣日耳曼昂莱市立医院担任护士职务的修女们接纳我住院。

从1949—1950年起，我开始在法国高等实践研究学院第五区修亨利-夏尔·普奇的课②，在第四区修皮埃尔·库赛尔的课③。也是在1949年，雷蒙·巴耶让我进入法国国家科研中心，我一边做国家博士论文，即关于维克托里纽斯的研究，一边帮他整理他所主持的中世纪哲学词汇项目的材料。同一年，我在天主教学院通过了博士论文的答辩。我做的是关于维克托里纽斯作品中的"自因"上帝概念的研究。我博士论文的导师是一位很神秘的人物：

---

① 孚日山（Les voges），位于法国东北部的山脉。——译者
② 亨利-夏尔·普奇（Henri-Charles Puech, 1902—1986），法国高等实践研究学院（宗教科学系）教师，随后在法兰西学院担任宗教史的教席（1952—1972），是诺斯替教派与摩尼教派的专家，翻译并校订出版在埃及的拿哈玛地发现的几部诺斯替教派的文本。
③ 皮埃尔·库赛尔（Pierre Courcelle, 1912—1980），法国高等实践研究学院（哲学与历史科学系）的研究主任，后在法兰西学院担任拉丁文学的教席（1952—1980），撰写了一些相当重要的著作，比如《西方的古希腊文学：从马克罗比乌斯到卡西奥多尔》(Les lettres grecques en Occident, de Macrobe à Cassiodore, 1948)、《圣奥古斯丁的〈忏悔录〉》(Recherches sur les Confessions de saint Augustin, 1968)、《在文学传统中的圣奥古斯丁的〈忏悔录〉》(Les Confessions de saint Augustin dans la tradition littéraire, 1963)。他把自己看作保罗·亨利的学生，受益于他在对文学影响的鉴别中研究文学引文的方法。

卡迪乌神甫①，保罗·亨利也在答辩委员会里，我想，还有多米尼克·迪巴勒。围绕一个有关托马斯主义的杰出的题目，我在博士阶段着实上了一课，但我带着一种存在主义的精神来处理这个题目：论述在本质与存在之间的真正区别。亨利-夏尔·普奇与皮埃尔·库赛尔参加了我的答辩会。在索邦大学，我也在雷蒙·巴耶的指导下递交了关于维克托里纽斯的同一部研究论文，这使我获得高等学位的证书。普奇还鼓励我在法国高等实践研究学院也申请一个学位，还是关于维克托里纽斯的研究。评审报告人是亚历山大·柯瓦雷（Alexandre Koyré）。这一次，我递交的是对维克托里纽斯基督教作品的翻译。我在1950至1960年致力于这个方面的研究。这部著作1960年在"基督教文献"丛书中出版。

雅妮·卡尔利埃：因此，1940—1950年标志着一种转折。在天主教学院完成了一部博士论文，获得了一个高等学位，尤其还进入法国国家科研中心。您由此告别了中学教育，还领到薪

---

① 勒内·卡迪乌（René Cadiou），天主教学院的教授，著有多部关于神学家俄利根（Origène，或译奥利金）的很有价值的研究著作。我讲他是神秘的人物，因为，我自忖他对于教会究竟持什么立场。当我写信告诉他我放弃教会的神职位置，他这样回复："对您说我的看法会是复杂难言的事。我的情感取向并非不同，在这里，我更愿意免去解释。神职人员的政教合一的地位从来没有让我心服口服，我越来越强地倾向于赞同一种与东方教会相接近的观点，尤其赞同令人崇敬的叙阿尔（Suhard）大主教的学说。"

水，不像先前那么依靠于教会了。自1949年以来，您与教会圈子又保持什么样的关系呢？

皮埃尔·阿多：1949年，圣塞维兰（"大学生教区"）的神甫许可我在本堂神甫宅邸居住，并参与他主管的教区的活动。幸亏他对我的这些支持和帮助，我才得以在一个优美的环境里度过了两年光阴。我总是不知厌倦地赞叹那座美丽的教堂，还有茂密的森林。作为接受款待的交换，我要做一些服务性的工作，尤其负责编订教区的报纸。于是，我学会如何制作报纸，很有意思。我还写了几篇文章，尤其有一篇相当长的关于加缪《反抗的人》(*L'Homme révolté*) 的书评。加缪当时还给我写了一封信，可惜后来弄丢了。我当时在撰写博士论文，也去索邦大学听伊波利特（Hyppolite）讲黑格尔，尤其还有海德格尔的课。他特别讲解了《林中路》(*Holzwege*) 献给荷尔德林的一章，"在贫困的时代，诗人何为？"我非常钦佩他用极其明晰的方式来诠释晦涩难懂的文本的能力。

在圣塞维兰度过的岁月，在我的生命里代表一种决定性的转折。从这个时候起，我才开始对教会采取一种批判的态度。有几点理由。比如，在教区的神职人员中，有一位副本堂神甫，他希望把2月2日恢复为马利亚洗身礼日，依据犹太教的法规，要让所有刚刚分娩的女人们经受与圣母马利亚一样的洗身礼。此外,对这位副本堂神甫来说,他本人还是医学博士,这意味着由于性关系与分娩,女性被看作不洁的。我觉得这种观点很夸张。还有两个修道院修士当时初涉足堂区生活的现实,他们怀着年轻的热情,引起教士心中的反感,他们却认为教士不太符合福音。我要说,我往往同意他们的意见。他们经常表现出一种热情,被神甫认为不合时宜,尤其当他发现有些天,或不如说在有些夜里,一些有困难的人们,即所谓无家可归的"露宿者"住到他本堂神甫住宅的每一层里,他不得不驱逐他们。修士们谴责他不具有福音的精神。但是,《福音书》的实践也会苛求对我们生活方式的一种完全的颠覆!

还有让·马桑(Jean Massin),他后来成为音乐学家,他当时主持"灵性小组":其中汇集许多大学生,尤其是相当数量的巴黎高师的学生。他也日益发展出一套对教会的批判理论。神甫派我到这些小组中带去一种更正统的论调。因此,我参与了这种运动,比如它提议为学生们做关于《圣经》问题的启蒙,并运用历史的、注疏的方法。在这其中,尤其在注疏的领域,我承认,在马桑的批判中有一种根基。但我在他的个性与雄辩以及讽刺的精神面前大为逊色(我还见过有些高师的学生哭着听他讲话,我有一天听他花一小时或两小时的时间去讲《创世记》里简单的词语："亚布拉罕坐下"。）他往往受到一种或许有点扼要的精神分析学说的启发（他不说"受到好的教育"，却说"颇为俄狄浦斯"）。

还要补充一个可怕的打击：1950年8月12日庇护十二世下达的《人类的起源》（*Humani generis*）的通谕。教会里所有吸引我的地方都被禁令：德日进①的进化论，还有基督教全体合一主义（我当时总是带着很大的兴趣阅读一份新教的报纸——《改革报》）。此外，1950年11月1日颁布的《钦定圣母升天》诏书，更增加了我的失望。教皇庇护九世发展出圣母马利亚神学以及"无染原罪始胎"的教条，在我看来，相对于基督教的本质来说是一种偏差。为什么希望把圣母马利亚从人性的状况中抽离呢？在诸等一切之外，还要加上一种情感的问题。从1949年起，我爱着后来在十余年里成为我妻子的女人，可我以为我没有权利过双重的生活，正如我的许多同行一样。所有这些因素促成在1952年6月我决意离开圣塞维兰与教会。我在1953年结婚，不顾我身边认识那位女子的人们的警告，他们告诉我，我们的婚姻从各个角度看来都将是不般配的（这段婚姻实际上在十一年之后以离婚告终）。

---

① 德日进（Teilhard de Chardin，1881—1955），法国哲学家、神学家、古生物学家，在中国工作多年，本名泰亚尔·德·夏尔丹，中文名德日进。——译者

雅妮·卡尔利埃：这种转折对您的母亲来说，也许引起可怕的失望，甚至一种失败的感觉？

皮埃尔·阿多：我要说，我后来没有勇气回兰斯去和她见面。我给她写了一封信，当时的感觉像是犯了谋杀罪。在脑海里，涌现的是一个飞行员在一座城市上空投掷炸弹的场面。对她来说，那意味着她所有的希望都崩溃了。还要加上她产生了可能不再有权和我见面的想法。但最终，这种紧张的气氛平静下来，在随后的几年里，我时而去兰斯看望她。

雅妮·卡尔利埃：我想象，除了您的决定可能带来的所有撕裂以外，您也面对一些较低层面的物质问题？

皮埃尔·阿多：事实上，当我向法国国家科研中心说明我脱离教会的境况变化时，结果，在物质层面上，我的工资有了一定程度的提高。因为，我还记得，法国国家科研中心从认定教士们另有收入的原则出发，只付给他们科研资助的四分之一。但是，我当时的物质处境还是蛮艰难的。我开始在巴黎第六区住一间女佣的卧室，位于金字塔街十四号，那是让·马松（Jean Masson）借给我的。在1952—1953年间，我有机会体会到巴黎的上层资产阶级为其仆人提供的"舒适"条件。二十几间房间,共用一到两间盥洗室,没有暖气,在夏天里酷热难挨。有一天,我邀请一个人来吃午饭,搁在衣橱上方的一堆书因放得不够平稳,掉进了炸薯条的油锅里,锅里还满是热油翻滚……

结婚之后,我在塞纳河畔维特里安顿下来,在那个时代,当地的空气里总是漂浮着罗纳·普朗克化工厂的氯气的味道。我们寄住在我太太的姨妈家,但物质条件很不舒适。那些年头十分难熬。除了家庭的问题,我还总是在为未来担忧。在那个时期,法国国家科研中心的研究员并不享有如今作为政府公务人员的舒适的福利保险。他们需要承受每年的人员更新,而且当时据说只能以临时的方式留在国家科研中心工作。有一年,出于一种不合时宜的狂热,这个机构还解聘了一大批研究者。莫里斯·德·岗迪亚克(Maurice de Gandillac)把我从险境与失业中拯救出来,让我获得了继续做研究员的许可。我为此对他非常感激,当我告诉他我要离开教会的消息时,我也很感激他为我撰写了很善解人意的一封信。我经常去听皮埃尔-马克西姆·舒尔①开设的研修班的课程,他为我的命运感到忧

---

① 皮埃尔-马克西姆·舒尔(Pierre-Maxime Schuhl,1902—1984),曾在欧里亚克中学和几所外省大学教书。他在1939年应征入伍,后沦为战俘,他先后被关押在德国几个集中营。他在二战后被任命为索邦大学的教授。他的主要著作包括《论古希腊哲学的形成》(*Essai sur la formation de la pensée grecque*,1934)、《机械论与哲学》(*Machinisme et philosophie*,1938)、《美好、思想与行动》(*Le Merveilleux, la pensée et l'action*,1952)。他也从事绘画艺术的创作。

虑。他对我说，要是我没有参加教师资格考试，我就没有任何希望在大学获得职位。他建议我去参加图书馆管理员的考试。于是，我做了一年的图书馆管理员，学到了很多东西。但是，这份职业并不吸引我。因此，我继续留在法国科研研究中心，继续准备我的博士论文。

雅妮·卡尔利埃：总之，您在教会的怀抱中待了二十年，从十岁左右直到三十多岁。现在，您如何看待您曾经从内里熟悉的那个教会的世界呢？

皮埃尔·阿多：首先，我要说，我深深地感激在教会里大多数教师热忱提供的非常完整的思想教育。我更加感激——我在多年后才意识到这一点——我所有的学业，从初级到高级的学习，都是由兰斯的大主教资助的。如果我不是先读了小修院，又进了大修院，我父母大概无法支付我的学费。

其次，我还要说，我后来脱离了教会，但并没有与我在教会的朋友们断交，他们继续向我表现出很大的热情，尤其是保罗·亨利、让·达尼埃卢（Jean Daniélou）、克洛德·蒙代塞尔（Claude Mondésert），还有我的至交乔治·福利埃（Georges Folliet）。我只是慢慢地远离了基督教的信仰。在一段时间里，我甚至有时候还会去参加礼拜仪式，但这些仪式在我看来，总是相当做作的。自从第二次梵蒂冈大公会议之后，礼拜仪式都是用法文吟诵或者唱诗。在原则上，我并不反对这种翻译，但是，这似乎呈现出在二十世纪的世界与基督教礼拜仪式的神话或者套话式的表述之间存在的巨大鸿沟。当信徒听不懂仪式里的言辞时，这种距离，相对没有这么明显。我想，亨利-夏尔·普奇和我有同样的印象。有一次，他大笑着对我说，"耶稣，上帝的羔羊"，影射的是拉丁文"Agnus Dei"在法文中的翻译，难以理解的不是拉丁文本身，而是数个世纪以来隐藏在拉丁文后面的概念与图像。

我在1930—1950年间认识的教会阶层显然与今天的这个阶层，又颇有不同。在此期间，第二次梵蒂冈大公会议召开，关照到教会的一些糟糕的经验以及一些伟大神学家在二十世纪上半叶发展起来的批评意见。此外，怀着狂热，我还读了吕巴克（Lubac）、孔加尔（Congar）、舍努（Chenu）神甫的著作，这些作品在由第二次梵蒂冈大公会议带来的宗教改革中发挥了巨大的作用。

但我也有一些指摘的意见。我对于过去神职人员的指责，主要是投向苏比斯修会。这是在十七世纪创立的神甫修会，这个修会主持了法国大多数的大修院。无论是在兰斯还是在凡尔赛，可以说，这个修会的大多数人还生活在创立者让-雅克·奥利埃（Jean-Jacques Olier）神甫的时代。那真是一个相当古怪的人物，关于这个话题，好奇的读者可以去读读《木尼埃神甫的日记》里的一页①。只举一个例子：每天用餐前，教士们召集我们，在兰斯和凡尔赛都一样，给我们朗读生活在十七世纪的苏比斯修会的一位院长特伦松先生②撰写的良心反省的篇章。这些文字略加现代的改造，删除了其中的四轮马车，但事实上，这些良心审断都言说十七世纪的日常生活，而不是二十世纪的日常生活。我们把这些灵修操练颇不恭敬地称为"特伦松酒"，那是苏比斯修会的开胃酒。但这只是一个好玩的细节。最严重的是那种做作的环境氛围，完全与外部世界相隔离，任何个人的积极性、独特性以及责任的承担，都被取消了。我们对于世界的现实，尤其对女性世界的现实完全一无所知。当我母亲提议，让兰斯大教堂的管风琴演奏师谢芙萝（Chevrot）小姐教我演奏管风琴时，她的想法让我很吃惊。出于害怕，我拒绝了，因为，在我的下意识里，女人具有某种魔鬼般的性质。这种幽禁式教育的结果，对我来说，就是当我在1944年被授予神甫职位时，我也绝对没有准备好面对普通人日常生活的具体现实。后来，我才一点点释放和肯定了自我。

---

① 《木尼埃神甫的日记》(*Journal de l'abbé Mugnier*)，巴黎，1985，第378页。
② 特伦松（Tronson），苏比斯修会第三任院长，在默祷的方法中，他强调"信念"与"反省"，这后来成为苏比斯修会的默祷格式。——译者

我相信，现在，许多事情发生了改变。然而，我想，恶的真正源泉一直存在，这就是我所称作的超自然主义。当我讲到超自然主义时，指的是依据一种理念，尤其是通过超自然的方式，人们可以改变行为举止，这就是对神恩至高无上的权力的盲目信任，认为那可以使人面对各种情形。恰恰在那个时期，我们会在报纸与电视上，看到或听到神甫强奸幼童的消息。在这种情况下，人们可以非常清楚地观察到超自然主义何在。忏悔师与主教们太过于经常地相信，如果某个人不能控制一些冲动，他只需祈祷，尤其是在圣母马利亚的像前祈祷，最终就可以治愈这些冲动。事实上，在这种态度里，完全缺少心理学，在我讲到的近年来发生的神甫强奸幼童的案件中，我们可以说，真正的罪魁祸首是那些听忏悔的神甫，他们让教士们相信，只需相信上帝的神恩，就可以通过祈祷很容易地走出这些困难。而且，主教们应该——是在简单的善意的层面上——为这些神甫找到一种职务，让他们远离与孩子们的接触。在往日的一些情境里，我见过有的神甫意识到他自身的软弱，要求离开他会面临危险的工作地点。主教或者他的上司就会回答："如果上帝派您到这里，他也给予您神恩来超越您的困难；只需祈祷，一切都会好起来的。"

事实上，在托马斯主义的神学学说里，超自然主义是有根基的，也许甚至在整个基督教的神学里，以总体的

哲学的生活方式 | 045

方式奠定在自启示与救世以来不再有自然道德的理念之上。在我阅读的经院派哲学教材里，除了伦理学以外，哲学的所有其他部分都有论述，因为，明确地说，为神学院的学生们讲授纯粹自然的伦理学被认为是无用的：一方面，因为真正唯一的伦理学是神学的伦理学；另一方面，如果人们解释自然的伦理学，可能会冒着让学生们面向自然主义的危险，自然主义让人以为可以不要神恩而实践美德。此外，我们还可以留意这种倾向的另一种形态。有人会思忖：重要的在于对上帝的信仰，即使我始终是一个道德败坏的罪人，也没关系。亨利神甫有时候对我援引路德的话，并对之表示赞同："即便用你所有的力量犯下原罪，也要用更强大的力量信仰。"这正是格雷厄姆·格林（Graham Greene）的小说《权力与荣耀》（*La Puissance et la Gloire*）里的主题所在。

承认自己有罪，这固然很好，但如果能想到自己的有罪行为给他人造成的伤害就更好了。在 2000 年 12 月 6 日的《鸭鸣报》①（啊，是的，我有时候也读《鸭鸣报》!）上，转述了埃夫勒市的主教雅克·大卫阁下的一段话。他建议一个有恋童癖的神甫做自我告白，他说："我过去已经建议一些同行（即主教）在面对一些有这方面困难的神甫

---

① 《鸭鸣报》（*Le Canard enchaîné*），直译为"戴镣铐的鸭子"，1915 年创刊的法国周刊，以政治讽刺为主，并配有大量的笑话和幽默的漫画。——译者

时，朝这个方向行动。"这很好。但是，《鸭鸣报》还很有道理地补充道："尤其是修女们会面临困难。"实际上，在这里，我们面对着一种非常教会式的反动。在教会的关涉里，首先要指向的是有这方面困难的神甫，其行为也让教会陷入了困难。人们没有首先想到受害者，没有想到应该立刻结束受害者所可能遭受的危险。我们可以设想，在过去，现在偶尔也有，所有那些可怜的孩子们成为了围绕这一类行径的保持缄默的牺牲品。此外，教会也不是实行虚伪的唯一机构。在类似的境况里，军队或者警察局也不例外；它们都具有团体的精神。国家理性，教会理性，总有正确的理由。

这种超自然主义的后果之一，也在于让神甫们往往自以为可以免去实践自然的美德，如果说这样可以对教会或者他们自身有利的话，就会有虔诚的谎言、损害正义的事实歪曲。比如，在由宗教人士领导的企业里，员工们拿到的薪水总是很低，因为，这些员工为教会效劳，应该为教会牺牲；或者还有，比如我本人注意到的，在天主教学院图书馆里的米涅（Migne）神甫的《拉丁教父文献研究》（*Patrologie*）里，有一些页码被撕掉了，很可能是作为教士的读者所为……

谈到这个话题，也许无妨提到一桩陈年旧事，即宗教领域的"美国主义"。美国主义运动对应十九世纪末的

哲学的生活方式 | 047

美国天主教所特有的某些特征：关注道德问题和社会问题胜过教条以及对宗教的虔信，尊重在俗教徒的个体自由与责任。克兰（Klein）神甫在翻译一位美国主教艾尔兰（Ireland）的作品时（1894），还为黑克尔（Hecker）神甫的著作《生命》(*Vie*) 的译本作序（1897）。无论是对是错，后者都被认为是美国天主教特有倾向的启发者。由此，克兰神甫在法国引发了一系列的论战，教皇利奥十三世（Léon XIII）在 1899 年给在巴尔的摩担任主教的吉本斯（Gibbons）红衣大主教写了一封题名为《见证的仁善》(*Testem benevolentiae*) 的信作为通谕，裁判"美国主义"，他以为，可以为这场纷争画上句号。依据这封信，为了更好地吸引不信教的人士，"美国主义"流派支持的观点之一，在于把教义的某些要素束之高阁或者削弱，权当没有丝毫重要性；他们也主张要减弱信徒与教会当局之间的联系，以便保证在俗教徒的思想自由，并使他们能够更自由地依循圣灵的启示。我还要提到，在教会主导方与在俗教徒的立法创议权之间的对立，在教会里一直构成问题，正如在瑞士哲学家鲁埃迪·因巴赫（Ruedi Imbach）的著作《但丁——哲学与在俗教徒》(*Dante, la philosophie et les laïcs*) 里可以看到的。最终，"美国主义"认为，天然的、积极的美德要比超自然的、被动的美德更适合当今。在一个世纪之后，罗马教廷对"自然主义"的这种怀疑，至今依然活跃。我相信，神职人员太过忽略了自然的伦理。

雅妮·卡尔利埃：您曾简要地提到在您接受神职授任时被强迫说过一段反现代主义的誓词，也提到了劳工神甫运动的起始。您如何评价教会对这两个问题的态度呢？

皮埃尔·阿多：我刚才提到了罗马的裁判。我想，应当为这些裁判的粗暴，表示哀叹。这尤其伴随现代主义开始，发生在十九世纪末、二十世纪初。卢瓦西就因现代主义的指控罪名而被驱逐出教会。这等于说，比如，作为法兰西学院的教授，他不能去参加行政主管的宗教葬礼，因为只要他到场，主祭就不得不中断宗教性的仪式。在第二次世界大战之后，在教皇庇护十二世在位期间，劳工神甫被判定为有罪。说到这里，我想提到弗朗索瓦·勒普里厄（François Leprieur）写过的一本卓越非凡的著作，《当罗马进行裁判：多明我会修士与劳工神甫》（*Quand Rome condamne : dominicains et prêtres ouvriers*）①，他在书里，呈现了多明我会修士与劳工神甫运动之间的联系，指明为何多明我会修士被以"侵害自然权利"的方式遭到裁判。许多多明我会修士被制裁（被禁止教书、有时也被流放），

---

① 这本著作于 1989 年在塞尔夫出版社出版。也可参见孔加尔，《一个神学家的日记，1946—1956》（*Journal d'un théologien*，1946—1956），巴黎，塞尔夫出版社，2001。

哲学的生活方式 | 049

往往，他们有这样的遭遇，并没有明确的理由。当进行审判时，被告人走进法庭，并不知道为什么被控告。此前，他也没有收到任何传令文件，甚至不知道，在控诉结束之后，教会会强迫他宣誓，迫使他对审讯与裁判的整个过程保密。弗朗索瓦·勒普里厄在这本书的结论中，讲到罗马教廷裁判在人们心中留下的无法治愈的创伤。我不想进入全部的细节，但是，不得不承认，大约从庇护十二世教皇以来，存在着一个既专制又独裁的宗教政权。虽然幸好教会不再把判定有罪的人们交给世俗权力机构处决，但还是保存了一种宗教裁判所的印记，过于经常地体现出对个体尊重的严重匮乏。第二次梵蒂冈大公会议改革作出了值得赞扬的努力来救治这种态度。不幸的是，似乎这种体系没有任何福音书的特征，但至今依然在实施。举一个有名的例子，自伽利略以来，有一点非常离奇，罗马的神学家坚信拥有他们认为绝对永恒不变的一种真理。在某个既定的时段，带着既成的观点或方法，他们严厉地裁判一些人。几年之后，所有人，包括罗马的神学家在内，却又不得不承认这些人的观点是有道理的。在《圣经》注疏的方面，这种情况是不容置辩的。

2. 学者、教师、哲学家

雅妮·卡尔利埃：从1953年起，您就拥有充足的自由来完全投入地撰写国家博士论文了吗？

皮埃尔·阿多：我最初是与亨利神甫一起做马里乌斯·维克托里纽斯的评注版的编订工作。这一次合作代表了我的工作方法的一个决定性转型。在此之前，我一直是一个纯粹的哲学家。我对形而上学感兴趣，而且，特别需要提到，我也对神秘主义有兴趣，尤其是普罗提诺的思想。但从这个时候起，我开始学习做文献学家与史学家。我接受了自己从来没有实践过的一些文献学训练，对文本的批评，对手抄本至少是拉丁文手抄本的阅读。为阅读古代文本作准备，我在法国宪章学院以及高等研究实践学院的第四区，选修了一些课程。

许多哲学家没有意识到对于古代文本的研究意味着什么。有时候，我需要工作一整天，来了解某一个古希腊词在某种特定的语境中可能意味着什么，比如当我翻译奥勒留的作品时。因此，我与保罗·亨利一起编订了马里乌斯·维克托里纽斯的神学作品，而我本人还编订了意大利米兰大主教安伯罗修（Ambroise de Milan）的《大卫的辩护词》（*Apologie de David*）以及我认定是由波斐利撰写的《论巴门尼德》（*Sur le Parménide*）的评论片断。我与别人合作编订了一份很有趣的古希腊文本片断，它是在阿富汗边境上的阿伊-哈努姆（Ai-Khanoum）被发现的，也许是以往遗失的亚里士多德对话录里的一节。同时，我也在编订马可·奥勒留的著作《沉思录》（*Ecrits pour lui-même*）。我也正在继续编订其他的书籍。

在那个时候，我还发现了历史研究的方法。以前，我在处理哲学文本时将它们都当作是非时间性的，无论是亚里士多德，还是圣托马斯或者柏格森的文本，仿佛词语在无论哪个时代，总是具有相同的意义。我领会到，需要考虑各种思想与心态穿越数个世纪历经的演变。有一天，亨利-伊雷内·马鲁送给我他发表的一篇文章的样本，并写了如下的题献文字："致成为历史学家的哲学家，致亦成为哲学家的史学家。"文献学的规矩是麻烦的，但它经常带给人某种愉悦。比如，当人们体察到，众所周知的一个文本显然是有错误的，而幸亏通过对手抄本或语境、语法的考察，我们重新发现了恰当的版本。在我考察奥勒留或安伯罗修的文本时，有时候会遇到这样的情况。这对于哲学家来说，是一种有用的规则，教哲学家学习谦卑：各种文本往往是有问题的，当我们宣称可以诠释文本时，需要做到非常谨慎。这对于哲学家而言，也可能是一种危险的规则，它可能有自足的危险，而耽搁了真正的哲学思考。我想，对于保罗·亨利本人来说，这意味着不去提出神学中的庄严问题的一种方式。

雅妮·卡尔利埃：如今这位马里乌斯·维克托里纽斯并不为人知，他究竟是谁呢？

皮埃尔·阿多：他是古罗马的一位修辞学家，曾经翻译过普罗提诺的一些论著，最终，他皈依了基督教。他留给世人的是一部卫道式的作品，在其中，他捍卫了圣父、圣子与圣灵三位一体的同质性，这是尼西亚宗教评议会所肯定的原则。这部作品如谜一般难解。他引用普罗提诺，并发展出一种新柏拉图式的形而上学，我认为，他很可能就是普罗提诺的弟子波斐利。但近来，米歇尔·塔迪厄（Michel Tardieu）发现，他作品里的一些段落整篇都在字面上符合一部诺斯替派神秘学说①的文本《唆斯特利阿努末世说》,我们只了解它的科普特语版本。在维克托里纽斯的这段文字与这个诺斯替派神秘学说的文本段落之间,很可能有一个共同的源泉,但又是什么呢?

我花了二十年(从1946到1968年间),用至少其中大部分的时间来翻译他的作品,并写了一篇博士论文进行专门论述。最终证明,这并不是完全浪费时间。在做相关的研究时,我学到了许多东西,既涉及历史方法,也涉及批评方法的角度。我发现了新柏拉图主义一些不太为人知的方面,尤其是我认为是由波斐利撰写的对《巴门尼德》的评论的美妙断章。但是,我也许在解开这个谜题上面耽搁了太久。我还是希望终有一人会解决维克托里纽斯灵感源泉的这个谜。

雅妮·卡尔利埃:1959年,您属于在法国第一批开始谈论维特根斯坦的学者。这与维克托里纽斯有什么关系吗?

---

① 诺斯替派(Gnosticism),亦译"灵智派"、"灵知派",是罗马帝国时期在地中海东部沿岸各地流行的一种秘传宗教。起源于公元一世纪,比基督教的形成略早,盛行于二至三世纪,在六世纪消亡。诺斯替派认为,物质与肉体都是罪恶的,只有领悟神秘的"诺斯"(希腊文 gnosis,意为"真知"、"灵知"、"直觉"),才能使灵魂得救。掌握这种真知的人叫做"诺斯替葛"(希腊文 gnostikoi,意为"真知者"、"灵知者")。该教有些派别曾吸收某些基督教观念而形成"基督教诺斯替教派",后被基督教正统派斥为"异端"。——译者

皮埃尔·阿多：在某种方式上有所关联。事实上，我所做的关于维克托里纽斯的研究，并不足以满足我对哲学的激情。这就是为什么，尤其在1958—1960年间，我经常光顾不同的研究性场所：《精神》（*Esprit*）杂志的哲学研究小组，由保罗·利科（Paul Ricoeur）主持，在这个圈子里，我结识了让-皮埃尔·费伊（Jean-Pierre Faye）；伊尼亚斯·迈耶松（Ignace Meyerson）的心理学比较研究中心，是埃米尔·普拉（Emile Poulat）引荐我加入的，我在里面认识了让-皮埃尔·维尔南（Jean-Pierre Vernant）、玛德琳纳·比亚尔多（Madeleine Biardeau）、埃康（Hecaen）大夫。1960年，伊尼亚斯·迈耶松在罗亚蒙组织了一次很有意思的关于个人（personne）的研讨会，我也参加了，在其间，我与路易·杜蒙（Louis Dumont）等人结成好友，至今仍保持联络。也正是在1958—1960年间，我发现了维特根斯坦的《逻辑哲学研究》（*Tractatus logico-philosophicus*）与《哲学研究》（*Recherches philosophiques*）。我极其惊讶地留意到，当时被人介绍为逻辑学实证主义者的这位哲学家在他作品的最后几页里谈到了神秘主义。因而，在1959年四月二十九日，在让·瓦尔主持的哲学学院，我做了一场关于《逻辑哲学研究》的讲座。我还记得那次讲座的准确日期，多亏了玛丽-安娜·莱斯库雷（Marie-Anne Lescourret）的著作《伊曼纽尔·列维纳斯》

(*Emmanuel Lévinas*),她在这本书中对该学院组织的诸次会面活动做了非常生动的描述：这些活动一般在圣日尔曼教堂大门对面的楼里举行。在这个时期，我写了一系列文章论述维特根斯坦，当时在法国，他还不太知名。我其至还尝试着翻译了《逻辑哲学研究》，不过，译稿始终停留在草稿的状态。

在 1963 年，应拉德科斯基夫妇（安吉尔与于贝尔）的约稿，我在一个月里为"绝对的探求"系列撰写了一本小书《普罗提诺或目光的简单》(*Plotin ou la Simplicité du regard*)，这本书后来多次再版。当时，普罗提诺的神秘主义强烈地吸引着我，同时，我也体会到，它与我们身处的现代世界有着巨大的不同。

从 1968 年起，我朝向完全另一个方向出发，尤其为艾诺思（Eranos）研讨会①，准备了一次题为"新柏拉图对自然哲学的影响"的讲座。于是，我更好地理解了关于"自然"概念的思考的重要性，在这个领域从事了三十年的研究之后，我希望，现在也许能做到写一本书，来收录

---

① 艾诺思研讨会，由荣格创建，一直存在，在一个迷人的地点举办：位于马焦雷湖的瑞士河畔，在阿斯卡纳。第一次研讨会是在 1933 年召开，题为"东西方的瑜伽与冥思"。在这些会面活动中，有以下人员曾被邀请与会（名单很长）：H. Corbin、J. Daniélou、G. Holton、K. Kerényi、L. Massignon、P. J. de Menasce、P. Pelliot、H. Ch. Puech、K. Raine、S. Sambursky、G. Scholem、E. Schrödinger 等。在我 1968 年与会时，让我印象最深刻的人物是生物学家波特曼（A. Portmann）。

这篇讲座稿①。

雅妮·卡尔利埃：无论怎么看，1964年对您来说都是关键性的一年。在那一年，您被推选为法国高等研究实践学院宗教科学组的研究主任，而同时，您也与您日后的夫人结识。

皮埃尔·阿多：在法国高等研究实践学院的第五区，我此前也并不是完全不为人知。我去听过亨利-夏尔·普奇的课程，也在他的指导下，翻译了马里乌斯·维克托里纽斯的作品，拿到了一个文凭。我也去听了安德烈-让·费斯蒂吉埃（André-Jean Festugière）的课程，他翻译并评述了马里努斯（Marinus）的《普罗库鲁斯的一生》（*Vie de Proclus*），我也从他那里了解到普罗库鲁斯对柏拉图的《蒂迈欧篇》（*Timée*）的评论。听他讲课，我们学到了许多。勒内·罗克②与保罗·维尼奥③完全支持我参加研究主任的竞选，我毫不费力地获选，得到了研究和教授教

---

① 作者在此谈到的计划后来得以实现，即在2004年出版的著作《伊西斯的面纱——论自然理念的历史》（*Le Voile d'Isis. Essai sur l'histoire de l'idée de nature*），伽利玛出版社。——译者
② 勒内·罗克（René Roques），阿尔比教区的议事司铎，在法国高等实践学院第五区担任研究导师的职位，负责"中世纪早期的学说与方法"。当我在巴黎的卡塞特街念书时，于1945年至1946年间与他结识。
③ 保罗·维尼奥（Paul Vignaux，1904—1987），在1934年接替爱迪安·吉尔松的职务，担任法国高等研究实践学院第五区的研究导师，负责"中世纪神学史"；他在1962年至1972年间任这一区的院长。他尤其对中世纪末的唯名论的哲学家感兴趣。作为基督教工会活动分子，他对法国劳工民主联合会的创建起到重要的作用。我在1960年代加入该联合会，从而有机会与他建立合作。

会圣师拉丁文著作的教席。我想，这要归功于我所做的关于马里乌斯·维克托里纽斯的研究。

雅妮·卡尔利埃：同一年，在哈德（Hardt）基金会，您遇见了一位德国女子，她日后成为您的夫人。

皮埃尔·阿多：更准确地说，我与她重逢了。如果我相信命运的话，我想说，我与她的相遇是天意。事实上，我第一次是在科隆的中世纪哲学大会上与她结识，对我来说，那一次会面是一见钟情。接下来，我们交换了一些书籍，也有书信来往，但是，有一封信寄丢了，一切都中断了。在1964年9月，我去日内瓦-旺德夫尔的哈德基金会，和一位德国神学家卡尔·安德森（Carl Andresen）一起递交了维克托里纽斯的德文译本，这份译稿在阿尔忒弥斯出版社出版。当我到了基金会时，人们告诉我，伊尔赛特罗·马尔腾（Ilsetraut Marten）女士也在。于是，我明白，一种新的生活将在我的面前展开。1966年，我们在柏林结婚了。

当我与我的夫人初次相识时，我完全不知道她正在柏林的自由大学的保罗·莫罗（Paul Mauraux）教授指导下撰写一篇以"论塞内加与古代精神指导的传统"为题的博士论文。这个题目与我本人的关注点极其接近，长久以来，我倾向于将哲学界定为精神修炼与生活的方式。我的妻子对我思想的演变起到非常重要的影响。

而更重要的是，我今天还活在世上，多亏了她。因为我经常光顾巴黎的医院。在过去的二十年里，我经历了四次非常重大的手术。如果不是我的妻子日夜守护在我身边的话……

雅妮·卡尔利埃：您在法国高等研究实践学院第五区指导的研究被称作"拉丁文宗教文学"。这个标题是否由您本人选择的呢？

皮埃尔·阿多：我的同事们希望保留由保罗·蒙梭（Paul Monceau）演绎的这种研究方向。此外，我对于马里乌斯·维克托里纽斯的研究，我对他的作品的翻译，会让人产生我首先是一个拉丁文学者的印象。但是，几年之后，我的同事们准许我更改了指导研究方向的名称，从而变成"古希腊与古罗马末期的神学与神秘主义"。我先开设了一些课程，讲授米兰的安伯罗修的训诫与世界文学的一部杰作——奥古斯丁的《忏悔录》。此后，我开始为"七星图书馆"丛书译书［这个计划后来被放弃了，但这却给我机会结识了布里斯·巴兰（Brice Parain），我一直很钦佩他］，我开设课程讲授普罗提诺、奥勒留、古代

哲学的生活方式 | 059

逻辑学。后一个题目，为我赢得了日后成为名士的一些听众。法国高等研究实践学院是一个非常出色的机构。人们可以自由地去听课，研究主任也可以自由地选择题目，所开设的课程需要是独特科研的成果。从1971年或1972年起，我成为了第五区的秘书长，首先负责教学，随后负责行政，承担了这项比较沉重的任务。我的第一次心脏病爆发，心律不齐的创击，在一次令人难受的讨论过程中突发而至。"从总体上来说，这是一次工作事故。"心脏病科的专家这样对我说。

1968年，在依然承载着"五月风暴事件"痕迹的索邦大学，我终于通过国家博士论文答辩，论文的题目是"波斐利与维克托里纽斯"，伴随一部补充性的论文（1972年出版），论述这位谜一般的基督教修辞学家的生平与作品。答辩委员会由以下成员组成：莫里斯·德·岗迪亚克、亨利-伊雷内·马鲁、约瑟夫·莫罗（Joseph Moreau）、皮埃尔·库赛尔、皮埃尔-马克西姆·舒尔。

在其他国家，我的著作开始略有了一些读者。1968年，我应邀参加了阿斯科纳的艾诺思会面活动，多亏了第五区的同事亨利·科尔班（Henry Corbin）的介入，他一直认为我和他一样对于荣格的原型说、"大天使"、"集体想象"满怀热情。活动举办的环境相当华美，被邀请的其他人士都非常热情，但我并不是占主流的所谓正统学派的门徒。我在那里做了一次讲座，论述新柏拉图主义在西方对自然哲学的影响，只是调动了听众适度的热情。1974年，我第二次得到邀请。马焦雷湖的风景总是那么迷人。我做了一场关于苏格拉底的形象的讲座，得到了更热情的欢迎，但此后，我再未有机会返回当地。

有幸得到汉斯·布鲁门贝格①的支持，在1970年左右，我成为德国美因茨科学与文学科学院的通信院士。我很积极地参加科学院的每次会议，这让我与德国的同行持续保持联系。

雅妮·卡尔利埃：在1968年左右，您所拥有的教席的名称更加拓宽，马里乌斯·维克托里纽斯的研究也就接近尾声了。这让您必须学习文献学的严谨方法。一部分也是由于维克托里纽斯的方法缺乏条理，让您开始自问究竟什么是古代哲学。那么，您的研究是朝着这个方向定位的吗？

皮埃尔·阿多：首先，在教学中，我发展出关于普罗提诺的神秘主义论著的研究，而产生了做普罗提诺的著作的翻译兼评述的愿望。这个愿望后来才得以实现。但是，关于普罗提诺，尤其是马可·奥勒留，我开始开设一些

---

① 布鲁门贝格（Hans Blumenberg，1920—1996），德国哲学家。——译者

相关的课程，这一次引领我尝试着用更总体的方式思考的是我所称作的古代哲学的现象；这个现象，恰恰不仅仅是在精神现象的意义上而言，而且也是在社会现象、社会学的意义上而言。我曾尝试着提出以下问题：何谓一个哲学家？哲学学派究竟有何所指？因而，这引导我不把哲学再现为一种纯粹的理论，而是作为一种生活方式。

大概在这个时期，我开始对古代精神修炼的存在这一课题给予很大的重视，也就是说古代的一些实践可以属于身体的层面，正如饮食的制度；或者话语的层面，正如对话与冥思；或者直觉的层面，比如静观；但都致力于促使实践这些活动的主体发生一种改变或者转变。此外，哲学大师的话语可以采取一种精神修炼的形式，弟子们一边倾听，一边参与对话，可以用精神的方式进步，在内心发生转变。正是在这个阶段，我读了保罗·拉宝（Paul Rabbow）的著作《灵魂的方向》（*Seelenführung*），这本书展现在伊壁鸠鲁派与斯多葛派那里的这些实践可能采取的不同形式，其功绩在于标示出古代的精神性与基督教的精神性之间存在的持续性，但或许过于局限在一些精神修炼的修辞学方面。

我夫人的著作以及我们之间进行的对话，令我注意到，当时所尝试领会的现象的一些新面向。最终，1977年，我在第五区《年鉴》的卷首，发表了题为"精神修炼"的文章，这篇文章显然给出了我当时授课的一个范本。但与此同时，我也逐步完善了我在这篇文章里的提议：一些人不能或者不想依照一种宗教的生活方式生活，我提议他们选择一种纯粹哲学式的生活方式。

雅妮·卡尔利埃：为那些不信奉宗教的人们提供一种纯粹哲学化的生活方式选择的可能性，难道不是一种绝对出色的规划吗？这难道不就是在另一个层面上为您的博学研究的其中相当一大部分赋予意义吗？但这篇文章名为"精神修炼"。这难道不是某种宗教式的表达吗？您是否认为真正的宗教唯有哲学？或是像波斐利一样，认为"唯有哲人方可为神甫"？

皮埃尔·阿多：因为，在基督教的一些灵修活动中，人们会以为精神修炼属于宗教范畴。但明确地说，基督教的精神修炼出现在基督教里，仅仅由于从二世纪起基督教依据古希腊哲学的模式把自身呈现为一种哲学的意愿，也就是说作为一种生活方式，在其中包含从古希腊哲学借鉴而来的精神修炼。古希腊罗马时代的宗教，并不包含个体的内在的介入，对精神修炼的概念一无所知。然而，许多宗教，比如佛教与道教，都会给信徒强加包含一些精神修炼的哲学的生活方式。因此，既有哲学式的精神修炼，也有宗教式的精神修炼。比如，在政教分离的最美好时代，帕约（Payot）在他的著作《意愿的教育》中（*L'Éducation de la volonté*，约在1900年出版）推荐我在此所称作的"精神修炼"；因而，他也提到精神的隐退，他说，这甚至在喧嚷的人群之中都是可能的，也提到意识的省察或自我控制的不同技术。

在我看来，如果以一种更全面的方式，似乎需要留意严格地区分宗教与哲学。我与住在瑞士纳沙泰尔城的哲学家费尔南·布鲁纳（Fernand Brunner）经常讨论这个问题。他如今已辞世，我和他曾经是很好的朋友。他总试图把宗教与哲学尽可能地靠拢，为宗教赋予一种哲学的基调，也为哲学融入一种宗教的音调。我想——我的想法或许不对——应该使用"宗教"这个词来指称包含献给上帝或一些神祇的图像、人物、祭祀品、节庆、地点，这些因素在哲学里绝对不存在。有人会对我说：那么，在精神与真理层面的宗教，摆脱社会仪式面向的宗教，缩约为上帝在场形象的修炼的宗教，您如何看待呢？我会这样回答：它属于智慧或哲学的范畴。

也正是出于这个原因，我审视神秘主义的诸多现象，即使有时人们会在不同宗教里观察这些现象，但这不一定是特定属于宗教层面的。这些现象不包含我所列举的社会面向，比如在普罗提诺那里，它们置身在一个纯粹哲学化的视野里。我们也会在一些完全持无神论的哲学家比如乔治·巴塔耶（Georges Bataille）那里观察到这样的现象。

哲学自源起的最初，是作为对宗教的一种批判而得以发展：毁灭性的批判，比如色诺芬（Xénophane）的批判思想，他说人们依照自身的形象，制造了神祇；或者净化式的批判，比如柏拉图、亚里士多德、斯多葛派、伊壁鸠鲁派，最终还有新柏拉图主义者的批判思想。所谓净化式的哲学，指的是哲学最终倾向于将宗教转化为哲学，或者使用寓言，来用一种哲学的方式，思考不同的神圣性，比如斯多葛派所做的，对他们而言，宙斯是火，赫拉是气，等等。也正如新柏拉图主义者的观点，他们把异教的神灵比作柏拉图式的整体；或者还如伊壁鸠鲁派所做的，把神灵再现为一些智者。从总体上而言，哲学总倾向于把宗教的神话理性化，剥离他们的神话内涵，并为之赋予哲学的内涵。

雅妮·卡尔利埃：人们可以反驳，在四至五世纪，新柏拉图主义者在他们的哲学里，容纳宗教特有范畴的一些实践，因为，哲学的生活方式包含一些仪式，神祇显灵的巫术仪式，巫术并不是魔法，而是与魔法相似的某种仪式，在其中，人们使用一些物质材料，来获得一种精神的效果。

皮埃尔·阿多：首先，需要承认，新柏拉图主义者希望让异教的神祇对应于他们体系中的各种整体,扼杀了人类想象的那些产物所制造的魅力或者神圣化的恐怖。他们对宗教进行的净化式的批判几乎就是一种毁灭性的批判。但是,此外,他们让一些时而迷信、稚气的实践进入哲学的领域。这是完全准确的。我觉得这一点难以容忍。这就是为什么我不喜欢杨布里科斯①与普罗克洛斯的缘故。宗教在哲学中的入侵,对我来说,总是相当令人迷惑。我认为,这是欲与基督教相竞争的一种失败的企图,在那个时代,也呈现为柏拉图式的哲学,但却与一些涤罪的仪式相结合。

此外,宗教的这种入侵,也可以与杨布里科斯的后继者的形而上学联系起来,他们恰恰有点像基督徒,会认为,通过某种原罪,灵魂才真正地坠落到物质里,如果是这样的话,也可以这样说,通过一些物质化的仪式,人们也可以找到神恩的拯救。而这种倾向在普罗提诺那里,并不存在。

雅妮·卡尔利埃:从柏拉图以来,柏拉图主义依据传统都是专门保留给精英分子的。民众(Hoi polloi)——在字面上意

---

① 杨布里科斯(Jamblique,约250—约330),新柏拉图主义哲学的重要人物,该学派叙利亚分支的创始人。他致力于将新柏拉图主义创始人普罗提诺的哲学与各种宗教的礼拜形式、神话、神祇相结合,发展成一种神学体系。——译者

味着"多数"、大众——则对之完全不懂。然而,新柏拉图主义者杨布里科斯设立了神力的三个等级,他也为执着于物质的普通人,预见了一个层次。在其中,也许也有一种倾向与基督教徒一样,试图尽可能广地囊括万物:我们的信息是普遍性的。

皮埃尔·阿多:是的,我们也看到异教的哲学家们在他自己的领地上与基督教相抗衡的考虑。古罗马的皇帝朱利安①曾经希望异教的神职人员能够像基督教的神职人员一样简朴,并致力于推行慈善的行为。在某种程度上,人们参与到一种新异教主义②的诞生,其中包括神学,将各种神祇缩约为一种唯一的、不可知的原则的散发,也缩约为一种净化的或圣事一般的仪式,使得民众也能获得救赎。在文艺复兴时期,卜列东(Gémiste Pléthon)与其他的人文主义者正是尝试着重新激发这种新异教主义。人们在这种新异教主义中,也可以清理出异教主义与基督教的交互感染。

雅妮·卡尔利埃:大多数"真正"的宗教,有信徒信奉实

---

① 古罗马的皇帝朱利安(Flavius Claudius Julianus),师承于新柏拉图主义,反对将基督教信仰视为国教,因此被基督教会称为背教者朱利安。——译者
② 新异教主义(Néopaganisme,或称新异教信仰)是多种新兴宗教运动的统称,这类新信仰主要是与基督教开始盛行以前的非基督宗教有关,其中包括许多不同的思想,有多神论、泛灵论与二神论等及由此衍生而出的各类变形。——译者

践的宗教，而不是神学家们理论化的宗教，难道其特征不就在于借助祈祷（祭祀、魔法的仪式、祈愿，人们可以设想的所有形式）的力量期望神祇为诸多无望的境地提供一种幸福的出路吗？《圣经》里的上帝、古希腊的神祇，都会被祈祷打动。哲学家的神祇则丝毫不是这样的。此外，荷马的一句名诗激起了古希腊所有哲学家的愤慨："众神自己心动。"

皮埃尔·阿多：是的。在哲学家们的净化式批评中，有一个面向旨在揭露向神祇祈祷的虚妄性，并强调其中的可笑之处，因为极其矛盾的祈求都投向神祇：人们同时祈求雨水与晴天，祈求自己战胜和打败对手。

但是，在这个方面，需要引入两种细微的差别。一方面，古希腊或拉丁时代的哲学家，可以很好地与神或众神对话，但这不是一种力图感动神的"宗教式"的祈祷；但是，与此相反，正如爱比克泰德所言，这指的是赞美的颂歌，斯多葛派哲学家的任务之一在于吟诵上帝，也就是说，对他来说，吟诵普遍理性。这就是一种静观式的精神修炼。

另一方面，我们需要留意，在斯多葛派与柏拉图的传统里，宗教在哲学里占据一个明确的位置。准确地说，它置身在"义务"的理论里。面向众神的义务，正如人们在爱比克泰德的《手册》(*Manuel*)中可见，意味着人们既要作为哲学家接受众神的意愿，而不欲求让他们被打动，也意味着作为公民实践城邦的宗教，要依据先祖的风俗实施奠酒与献祭的仪式。神祇概念的纯粹化以这种方式与社会规范的顺应主义并存。这就是为什么一些哲学家，比如西塞罗，一方面批判宗教，也可以很好地承认一些宗教实践诸如祭祀、占卜术还有其他相关事物的合法性，将它们作为环绕在身边的社会现实的一种要素来看待。

雅妮·卡尔利埃：面向宗教的这种批判态度——大概有几种例外——是古希腊罗马时代的哲学家所共有的，在中世纪衰落之后，又在文艺复兴时期重新出现？

皮埃尔·阿多：在中世纪时期，一切发生了转变，因为，哲学不再只是宗教的一个奴仆。当哲学从神学之中解放出来，它重新化成一种批判，面向宗教的或净化式、或毁灭式的批判。在所有哲学家那里，比如在斯宾诺莎或者康德那里，总有一种力图净化上帝的理念的哲学倾向，把上帝的理念从纯粹宗教式的再现中抽离出来。这就是所谓的自然宗教，在我看来，这只是一种一神论的哲学，缺乏宗教的主旨、仪式。此外，我承认，在这样界定宗教时，我遇到关于宗教的一种相当笼统的用法，即当人们谈论到上帝或超验或神秘时，就使用宗教这个词。我观察到托马斯·曼(Thomas Mann)①在一封信里做了如下的评述："我们在一种神秘中生生死死,如果我们愿意的话,可以把对这种神秘的意识称为宗教性的意识。"同样,爱因斯坦在谈到他本人的立场时讲到科学的宗教性或者宇宙的宗教,他这样阐述:"我在生命的神秘面前体会到了最强烈的情感,"②他完全拒绝可以奖赏或者惩罚的那种上帝的形象。至于梅洛-庞蒂在法兰西学院的就职演讲里与托马斯·曼及爱因斯坦说了差不多一样的话,但他理性地阐明这指的是一种哲学的态度:"哲学把我们唤醒,让我们意识到世界的存在与我们存在的自身构成问题,以至于我们永远地治愈了如柏格森所言'在大师的手册里'寻找解决的需要。"③梅洛-庞蒂拒绝把这种哲学的态度称为无神论的态度,因为,他说,这种态度仅仅旨在转移或者用其他方式界定神性。

雅妮·卡尔利埃:您既没有参加法国大学教师资格的考试,也不是高等师范学院毕业,也没有选择一个非常时髦的博士论文题目来丰富学术生涯。但是,在1982年,您被选入法兰西学院。

---

① 托马斯·曼,《信函》(*Lettres*),第3卷,1948—1955年,巴黎,1973年法文版,第424页。
② 爱因斯坦,《我如何看世界》(*Comment je vois le monde*),巴黎,1979年法文版,弗拉马里雍出版社,第10页以及第17—19页。
③ 梅洛-庞蒂,《哲学赞歌》(*Éloge de la philosophie*),巴黎,1953年,第53、54与55页。

这是福柯首先提议的，但后来你们的观点存在很多分歧。

皮埃尔·阿多：评选的过程是在 1980 年秋天开始的。当时，我经历了第一次心脏手术，刚刚出院，我接到福柯的一个电话，在法国高等研究实践学院听我授课的一位听众，帕斯卡尔·帕斯基诺（Pascale Pasquino），他曾与福柯合作过多次访谈，从而福柯了解到我论述精神修炼的文章。福柯问我是否接受他来为我提名。我对此既感到惊讶，又感到高兴。选举总共分两个时段进行。首先，大家会为一个教席的名称投票，同时，又很清楚有一个既定候选人的资历符合这样名称的一个教席。在这第一个阶段，需要撰写一份"职业头衔与研究成果"的说明，还要去拜访该学院所有理科与文科的教授。我在 1981 年拜访了相关人士。那真是一次很有趣的体验。理科学者具有的涉猎广阔的文学修养，以及他们对我的研究表现出的兴趣，都让我深感惊讶。投票选举的日子终于来到，那是在 11 月 29 日，一个周日。推荐我的学者是保罗·韦纳（Paul Veyne）。那个下午，福柯打电话告诉我，选举大会已经采纳了我的教席名称。在 1982 年春天，进行了选举的第二阶段："命名"的选举，一般很少会有问题。第三阶段，也是仪式性的，我在 1983 年 2 月做了就职后第一堂演讲，其中，我尝试表达自己为古代哲学赋予的意义。由此，我被接纳进了这个令人肃然起敬的学术机构里,选举大会的所有成员在一张庞大的桌子旁就座,桌面上有一幅巨大的画作,再现了弗朗索瓦一世奠立这座机构的历史。这是一个杰出的学术机构,它为成员赋予了研究的自由,也面向广大的公众,让他们能去听课。我只会抱怨它的那句校训有点高傲:"一切皆教诲。"(Docet Omnia)因为,在这所机构里,我们不能什么都教,每个教授都不能讲授他教席名称里涉及的全部内容,而只能讲授一个特定的领域,是在他的学科里他认为能够推进科学发展的那部分。当然这对教授本人来说是一件很好的事。说到我自己,在我授课的九年时间里,我讲了我做过大量研究的主题,也是对我来说很珍贵的主题:哲学作为生活的方式,古代人对自然的态度,普罗提诺神秘主义,马可·奥勒留的斯多葛主义等。

因此,在将近十年里,我频繁接触到一些非常重要的大学者,但很遗憾我并没有能够或者说并不懂得运用这些机会。我只结交了很少的朋友。

雅妮·卡尔利埃:在长达四十年的科研与教学历程里,您从总体上得出什么印象呢?您如何看待法国的学院体系?

皮埃尔·阿多:首先,我要承认,我曾经很幸运地先后被录用到可以让我致力于个人科研的学术机构。我先是成为法国国家科研中心的研究员，在当时的人文学科领域，尤其允许学者们围绕他们选择的项目计划工作，即使他们也会以个体的方式，参与到集体性的科研工作中［我曾为雷蒙·巴耶当时计划编撰的《中世纪拉丁文哲学词汇》(*Vocabulaire philosophique du latin médiéval*) 制作了一些卡片］。然而，如今，依据模仿在精确的理科领域算是正常情境的一种方法，人们要求研究者与一个工作小组合作。这往往使他们偏离了关注的场域，也许也偏离了他们的能力。于是，这导致人们有时候会汇集相当多的人数，来做一个研究者就可以完成的工作或者一个小团队的研究者就可以更快速实现的工作。此外，我亲身经历过在五六十年代研究者之间的疏离气氛，也是挺让人难受的。后来，我进入两个理想的学术机构工作，法国高等研究实践学院与法兰西学院，正如我刚才所说过的，在其中，人们可以把教学与研究加以协调。第一个机构当年接纳了我，当时我还没有参加过大学教师资格考试，而且，我也还没有做国家博士论文。我后来进入第二个机构，却不属于法国知识分子的贵族圈，他们的一个主要头衔是法国高等师范学院毕业生。我甚至还不会讲今天在人文社科领域必不可少的行家用语。

因此，我非常幸运。当法国国家科研中心接纳我时，我只有雷蒙·巴耶的一封推荐信。在当时，在1950或1951年，作为法国国家科学研究中心学术委员会的成员，那些教授都很厉害。随后，法国高等研究实践学院聘任了我，这多亏了勒内·罗克与亨利-夏尔·普奇，前者是我在天主教学院认识的，而我曾是后者的学生。正如前面所说的，如果说我被选入法兰西学院，在很大程度上，要归功于帕斯卡尔·帕斯基诺，她曾和福柯讲起我。当时，我的名字鲜有人知，乃至于当福柯向他的一个同事推荐我的申请材料时，对方把我和我夫人混淆了："啊，是的，他写过一本论塞内加的书！"在承认我很有运气的同时，我已经勾勒出对法国教育界的推选制度的批评。尽管我对一般需要做什么来取得成功一无所知，我颇走运。人们需要赶上好时机。父母们应当从孩子读高中时就想到，孩子们要用最好的方式成功地通过高等师范学院或者其他大学校的选拔考试：该读哪所最好的高中，该进哪个最好的高师预备班？随后，还要选择一个博士导师，他得是一个强有力的人，可以推荐你进入法国国家科研中心或者大学工作。因为，一切都取决于老板。

无论是关于职业生涯还是学术发表，都需要考虑周全，需要采取一种巧妙的策略。几年前，在国际哲学学院的会议上，有人近乎指责我用一种"隐秘"的方式在一家发行量不大的出版社（奥古斯丁研究出版社）出版著作

《精神修炼与古代哲学》。但当时，我与面向大众的出版界并没有联系，而且也很感激我的朋友乔治·福利埃接受出版这部研究论文集。等到我入选为法兰西学院的教授时，已时过境迁。很奇怪，我不再是无形的透明人了！之前，我肯定是无足轻重的，因为，到法兰西学院申请职位的一位候选人，在竞选前来拜访我时，他对我说，很高兴认识我；然而，两三年前，我和他一起参加一次与会者甚众的研讨会，我还在他前面做了一个发言；还有好几次，吃午饭时，我就坐在他对面，甚至还和他说过话……但在那时候，我只是法国高等研究实践学院的导师，因此，我的位子并不怎么引人注目，因为，在一个宏伟职业生涯的视野里，那不会怎么有功效。我自然没有特别引起他的注意。

　　一次选拔，往往是偶然的结果，在诸多利益与不同政策之间的因缘际会。在我讲到的三次候选中，都无法证实我是出于我的个人业绩而被采纳的。如若我因此而得意，那就大错特错了。即使一个人被选入一个负有盛名的机构，也不能证明他本人是享有声望的。人们有时候会讲精英主义制度、精英体制、精英政治。但是否人们真的会选择一个精英呢？是否总能依照人的能力、才智、道德品质和工作水准来选拔呢？最终，这总是由一系列的偶然构成：出生、家财、选择的高中、灵活性、机遇（恰好遇上准备好的问题，或者有一位有实力的老板、在一次谈判中拥有一枚交换砝码）。那些著名的选拔竞赛，打开一些人的职业生涯，确定国家政府的人选，难道不都往往是"各种情形与偶然的选拔"吗？

雅妮·卡尔利埃：您似乎不太欣赏选拔制度，尤其是法国大学教师资格的考试制度。

皮埃尔·阿多：这种选拔体制，尤其是著名的法国大学教师资格考试，难道不会损害对候选人的科学与人文的培育吗？难道人们不是往往太偏重修辞学的品质、谈论一个主题的灵巧性，即使勉强了解，也要用一种优雅而又晦涩的方式谈论的艺术吗？早在1841年，巴尔扎克在《村庄的神甫》（*Le Curé de village*）里，就用出色的方式批判了我们的选拔体制，这在他的时代已经存在（他写道，一个年轻人成功地通过一次选拔考试，这丝毫不能确保他日后将成为的成年人的价值）。1900年，勒内·奥苏利耶（René Haussoulier）在为夏尔·米歇尔（Charles Michel）编撰的古希腊铭文集所写的序言中，讲到"使人受到轻视的考试"，"受到本科文凭或大学教师资格考试限制的视阈"；他也提到，一些法国大学生"既没有闲情，也没有勇气来执行类似的任务"。在1961至1962年，当让·弗斯迪耶尔（Festigière）神甫在法国高等研究实践学院第五区的年鉴里为他开设的课程作汇报时，他这样宣布："这是一件令人悲伤的事情，法国大学生完全缺乏求知欲。我们陷入最空寂的陈规惯例之中，而且我们看到构成人文科学中最主旨的成分，即培育精神的方面正在消失。"在二十一世纪初叶，难道势态真正发生了转变吗？

无论如何，现在回到我之前提及的问题上，有时候，候选人的品质并不是一次选拔考试中的决定性因素。在这里，我并不是要指责那些以为总是做得很好的人们，而是要指责那些在我看来有缺陷的选拔制度。在这种制度中，政策经常起到重要的作用，说到"政策"，我尤其针对一种地方政策。在大学里，所在机构的候选人占尽先机，这在一定程度上是可理解的，但人们完全排除了对其他候选人业绩的考虑，这就不公平了。此外，许多教授，在临近退休之际，经常想到岗位的接任，这阻碍了一些候选人被选中，因为这些候选人的才能，可能会牵连到教授们培养的新手的未来竞选，这属于被选入某个科学院的某些教授的政策或合法性欲望。人们有时候会出于奉承而接受某个科学院院士坚持的建议，因为大家很希望选一个受他庇护的候选人，他的一票也就显得非常重要了。此外，有时候也会发生这样的情况，在一些有权有势的要人的影响下，某某科学院可以有权对法国高等研究实践学院或法兰西学院的选举提出看法，拒绝这些机构的大会投票结果，并出于似乎更具有政治性或者有时候甚至是宗教性或者科学的理由,来阻止教育部任命这个或那个候选人。这种影响也会颠倒选拔的次序:原本名列第二的获选人因而被排名第一。这种情况很少发生。但我们还是看到了。有过几个有名的例子。幸好,教育部并不总是任人摆布。这种做法的历史也近乎百年,早在1909年,法国伦理科学院就曾经尝试用这种方式阻止现代派学者阿尔弗莱德·卢瓦西(Alfred Loisy)入选法兰西学院。

谈到法兰西学院的情况,我必须承认,这个机构里非常严肃的人士比比皆是,可以保证选举的客观性。候选人需要介绍他的职业头衔、递呈他的研究成果和一份很详细的教学计划,科学院的所有院士都理应会仔细地阅读这些材料。而且,候选人应前去拜访所有的教授,后者在向他提问时,可以了解到他个人的品质。但是,选举大会由"理科"与"文科"的委员组成,需要提醒,理科的委员很难理解文科的科研项目,而文科的委员也同样很难理解理科的科研项目,更何况候选人的研究又如此专业,至少在文学的领域,甚至连他们的同行也很难充分地判断其价值。如何弥补这一点呢?可以通过求助于大会以外与候选人的专业非常接近的专家的意见,如果可能的话,也征求在法国以外的国外专家的意见。但无论如何,总会有一个真正的问题,也许是无法超越的问题。我注意到这些困难,但需要对是与非衡量很久,来寻找解决办法。

雅妮·卡尔利埃:您难道不给我们讲讲法国国家科研中心吗?

皮埃尔·阿多:十四年的时间里,我一直供职于法国国家科研中心。当时是国家科研中心的还算近乎英雄化的时代,鉴于当时研究者面临的不稳定的处境,我在一家公会组织即法国劳工民主联合会注册为成员,万一被解雇,说不准还能得到一些保护。此外,当时,这个联合会的人员编制还不够多,我甚至不得不承担一些公会里的职责,负责人文社科部,而生物学家伊永女士负责理科部。比如,研究员有权要求在委员会里派代表,或者需要选择法国劳工民主联合会的代表出席时,就与我们有关。我本人还曾以联合会成员的名义被选入哲学委员会。这使得我参与到法国国家科研中心的行政工作之中,并见证它如何运作。以鄙人之见,在当时,研究员被雇佣的方式还是相当不完善的。还是"我付出,为了让你也付出"的规则盛行。

还有一个特别的例子:在我参加的一次评选会上,评选委员会主席早在几个礼拜前就已经选好报告人,指定他们在会议上朗读对某个竞选人材料的赞誉之词,他把自己培养的新手的材料给了 X 先生，而他本人呢，则要给 X 先生亲信的材料写报告。但我事后得知，他准备了两份报告：一份报告是有利的，这是在 X 先生遵守协约的前提下；另一份是不利的，在 X 先生不守约的情况下。结果是 X 先生遵守了协约。因此，主席的候选人被接纳了，随后，X 先生的亲信也被接纳了。在这位主席的眼里，X 先生的候选人的实际价值并不重要。这仅仅是回报或者报复的一种方式。

此外，法国国家科研中心的劳工民主联合会并不强大，至少在当时如此，乃至于有人要被接纳为研究员，还需要得到与法国教工工会相关联的法国国家研究员工会的支持。当我在 1964 年成为法国高等研究实践学院的研究主任之后，我曾想举荐一位候选人。他十分出色，他后来的发展也证实了这一点，但我没能让他被接纳。在后来三年里，我都举荐同一位候选人，始终没有结果。此后，我对他说："去找另外一个工会来举荐您，去和某个有权势的工会联系一下。"他在随后的第二年就被接纳了。因此，雇佣有时候并不取决于候选人的价值，而是依照工会的政策来实行的。

在 1968 或 1969 年，国家科研中心曾征求过我们对机构改革的建议。在致当时的人文科学部主任的一封信里，我写道，如果能采用与国外类似的体制就好了，比如德国或者瑞士，我想，在加拿大也是一样，在选拔一名研究员，或者在组建一个从事研究的实验室时，或者在资助一本图书的出版时，人们往往会去咨询学术委员会里国外专家的意见，甚至包括在本国的外国专家的意见。

从某些方面来看，学院或工会里某些人员的优势是与法国国家科研中心的和谐发展结合在一起的，至少在人文科学的领域。当我在哲学委员会时，我经常说，在自然界中，是官能造器官，但在法国国家科研中心，却是器官造官能。在这一点上，我想说，如果一个有强大影响力的教授或某个工会成员想得到一个有资助补贴的实验室，他只须递交一份模糊的研究计划，立刻会被判定为必不可少，除非审查委员会认真地思忖在学科的整体框架里，这份计划是否的确紧迫而有用。有一天，我让法国国家科研中心的改革委员会哄堂大笑，在发言时，我用了一个很不妥帖的比喻，"鲨鱼割下最好的部分留给自己"，我当时有愤怒的理由。

雅妮·卡尔利埃：关于法国大学图书馆的运作机制，您的态度似乎也不温和？

皮埃尔·阿多：我且不谈法国国家图书馆那些众人皆知的问题，而来谈一下各大学的图书馆。当我们去到其他的国家，去加拿大、英国、德国、瑞士的大学图书馆时（我还没有去过美国），会注意到，大学生们要比在法国更容易接触到更丰富的研究资料。在加拿大，我曾见过一些图书馆里配备小型研究室，学生们可以在里面工作和使用电脑。在英国和加拿大，学生们可以直接在图书馆的书架前选书。在德国，在法兰克福的图书馆，也可进到书架前选书；在柏林的图书馆，有一个庞大的阅览室，学生们举手就可触到几乎所有有用的文学图书、基本资料、不同语种的丛书、史学丛书等。可是在索邦大学图书馆的阅览室里，只有几本字典，此外——这比起以前已经算是一个巨大的进步——还有"法兰西大学丛书"（希腊文与拉丁文双语种出版的文本），但这是远远不够的。

最令人担忧的地方在于，大学生们很难在图书馆里找到位置，在找书方面也会遇到世上所有可能的困难，一些书籍找不到或在重新装订、或被借出、或被偷走了。几年前的一个冬天，索邦大学图书馆的阅览室里有一半空间都昏暗无光，这种状态持续了好几个月，完全没有好转的迹象，大学生们或者带着手电筒去看书，或者就干脆不去阅览室。在当时，我曾给该图书馆的管理员写了一封抗议信，却丝毫没有起到作用。也许是缺乏资金吧！难道在那样的情况下，不该紧急调用资金吗？我还要谈谈地方省份图书馆的莫大困难，有一次，我向马鲁教授批评一本博士论文的质量。他答道："唉，您还想怎么样呢，他可是在外省撰写的论文。"

雅妮·卡尔利埃：在您退休前的1991年秋天，您时间上稍微宽松一些了，在教学或写书之余，您做了一些什么事情？

皮埃尔·阿多：在五岁时，我很幸运，父母买了一架钢琴，还请人教我弹。我修了一些钢琴课，一直持续到十岁进入神学院的小修院学习时。所以，我会弹莫扎特、贝多芬的奏鸣曲以及肖邦的圆舞曲。后来，等年纪更大些，我决定，要早上弹莫扎特，中午弹贝多芬，晚上弹肖邦。随后，我学习弹管风琴，那是一种美妙的乐器，摆放在大教堂的大殿里，给人坐拥整个管弦乐队的印象。我参与礼拜仪式，就是负责弹管风琴。神学院高中礼拜乐团的负责人指责我总弹奏一些过于感伤、浪漫的乐曲。他把一份巴赫的乐谱塞到我手里，让我弹拨弦古钢琴①，并命令我不许弹奏其他乐曲。为了报复，我演奏了其中包含三段音的一段乐曲，用极其舒缓倦怠的方式弹奏，以至于他气冲冲地来找我，说我弹奏的肯定不是巴赫的曲子。我以赢定了的架势给他看了那一页乐谱。不过，对于管风琴演奏

---

① 拨弦古钢琴（Clavecin），今日钢琴的前身，另译为羽管键琴。——译者

来说，能弹巴赫的曲子实在令人钦佩。在青年时代，我对弹钢琴充满激情。在家里，我每天弹琴好几个小时。离开教会之后，我仍旧时常弹琴，但最终，工作与操心的事务让我没有闲情弹琴。我经常努力试着重新开始，去年一整年，我甚至重新开始上钢琴课。当不需要过度集中精力去思考时，我有时候会一边工作一边听音乐。我听说梅洛-庞蒂也这样做。一些歌剧让我着迷，比如说，每年新年的前夜（圣西尔维斯特节），我都听录像带里的《佩戴玫瑰的骑士》。我深爱瓦格纳：我和波德莱尔分享同样的狂热，每当听着瓦格纳的音乐，我就如释重负，浮游在这个尘世之上。但我也喜欢弗兰克（César Franck）、福莱（Gabriel Fauré）和他的《天堂安魂曲》，还有马勒（Gustav Mahler），后者的C小调第二交响曲《复活》里的一些乐段，在我看来，表达了存在的涌现。

在这里，我就不列举我读过的所有书，我仅仅记取反复阅读的几位作者。其中有蒙田，他让我发现了古代哲学，我至今还没能全部勘探，他的作品是无穷无尽的矿藏。

里尔克是我每日必读的，尤其在1945年至1960年间。我在1944年才发现了里尔克，多亏了加布里埃尔·马塞尔的著作《朝圣者》（*Homo Viator*）里非常优美的一章，"里尔克，精神性的见证人"。我也读了安热洛（Angelloz）评述的精彩译本《哀歌》（*Élégies*）与《致奥尔弗斯的十四行诗集》(*Sonnets à Orphée*)。如我前面所言,我曾经希望跟让·瓦尔做一篇论里尔克与海德格尔的博士论文,因为海德格尔曾经说,《哀歌》用诗的形式表达了他在《存在与时间》(*Être et Temps*) 里想表述的。当我放弃这个念头时,瓦尔很是伤心,并对雷蒙·巴耶大为恼火:"他占用我的时间还不满足啊(巴耶上课老是拖堂,每次至少吞掉了紧随其后的瓦尔的课四分之一的时间),他还要抢走我的学生!"我不知道海德格尔是否赞同第七段《哀歌》的诗句:"在此地,存在是一种辉煌。"但我经常援引这句诗。我还读了《给一个青年诗人的信》(*Les Lettres à un Jeune Poète*)、《马尔特·劳里兹·布里格手记》(*Les Cahiers de Malte Laurids Brigge*)、《时辰之书》(*Livre d'heures*)。诗人在其中经常讲到上帝,但采用了与基督教完全不同的方式;他讲的是一个将要来临的上帝,是我们通过我们的存在来制造的上帝,经历各种生活,甚至包括谦卑的生活。通过对工业文明与技术文明的批判,里尔克也让我强烈地感受到,在人与土地、人与自然、人与宇宙之间产生的断裂。由于为里尔克而痴狂,我在五十年代左右去瑞士瓦莱州的谢尔城做里尔克的朝圣之旅,我参观了慕佐城堡,还结识了里尔克的一个朋友鲁道夫·卡斯纳[①];

[①] 鲁道夫·卡斯纳(Rudolf Kassner, 1873—1959),奥地利哲学家、作家,里尔克的至交。——译者

在拉荣小墓园,我见到了里尔克的墓地。在瓦莱州的那一片风景中,在罗讷河融入莱蒙湖的那个瓦莱山谷,我总感觉到里尔克还在其间。我遗憾还没去看过杜伊诺的风景。

在我发现里尔克作品的时代,我还有了另一个发现,就是凭借阿尔贝·贝甘(Albert Béguin)的著作《浪漫的灵魂与梦想》(*L'Âme romantique et le rêve*),我发现了德国浪漫主义。这就是为什么我长时间为诺瓦利斯(Novalis)而痴狂,尤其是他的《赛斯的弟子们》(*Disciples à Saïs*)、《夜之颂歌》(*Hymnes à la Nuit*);也同样深爱谢林(Schelling),还有利希滕贝格(Lichtenberg),后者不算是真正的浪漫派,但我总是一读再读,况且他的格言警句有时候令人开怀,格外深邃。

从1968年起,我对歌德产生了特别的兴趣——我在阿斯科纳作关于自然哲学的发言,这推动我研究歌德;我被他对自然科学的美学理解而吸引,虽然这并没有巨大的科学价值,但在我看来,这已经预告了柏格森与梅洛-庞蒂的知觉哲学。我非常喜欢他对人类废话连篇、妄自尊大的长篇大论的批评,他将此与沉默以及自然通过优雅的图画所表达的庄重相对立。从这时候起,我不断重读《亲和力》(*Affinités électives*)、《威廉·麦斯特》(*Wilhelm Meister*)、《浮士德》,尤其还有《浮士德 II》,在其中,我重新找到了伊壁鸠鲁与斯多葛派关于当下瞬间的价值的理念的遗产。歌德的作品是汲取不尽的。由于我读歌德以及关于歌德的著作,我意识到,歌德并不是人们通常设想的如同奥林匹斯主神似的人物。他是一个在人格上有点让人失望的人物,经常缺乏勇气,有点酒鬼气,还有古怪的念头:比如他给儿子送了一个断头台模型当作玩具。尤其,在歌德的世界里,并没有安宁,而恰恰相反,正如我在下一部书里会呈现的,他是一个在恐惧与欢喜之间分裂的人。

还有一个作者,令我一读再读,那就是尼采,但我没有全部读完。最终,我远没有了解他思想的根底。我首先是通过恩斯特·贝特拉姆(Ernst Bertram)的书《尼采,论神话》(*Nietzsche. Essai de Mythologie*)发现了他,这本书的形式首先让我着迷:它的独特性在于把尼采作品里各种有意义的细节围绕主题以及统一的象征组织起来;比如,丢勒的画作《骑士、死亡与魔鬼》,或者苏格拉底的形象,或者一些风景,如芬诺港、威尼斯等。我相信,这种方法是富有成效的,因为它把一个作者的作品与他的各种经历,与他所拥有的各种看法联系在一起。除了这种罕见的形式之外,这本书向我揭示了内心生活极其丰富的尼采。托马斯·曼也很推崇这本书,但它却遭到研究尼采思想的专家们的强烈质疑,尤其是夏尔·安德勒(Charles Andler),认为它过于忽视尼采的学说。但从个人的角度而言，我认为，尼采这个人在这本书里通过各种矛盾得到很好的彰显。多亏了贝尔纳·孔多米纳（Bernard Condominas），我才有机会把这部作品的法文译本（1932年初版）重新编订出版，并为它写了一篇序言，在其中，我特别讲到了贝特拉姆以及他所属的斯特凡·格奥尔格的圈子①。的确，这个贝特拉姆，人们可以批评他的生活与理念。至于尼采本人，我把他的作品当作格言来读，总是为他的洞察力与明智而内心喜悦。

我还要提到，在完全另外一种理念范畴，有一个现代小说家，我很喜爱，他就是戴维·洛奇（David Lodge），因为他为学院圈子和天主教信徒的圈子描绘的肖像既真实又幽默，既有趣又深刻。

雅妮·卡尔利埃：而在退休之后，您依旧十分刻苦地从事研究？

皮埃尔·阿多：事实上，我充分运用这种自由来写多年来期待撰写的书：翻译并评述普罗提诺的著作，写一本关于马可·奥勒留的《沉思录》的研究（《内心的城堡》），翻译马可·奥勒留的第一本书（其他书的翻译也将相继而

---

① 格奥尔格（Stefan George，1868—1933），德国抒情诗人，左翼犹太作家，围绕在他周围的知识分子被称为"格奥尔格（一译乔治）圈"。——译者

来，我这样希望)。我还写了一本小册子《古代哲学的智慧》，其间感到心旷神怡。我也尝试着写完三十多年前就开始筹备的一部研究论著，论述自然的面纱的主题。我的小孙子，他今年八岁，独占了我的一大部分时间。有时候，他要求我在电脑上帮他打他编的故事，他一边在我的办公室里踱来踱去，一边给我做听写。我为此感到很幸福，也深感自豪。

3. 哲学话语

阿尔诺·戴维森： 我们会倾向于用对待一个现代哲学文本一样的方式来对待古代哲学的文本，也就是说，把它当作涉及世界、人类等的系统性理论，用抽象的方式来说，当作人们可以论证或反驳的命题的总和。但是，依据您的视野，用同样的方式对待古代哲学文本与现代哲学文本，是一种错误的方向。您可否解释一下在这两种类型的文本之间，也就是在必要的两种阅读类型之间的根本性差异？

皮埃尔·阿多： 您讲的完全有道理。古代哲学文本与现代哲学文本极其不同。首要的差别在于，古代哲学文本总是与口语性相关，与口语的风格相关。比如，柏拉图的《对话录》旨在公共阅读场合被介绍。甚至连关于亚里士多德最严厉的评论文章，也首先是用口头的形式被介绍给学生们。幸亏学生们在听课时记笔记，这些文本才流传至今。我们也可以设想，前苏格拉底派的作品首先也是在公众场合朗读的。此外，这不是哲学特有的一种现象，因为，正如语言学家安东尼·梅耶（Antoine Meillet）所说的，所有古代文学作品都与口语性有关；而这尤其说明了"它们给人留下一种缓慢的印象"①。无论某些史学家怎么想，我确信，在古希腊罗马的文化中，甚至在中世纪的文化中，口语性占据主导地位。因此，古希腊罗马的哲学文本总是面向有限的公众群体，现代的书本却可以被全世界的人们阅读，在任何时间，无论是谁的书，都可以印刷成千上万册。与现代的书本不同，古代的文本面向明确的读者群，或者是一组学生的群体，或者是与作者通信的一个特定的弟子；人们也总是在特定的、明确的情形下写作：或者是用书写的形式记录传授的课程，或者给一个提问的通信人写信。可以明确地说，在古希腊罗马时代的大多数哲学著作，标志性的特征在于这些著作对应一种提问与回答的游戏，因为，在近三个世纪里，也就是说，从苏格拉底直到公元前一世纪，哲学的传授几乎总是依据提问—回答的形式来呈现的。这种形式指的是总是回答一个问题，一个学生提出的问题，或者相反，由老师提出问题，比如，苏格拉底，他会用提问的方式迫使学生理解他思想的所有内涵。这种"提问"的文化一直延续到中世纪的经院

---

① 安东尼·梅耶，《巴黎语言学学会通报》（*Bulletin de la société de linguistique de Paris*），32（1931），报告文章，第23页。

派那里。

因此,在古代,思想的传授有一大部分是用对话的形式实现的。随后,在公元一世纪,可以说,确实引入了某种现代的东西:人们开始解释柏拉图、亚里士多德、克律西波斯(Chrysippe),其他如斯多葛派、伊壁鸠鲁派,并开始评论。但是,正如加达默尔[①]所指出的,这些评论也是针对文本提出的问题;而且,阐释还旨在回答比如"柏拉图是否认为世界永恒存在"这样的问题,也用来处理,"世界是不是永恒的"这样的问题。在古代,人们通过阐释的媒介来回答哲学问题。因此,在整个古代哲学史中,哲学著作几乎总是回答一些问题。比如,在《普罗提诺的一生》(*Vie de Plotin*)中,波斐利写道,普罗提诺曾经撰写著作,来回答学生们在他授课时提出的问题。从而呈现出一种极其有趣的现象:作者在著作中阐明思想,但并不把它发展为关于现实的整体体系。关于现实的整体体系,在柏拉图和亚里士多德或伊壁鸠鲁、克律西波斯的思想中很可能存在,但这种体系仅仅是在对诸种问题的回答中,或者在被提出的问题的类型中被设想。书写本身的宗旨并不在于阐明一种构成体系的方式。这种书写的情境总是与讲授密切相连,此外,问题或回答总是回应听众的需求:老

---

① 加达默尔,《真理与方法》(*Wahrheit und Methode*),第345页。

师熟悉他的弟子们，他本人书写，或者别人记下的话语，通过前面的讨论，他知道学生们知道什么，不知道什么；他也熟悉他们的心理状态，他们会遇到的问题；他也经常依据这种特定的情境来讲课。我们总是遇到或多或少回应情境的书写，不是具有绝对普遍性的陈述，并非对任何时代与任何国家都有效，但相反，却是非常特殊化的。以上我所讲的一切，都与维克托·戈尔德施密特特别宣扬的结构性方法相对立，他试图把古代哲学中口语化的部分最小化①。

阿尔诺·戴维森：这等于说，古代哲学的口语性具有局限性，而现代的哲学书写完全没有这些局限，它不再与口语性或者面向一个特定群体的授课相关。您认为对话是古代哲学里一种特别推崇的体裁吗？对话作为哲学体裁，如今在西方几乎已经消失，我们拥有的更多是一些系统的论著。您怎样看待对话作为一种与很特殊的群体、与很特殊的听众群相关联的文学体裁的优越性呢？

皮埃尔·阿多：的确，在古希腊罗马时代，对话是授

---

① 维克托·戈尔德施密特（Victor Goldschmidt），"反思哲学史中的结构性方法"，《抽象，哲学的历史》（*Métaphysique, Histoire de la philosophie*），赠与费尔南·布鲁纳的研究文集，纳沙泰尔，1981年，第230—231页。

课的一种最基本的形式。简单而言，对话可以具有相当多样的形式。对话可以采取论证训练的形式，且有特定编码的规则。对话既可用来培育心灵，又可帮助弟子为城邦或法庭的辩论作准备。它也可以呈现为一种自由的对谈，有时候，缩减为由一个弟子提出唯一的问题，老师用一篇富有权威性的长篇大论来回应，但同时，他的回答总是面向一个较确定的听众群。在某种意义上，正如爱比克泰德在谈到他的老师穆索尼乌斯的《对谈录》时所说的，每个人都感到穆索尼乌斯在特别地和他说话①。西塞罗在他的第二本书《论道德目的》（*De finibus*）的开头，描述了对话的不同形式。但是，对我们来说，最重要的在于对话的形式，在于我们已经讲到的提问—回答的模式。我们可以留意到很有趣的事实，拉丁人，当他们谈到一部哲学著作时，就称之为"对话"，比如，当他们指称西塞罗和塞内加的作品时，在其中，总会找到由一个真实或者虚构的对话者提出的一些问题。

因此，在古希腊罗马时代，哲学主要呈现为对话的形式，与其说是体现为一些理念之间的抽象关系，不如说体现为人们之间的一种生动的关系。在此，可借鉴维克托·戈尔德施密特在谈到柏拉图的《对话录》时所使

---

① 穆索尼乌斯（Musonius Rufus），《对谈录》（*Entretiens*），Ⅲ，23，29。

用的出色表达：哲学与其说在传达信息，不如说在培育心灵①。

但也需要明确，在古希腊罗马的时代，哲学文本有其他的文学体裁，比如评论，我们在上文中已经提到。而且，我们也已经说过，评论旨在针对一个文本提出一些问题，此外，也有几何学般严格准确的系统陈述，以欧几里得的《几何原本》(Éléments) 为典范。我们也注意到在伊壁鸠鲁的作品《致皮托克勒书》(Lettre à Pythoclès) 中所勾勒的模式，而在普罗克洛斯那里找到了完美的形式，以《神学的元素》(Élements de théologie)、《物理学的元素》(Élements de physique) 为代表。我相信，这种写法的目的与其说是进行一种公理化的理论训练，不如说是借助严谨的说理，来帮助弟子在学派的信条中获得不可动摇的信念，来规范他们的生活。我想，这在伊壁鸠鲁的著作中比较清楚，而在普罗克洛斯那里，也是很有可能的。

阿尔诺·戴维森：在古希腊罗马时代，还存在着如今已经消失的其他一些哲学体裁：比如，宽慰篇、通信录。然而，在某个时刻，似乎系统性论著入侵了整个哲学领域：宽慰篇与通信录都变成了纯粹私人化的形式；也没有了真正的对话，除了少数例

---

① 戈尔德施密特，《柏拉图对话集》(Les Dialogues de Platon)，巴黎，1947年，第3页。

哲学的生活方式 | 095

外。当这些不同的文体缺席,我们究竟失去了什么呢?

皮埃尔·阿多:宽慰篇和通信录都是一些文学体裁,哲学家在一些明确的情境中使用这些体裁来勉励他的弟子们或朋友们,在发生让人恼火的事件时,使用宽慰篇,在阐述生活的种种遭遇中,使用通信录,比如伊壁鸠鲁与塞内加的书信集。这些体裁,其实还是不同形式的对话。这些文学形式——对话、宽慰篇、通信录——在中世纪、文艺复兴时期乃至十七世纪持续存在,但其实都是以一种文学形式存在,即哲学传授本身是在用对话的形式进行。因而,我们就有了贝克莱(Berkeley)、休谟和其他哲学家的对话录。笛卡儿在写给帕拉蒂纳的伊丽莎白公主的书信中,采用了精神指导的形式,这在古代是尊贵的。我想,系统性论著,都带着提出一个自足体系的意愿,始自十七、十八世纪的笛卡儿、莱布尼兹、沃尔夫(Wolff)等人。于是,古代哲学的文学体裁逐渐地消逝。

您问我从这个角度看是否有什么损失。首先,有损失,即使是部分的损失,但确实有,随后,我们再回到这个问题上。哲学作为生活方式,作为生活选择,也作为治疗的观念丧失了。我们失去了哲学的个人化、群体性的形态。而且,哲学越来越陷入纯粹形式中,无论付出什么代价,都要去探寻哲学本身的新意。对于哲学家来说,这意味着要变得尽可能的独特，或者创造一个新的体系，至少也要生产一种话语。为了做到独特，这种话语需要非常复杂。一座观念的建筑，结构是否灵巧，变成了建筑的目的本身，因此，哲学越来越远离人类的具体生活。

此外，需要承认，这种演变可以用一些历史的、体制的因素来解释。在大学狭隘的视野里，老师训练学生根据教学大纲学习，以便帮助学生获得一份文凭，为他们开启一段新的人生。个人化的、群体性的关系理应消失，让位于面向众人的一种传授，也就是说不面向任何具体的个人。在我看来，不幸的是，在我们的时代，想复活古代哲学的对话性特征，是极其困难的。似乎，这种讲授的对话形式只能在类似古代学校的一些共同体中得以实现，人们组织这些共同体是为了共同经历哲学（sumphilosophein，正如人们从前所说的）。或许，这在寺院、修道院类型的共同体中是可能的？但我想，在日常生活与学院的生活里，这会是相当造作的。

尽管人们不能返归授课的对话形式，但从十九世纪初至今，人们都在努力采用伦理与哲学的方式重新发现对话，也就是说，"我"与"你"的关系，在施莱尔马赫（Schleiermacher）和费尔巴哈（Feuerbach）的著作中初步形成轮廓，然后在马丁·布伯（Martin Buber）以及哈贝马斯（Habermas）那里得到发展。

阿尔诺·戴维森：人们会注意到，一个文本的哲学含义及其文学体裁之间的密切关系，在您对奥勒留《沉思录》的诠释里是很明显的。如果认为《沉思录》是一种系统性的论著，那么，人们立刻就会注意到各种不连贯和矛盾之处，仿佛它没有结构；但如果人们可以领会文学体裁以及奥勒留的文学体裁与哲学目的之间的关系，就可以从另一个角度领会文本，就可以在其中看到一种逻辑，但这完全不是现代系统性论著的逻辑。您可以解释奥勒留的文本是如何将文学体裁与哲学的特殊性联系在一起的吗？

皮埃尔·阿多：奥勒留的著作是一个特别具有代表性的例子，来阐明关于文学体裁的这个问题。说到底，各个时期的不同史学家，都依照自身理想中的哲学文体来理解奥勒留的《沉思录》。在十七世纪就有突出的例子，在英国，有一些学者对奥勒留的作品进行了深入研究，即托马斯·加塔克（Thomas Gataker）和梅里克·卡索邦（Meric Casaubon，他不是英国人，但生活在英国），他们两人都迅速发现了奥勒留著作的文学体裁属性：他们使用希腊文"hupomnemata"（精神笔记）来界定它，这个词指的是人们为自己所写的笔记，此外，他们也都看到，奥勒留为自己写下了勉励的话语。与此相反，同样在十七世纪，有一个法国人让-皮埃尔·德·若立（Jean-Pierre de Joly）设想，奥勒留的《沉思录》从表面上看，之所以具有断断续续的特征,是因为奥勒留原本写了一部系统性的论著,被抄录在纸片上,某个人曾尝试把文章重新排序,有点像帕斯卡尔的《沉思录》所遇到的情况。在浪漫主义时代,人们认为,这是一篇私密的日记,就像爱弥尔或莫里斯德格连的日记——奥勒留,在多瑙河畔的战役中的夜晚,以写日记的方式来表达他对生活的厌倦和他的忧伤。

近年来,人们又回到加塔克和卡索邦的立场,尤其反映在英国史学家布伦特①的一篇文章里,在卢瑟福②的著作里,还有在我本人的著作里:我们重新发现奥勒留努力在自己身上唤醒斯多葛派信条的理念,这些信条应当运用于他的生活中,但一度丧失了说服力;因此,需要不断地尝试着重新说服自我。奥勒留力图运用有效的方式掌握斯多葛派的信条,尤其是爱比克泰德的三项根本准则:在头脑里不允许任何不客观的想法,永远把共同体的利益作为自身行动的目的所在,让自己的欲望适合宇宙的理性秩序。因此,在奥勒留的著作里,有一种内在的逻辑。但是,为了能够在任何情形下唤醒这些准则,需要采用格言的形式,用短小精悍的表述为它们重新赋予生命。我在想,这是一个很有意思的面向,让人也用总体的方式理解古代哲

---

① 布伦特(P. A. Brunt),"《沉思录》里的奥勒留",《古罗马研究报》(*Journal of Roman Studies*), 64 (1974), 第1—20页。
② 卢瑟福(R. B. Rutherford),《奥勒留的沉思录》(*The Meditations of Marcus Aurelius*), 牛津, 1989年。

学。在这个视野里,我在青年时代受到纽曼(Newman)大主教的影响,他写过一本《赞同的语法》,在其中,他把概念性的赞同与真正的赞同相区分:在英文里称作notional 和 real assent。概念性的赞同,意味着人们用一种抽象的方式对一个理论性的提议的认同接受,正如一个数学命题,二加二等于四。这并不需要任何的介入,这是纯粹知性的接受。真正的赞同,意味着要把整个生命介入:即人们领会到所认同的命题将改变我们的生活。纽曼在基督教的卫道言论的视野里发展这种理论,但我想,这可以适用到奥勒留的个案里:他想做的,正是对斯多葛派的信条与命题拥有一种真正的赞同——比如,只有道德层面上的善与恶才构成善与恶,再比如说,通过理性,其他的人们之间彼此相似,因此,应该爱他人,宽恕他人。要达到这种真正的认同,需要运用想象,也需要推理,还需要一整套心理学的学说。

阿尔诺·戴维森:关于这个问题,我觉得很重要,我们可以在同一个框架里阅读维特根斯坦的《哲学研究》:这完全不是一部系统性的论著;如果我们把它当作通常所说的系统性论著来阅读,正如美国的学者们有时这样做的,就会发现这部著作充满不一致,写得很差——人们对奥勒留的著作也有同样的批评——然而,事实上,正如人们对例如斯坦利·卡维尔(Stanley

Cavell）及其他哲学家的文本所指出的，这是一种对话的类型：许多短小的对话，每一次都加以更新，因为，每一次，人们应当超越一种诱惑，进行一种真正的心灵治疗，为了改变生活，而不仅仅是对话者的观点，对话者也是维特根斯坦本人，他本人也应发生自我的转变。因此，您是第一个发现维特根斯坦的法国人，这并非出于偶然：在一篇 1959 年或 1960 年发表的文章（"语言游戏与哲学"）里，您或许第一次使用"精神修炼"的表达来谈论维特根斯坦。而且，您还强调，在维特根斯坦那里，有一整套心灵治疗，而并没有现代类型的系统性。这提示我们，在今天，还可以找到古代哲学的文学体裁与类型：在哲学史的每一个时刻，我们都可以找到一个作者，试图革新古代哲学的文学体裁与类型。为什么您会认为这种典范——哲学作为生活的选择，作为自我转变的必要性——始终是鲜活的，即使它有点被如您指出的各种事物，如大学教育等，所遮蔽？

皮埃尔·阿多：首先，我想说一点题外话。您强调维特根斯坦的读者们觉得在《哲学研究》里有许多不一致性。也要提到，关于在我的著作里哲学作为生活选择或者精神修炼的观念的诞生，正是因为我开始思考这个问题：如何解释一些哲学家们表面上的不一致。在六十年代，我甚至在慕尼黑做了一场讲座，那篇讲座稿从未公开发表，题目是"哲学中的体系与不一致"。每当我听到历史学家们说,"亚里士多德不一致","圣奥古斯丁写得很差",我总是感到很震惊。正是这个问题将我引向这样的理念:古代哲学作品的撰写并不是为了展现一个体系,而是为了产生一种培育的效果:哲学家希望带动他的读者们或听众们进行精神劳作,让他们进入某一种情绪倾向(disposition)的状态。我想,这是比较重要的一点:我并不是从哲学作为心灵治疗的或多或少的教化观照等出发,比如作为与佛教相竞争的学说。不,这确实提出严格意义上的如下的文学问题:古代哲学著作为什么在总体上带给人不一致的印象呢?为什么如此难以追寻其中的方案呢?

关于您提出的哲学古典模式可能的更新这个问题,目前,我坚持以下观点:首先,我相信,自从印刷术发明以来,口头文本的古代文明已经彻底消逝,而印刷术本身也在不久后将被网络所超越。我刚才说过,我怀疑让哲学教学的对话特征重新活跃的可能性。但您有理由指出,从文艺复兴到今天,总有一些作者在他们的著作里尝试使用一些古代哲学的文学体裁。比如,我们可以列举蒙田的《随笔集》(*Essais*),让人完全想到普鲁塔克(Plutarque)论著的体裁,笛卡儿的《沉思录》,这些精神修炼考虑到读者需要时间来改变他的心态并转变他看待事物的方式,还有受到奥勒留与爱比克泰德影响的沙夫茨伯里(Shaftesbury)的《修炼》(*Exercices*),叔本华、尼采的格言,或维特根斯坦的《逻辑哲学论》。

在某种意义上，人们可以说，总存在着两种相对立的哲学观，其中一种观念强调话语的功能，另一种则强调生活的选择。早在古希腊罗马时代，诡辩派与哲学家已经相互冲撞。前者试图用辩证法的微妙或者词语的魔术来闪光，后者要求他们的弟子在某一种生活模式里进行具体的介入。最终，这种对立的局面延续下来，在某些阶段，某一种倾向占据上风。我想，哲学家们永远不能摆脱他们在"言说的愉悦"里所体会到的自我满足。无论如何，要始终忠实于哲学的（或可以说是苏格拉底式的）深邃灵感，并且需要提出关于哲学话语的一种新的伦理，借助这种伦理观，哲学话语才能拒绝把自身作为自足的目的或者更糟糕地把自身作为哲学家的雄辩展示，而化为一种自我超越的渠道，抵达宇宙理性的层面并朝向他者敞开。

4. 诠释、客观性与误读

阿尔诺·戴维森： 在当代有一整套思潮，都在强调不可能对一个文本作出客观的诠释，而诠释总是与诠释者相分离。这种诠释学的问题与以下问题相关联："这是否作者的意愿，是否作者所想要表达的意思，对于理解一个文本来说，这是否最重要的东西，是否文本自身的自足性最重要？"因此，为了诠释一个文本，是否需要尝试着找回作者的意愿，人们是否能够在一个或多或少客观的模式上去操作呢？

皮埃尔·阿多： 在读过加达默尔的理论著作后，我也经常给自己提出这个问题，如您所说，他的理论表明主体依据主观性诠释文本，还有雷蒙·阿隆（Raymond Aron）的很有意思的著作《历史哲学引论》（*Introduction à la philosophie de l'histoire*）一书中讲到，要做到客观，必然存在困难。我应当承认，这些理论有一个功绩：它们恰当地揭示了人们可能对历史学家的客观性所持有的幻觉，而意识不到历史学家本人的激情、怨恨、社会处境与哲学观点对他的诠释产生的影响。确实如此，但这只是问题的一个方面。我相信，事实上，这种相对主义呈现出一种危险，因为，它很快地占据了一定的地位，在某种意义上，福柯本人也在某个历史时期接受了这种观点：一方面，评注家无法知道作者究竟想说什么，而另一方面，甚至作者自身也不再存在。由此，人们可以就随便什么文本随意地大作诠释。并非只有我一个人认为这是很危险的倾向，有许多例子都可以证明这一点。我尤其对贡布里希在一本论艺术的著作①里所作的评论感到震惊：他思考伦敦皮卡迪里广场一座爱神雕塑的意义。雕塑位于1886至1897年间修造的一座喷泉里面，用来纪念沙夫茨伯里的第七任公爵，一位了不起的慈善家。他列数历代人们为这座雕塑相继做出的各种诠释。在当时，阿尔贝·吉尔贝（Albert Gilbert）宣称，爱神的形象象征着沙夫茨伯里基督教的明晰性，随后提出各种类型的诠释，我们在此不能一一列举。在这个例子的启发下，贡布里希坚决地陈述一个原则，要诠释一部艺术作品或者一个文本，首先需要探求作者的意图。在这个问题上，他援引了赫施（D. E. Hirsh）

---

① 贡布里希（Gombrich），《象征图像——文艺复兴时期的艺术研究》（*Symbolic Images*, *Studies in the Art of Renaissance*），第2卷，牛津，菲登出版社，1978年，第1—5页。

论述文学作品诠释问题的一本非常重要的书①。在书中，赫施在意义与意指之间作出区分。他表明，有作者希望达到的一种意义，也有人们应当努力把握的一种意图。但是，随后他承认，各种各样的读者可能为作品赋予不同意指，这可以解释关于皮卡迪里广场的爱神雕塑接连产生的各种诠释。此外，这样或那样的表达，这样或那样的象征，它们本身可以具有纷繁多样的含义。比如，爱神形象的选择，可以推导出与作者的意愿无关的一些涵义，因为，关于爱神的形象有过各种集体再现。正如安德烈·纪德（André Gide）在《沼泽地》（*Paludes*）里写道："如果说我们知道自己想说什么，我们却不知道，我们是否只说出了这一点。我们说得总比'这一点'更多。"赫施的书还有另一个重要的贡献。他特别指出，作者希冀一个文本所产生的意义，与这个文本所属于的文学体裁密切相关。我们可以看出，这本书有很细腻的层次，与时下的理论时尚背道而驰。我曾经提议把这本书译成法文，但至今未果，是否就是出于这个原因呢？我们可以确定不是只有罗马教廷才有禁书目录。

阿尔诺·戴维森：在批评透过作者的意愿重新找回文本意

---

① 赫施（D. E. Hirsh），《诠释的有效性》（*Validity in Interpretation*），纽黑文出版社，1967年。

义的理念时，人们把作者的意愿构想为需要被驱逐的一种隐秘的心理现实。我们可以说，您找到了阅读奥勒留《沉思录》的钥匙，而没有在其中引入什么秘密或者有关作者的心理或传记的层面的发现。

皮埃尔·阿多：在奥勒留著作的所有格言里，我们可以分辨出三重图式：在三种纪律或三种苦修之间的区分，欲望的纪律、行动的纪律、判断的纪律，这些纪律旨在各自规范人的欲望、行动和依照理性的判断。这种图式，在整本书里可以很容易识别出，并向我们表明，它对应作者的一种意图：比如说，作者做这些重复，目的并不是为了向读者传达斯多葛派一种学说的信息。不，作者的意图很清楚。对奥勒留来说，这意味着重新激活、为他自己唤醒引导生活的那些教条。但是，需要承认，对一个现代诠释者来说，很难把握一个作者所希望表达的意义以及他的意图。我们很容易掉进时代的差错里，因为，我们很不了解他写作的历史条件：他面向什么样的读者，又或许模仿了谁的作品。因而，人们就会认为，奥勒留在他的书里向我们展现了日常生活的心灵状态，或者奥古斯丁正如卢梭一样在《忏悔录》里忏悔，或者柏拉图在《对话录》里系统地阐明他的思想体系。事实上，奥古斯丁的著作《忏悔录》的书名想要表达的是"对上帝的礼赞"，正如他在这本书前几行里所清楚表达的。奥古斯丁赞美上帝为他所做的事，也赞美上帝为众人所做的；因为，奥古斯丁倾向于把他生活里的事件看作救赎的历史的各种象征。比如，当他描述在青年时代那次有名的偷梨的故事，他事实上想描写亚当在伊甸园里偷食禁果的经历。在这部作品里，关于《圣经》文本的联想清楚地表明了这一点。至于柏拉图的《对话录》，我并不要进入关于柏拉图口头授课的论争之中，在我看来，似乎大家都会同意，我还是要再度引用维克托·戈尔德施密特的说法：柏拉图写了这些对话，不是为了传达信息，而是为了培育心灵。无论如何，正如赫施所指出的，要认识作者的意图的首要方式，就在于研究作品所属的文学体裁。

总体而言，事实上在涉及古代作者的情况下，话语的原则是经过严格编码的。需要考虑他们是在遵守每一种文学体裁所特有的要求的传统体系里书写的；当作者劝勉某人、宽慰某人、阐述一种学说或者进行对话时，并不是用某一种方式书写。要准确地领会论断承载的意义，一部作品的总体意义更需要仔细地加以辨别。首先，作者应当言说的：比如因为他是柏拉图主义者或斯多葛派，或者因为他使用某一种文学体裁，或者因为他面向有一定素养的听众群；其次，作者能够言说的：比如他可以夸大一种学说的陈述以更好地撞击灵魂，或者对他所在学派的教条有所违逆，因为他希望适应某一类听众群；最后，作者希望言说的：他深邃的愿望，比如在马可·奥勒留的著作里有对自身的劝勉，在奥古斯丁的《忏悔录》里不是自我的忏悔，而是颂扬上帝在世界之中与人类身上的创作。

我们可以自问，古代的作者们，或者说古代学派的创立者们，是否也受到现存的一种传统或者文学体裁的制约。我想是这样的。在历史中，从来没有绝对的开端。古希腊早期的思想家曾受到东方模式的影响。吉拉尔·纳达夫[①]指出了前苏格拉底学派著作里三重图式的重要性：众神的诞生、城邦的形成、从巴比伦宇宙起源论的神话里继承而来的生成《圣经·创世记》的文学体裁。我们在《蒂迈欧篇》里也可以找到这种图式，它也是一种"创世记"，是讲述历代的历史。因而，这些作者隶属于此前形成的一种传统。各学派的奠基者融汇了多重传统：比如说，在柏拉图身上兼具了苏格拉底、毕达哥拉斯和诡辩派的传统。此外，我想是柏格森说过，任何一个哲学家都以与另外一个思想者相对抗的方式思考。但这种处境也制约他们，强加给他们一种被限定的问题意识，有时也限制了他们思想的飞跃。

---

① 吉拉尔·纳达夫（Gérard Nadaf），《古希腊"自然"概念的起源与演变》（*L'Origine et l'évolution du concept grec de* phusis），埃德温·梅伦出版社，刘易斯顿，昆士顿，兰彼得，加拿大，1992年。

如您所言，如果我们讲到作者的愿望，这指的并不是多少有些隐秘的心理学。这种心理的诠释奠基在艺术作品是独一无二的个体性表达这一理念之上，这种浪漫的理念并不总是考虑对作者有影响的制约；至于在古代，并不考虑当时的文学体裁。谈到作者的愿望，实际上指的是他作品的意旨、陈述的模式、所选择的方法以及他与强加给他的所有原则进行互动的方式。

我们需要十分慎重地来塑造历史心理学。比如，不要相信人们所希望论证的，所谓整个公元后二世纪有疑患病的倾向，仅仅是因为后来马可·奥勒留的修辞学老师弗隆顿（Fronton）给他写信谈他的疾病，仅仅是因为伽里安①为古罗马的贵族们开设解剖学方面的讲座。在此，需要再次确认其真正的意图。通过书信的内容，我们看到，弗隆顿没有欣喜地谈论他的疾病，他仅仅想为自己的缺席表示道歉。至于古罗马的贵族们，并不是出于什么不健康的考虑，而是出于对科学的好奇。我们知道，这些人物都是亚里士多德学派的，他们对科学研究满怀激情。卢克莱修（Lucrèce）作为一个伊壁鸠鲁派的好信徒，探求把人类从焦虑中解脱出来，这并不等于他本人是一个焦虑症患者。

---

① 伽里安（Galien，131—201），古罗马医生、哲学家。他通过对动物的解剖而在解剖学方面作出了较大贡献（尤其在神经系统和心脏方面）。——译者

讲到"卢克莱修的焦虑"①，是非常偶然的。

还存在这样一些情况：作者无意说出全部，而一个文本里的语句也不一定都必然表达他的想法。这尤其指的是在一些情况下，作者运用另一个作者的观点，但没有说明，正如至少在古希腊古罗马时代的末期经常会发生的（在今天时而也会发生……）。比如，拉丁和希腊时代的神甫有时候希望用从异教徒那里借来的优美箴言来修饰他们的布道词。于是，他们援引普罗提诺的话语，但不加说明，又往往仅引用其中一句话，我们可以清楚地看到这句话与布道词的整体意义上的关联。因此，出于这句话，他们想援引普罗提诺的一段话，尽管他们引述这句话的上下文语境，是与他们想表达的是完全不同的东西。于是，许多诠释学家就会说：安伯罗修或尼撒的贵格利②属于普罗提诺学派。但我们不能把太多被援引的语境中包含的整套学说都归给一个作者。因此可以说，有一些语句在作者的文本里，但并不符合他本人的论点。在此处，我们不能说这样或那样的学说肯定属于作者的意愿，为了用或然的方式抽离出作者的愿望，需要对他的文本做出严格的评论。

---

① 洛格尔博士（Dr. Logre），《卢克莱修的焦虑》，巴黎，1946年。
② 尼撒的贵格利（Gregory of Nyssa；约335—395），神学家。公元372年任尼撒（Nyssa）主教。他的神学说具有很强的奥秘派倾向。——译者

阿尔诺·戴维森：因此，您认为有可能在诠释中抵达某种客观性？

皮埃尔·阿多：诠释者的全部工作都应旨在尽可能地探求把一些客观的事实定位。举一个古代晚期的例子。如果我们读一篇米兰大主教安伯罗修的文本，在其中会发现他逐字忠实地直译了古希腊奥利金的一篇文本，正如我有时候也这样处理《大卫的辩护词》的翻译，有一点是肯定的：他与这个古希腊时代的文本有过接触；不容置疑，这是安伯罗修翻译的奥利金的一篇文本，而幸亏有了安伯罗修的拉丁文译本，我们才得以找回在奥利金文本中缺失的某个希腊词。在这个领域，我们做到了科学的严谨。保罗·亨利传授给我的重要理念恰恰在于学说之间的比较不是结论性的，而仅仅是字面的比较。这等于说，如大多数史学家所做的，当我们寻找学说之间的关系时，我们可以肯定某个作者受到另外某个人的影响，但那仅仅是因为含糊的相似性、共通的话题而被作者借用的。这丝毫不能证实什么。相反，当人们真正积累了确凿无疑的与文本平行对照的材料时，就可以用客观的方式得出结论：在相关的作者之间存在一种关系。这只是一个比较特殊的例子，我们还可以列举出许多其他例子。如是，在非常特殊的观念结构之间做平行对照，用有特色的词汇来表达，也可以是结论性的，比如我讲过多次关于爱比克泰德与马可·奥勒留之间共有的三重图式，在里面我们可以辨识出一些客观的事实。

从精神修炼的角度来看，科学的客观性问题尤其值得关注。从亚里士多德以来，人们承认，科学应当是公正无私的。如果一个人要研究文本、微生物或星辰，就要舍弃他的主观性。加达默尔与雷蒙·阿隆会说：这是不可能的，但我想，毕竟在其中存在一种可能性，通过某种实践可以尝试靠拢它。于是，如果学者们有难得的勇气承认在某个个案中搞错了，或者尝试着不要受到自身偏见的影响时，他们需要做与自身相脱节的一种精神修炼。可以说，客观性是一种美德，但它难以实践。必须摆脱个体的、激情的自我片面性，而提升到理性自我的普遍性的高度。我也常想到民主政治的操练，实践时也应当对应这种态度。超脱自身，是一种道德的态度，政客与学者都应当接受这种苛求。

阿尔诺·戴维森：让我们过渡到您关于诠释的客观性思想的另一个面向。我在此引用您的话："关于过去的研究应当具有一种当下的、个人的、培育性的、存在的意义。"您总是强调这一点，因此提出了下面的问题：假如可能，如何把对一个哲学文本的诠释的客观性与当下的意义相协调？我觉得您为贝特拉姆论尼采的那本书所作的序言①中有一段话非常棒——"历史的书写，很有可能如同任何人类活动，应当成为一种'对立的统一'（coincidentia oppositorum），努力回应两种相反的苛求，每一种都同样紧迫：为了感知和评估历史现实，一方面需要自我有意识的、完全的介入；另一方面需要完全超脱自我，要求有一种客观性、非片面性。在我眼中，这是科学的精确的修行，要做出客观的、不片面的判断要求这种自我的超脱，这可以为我们赋予嵌身历史之中的权利，也为判断赋予一种存在的意义。"在这两种苛求之间，还余下什么呢？一个文本的"当下"意义的可能性吗？

皮埃尔·阿多：我不记得写过这段话了，但您能引用它让我很高兴，因为这非常吻合我今天对这个问题的感受。我想对一个学者来说，也许不止对学者来说，还有对阅读古代文本的读者来说，首要的苛求是力求达到客观性，如果可能的话，达到真理。也就是说，如果扭曲一个文本的意义，以尝试将之适应现代生活的要求或者灵魂的向往等的话，这完全没有什么用。首要的任务是客观性。

此外，如果可能的话，需要不断努力地把研究的文本放置在历史视野之中。如果急于要为文本赋予一种当下的意义，那么特别重要的是不能犯年代错误。在这个话题

---

① 恩斯特·贝特拉姆，《尼采，论神话》，巴黎，菲兰出版社，1990年，皮埃尔·阿多作序，第34页。

上，我想很简短地提到我在文本诠释中常有的担忧，明确地说就是要避免年代错误：尽可能地努力把作品重新放置在它们撰写的具体情形之中，一方面是精神的状况，即哲学的、修辞学的或诗学的传统；另一方面是物质的状况，即学校的、社会的环境，来自书写的物质基础的限制，以及历史的诸多情形。所有作品都应重新放置到它所出自的实践（praxis）之中。

但是，正如亚里士多德在谈到愉悦时所说，在客观性的努力之上，还要加以补充：即在其中找到我们的精神食粮的可能性。在某种意义上，我们被带进了诠释之中。如果人们尝试着客观地领会一个文本，我相信，他们随后会被带动着以几乎自发的方式去发现其中的人性的意义，也就是说会把文本放置在人道、人类的总体问题之中，即使并不是教化性的。因此，归根结底，我们可以像斯多葛派对待再现一样去做，首先从恰当的、客观的判断开始：这就是已经言说的；随后，可以做价值的判断：这对我的生活有这样或那样的意义。在这里，我们可以谈到朝向主体性的返归，这种主体性努力地朝向普遍的视野升华。

事实上，古代作者所冀求的意义从来不是有当下时效的。它是古代的，仅此而已。但对我们而言，它可以具有一种当下的意义，比如它可以呈现为某些当下理念的源泉，尤其还因为它可以为我们启发一种当下的态度、某种内在的行为、某种精神的修炼。在这一点上,我觉得雷蒙·吕耶写的这段话很有意思:"除了专家们以外,没有人对斯多葛派的动机感兴趣。不论是赫拉克利特的物理学,还是伊壁鸠鲁的道德论,抑或德谟克利特的原子论,也都是如此。但是,作为态度,斯多葛派和伊壁鸠鲁派都是很生动的。"① 因此,要把可时效化的具体态度和过去证实它的意识形态相区分。为了把一个古代的信息时效化,需要把它从标志其所处时代的一切背景中抽出,从那个时代所特有的心态中抽出;需要把它"去神话化",正如布尔特曼(Bultmann)在谈到《福音书》时所讲的;需要尝试着走向内在的思路,探索它所包含的具体态度。比如在伊壁鸠鲁思想里,有一种对现在的接纳态度是永远有效的,更不用说关于最小和最大愉悦的理论,这些是非常技术化的,伊壁鸠鲁似乎也是从亚里士多德那里借鉴而来。以一种类似的方式,斯多葛派的态度旨在集中于现在,不让自身被过去或面向未来的忧虑所压垮,这些理念也是始终有效的。此外,也可能会有一种古代的表述,与我们讲到的神话或社会学的制约完全无关。比如,马可·奥勒留写道:"不久你全都会忘记,不久所有人都会把你忘记。"这句格言直入人心,可以说它有一种永恒的价值。尼采讲

---

① 雷蒙·吕耶(Raymond Ruyer),《普林斯顿的真知》(*La Gnose de Princeton*),巴黎,1974年,第220页。

过:"好的警句,对于时间的牙齿太坚硬,在一切都会改变的周遭里无法磨灭。"① 马可·奥勒留所希望传达的意义和他在想到死亡时劝勉自身的需要联系在一起。在这层意义上,它带着历史的印记。但它可以在当下被重新激活,这并没有任何困难。

阿尔诺·戴维森:如果我理解得对,这意味着在客观性的探求之后,在第二个阶段还要做评估。为了评估一篇古代的文本,需要做点什么来把它"现实化"。不应该把它变形,但需要在另一个语境中重新运用,从我们当下的需求的角度。这意味着剩下来重要的是把意义的内核重新激活。这让人想到您认为存在普遍的哲学态度,即普遍的柏拉图主义、普遍的伊壁鸠鲁主义等,总与自身本性等同,但总在不同的语境中,总需要不断激活。

皮埃尔·阿多:显然,肯定有一些普遍的态度,这提示有某种东西类似人类本性的理念。至少我们可以说,这些态度是跨历史的、跨文化的。当在《内心的城堡》里提到这个问题时,如果记得没错,我曾这样说:最终,关于存在,有相当少的可能的态度,还没有经历过历史层面的影响,在这个方面,不同的文明被引向相似的态度。在

---

① 尼采,《人性,太人性的》(*Humain trop humain*),第2卷,《遗作片断》(*Fragments posthumes*),第168节,第3卷,2,巴黎,伽利玛出版社,1988年,第74页。

《古代哲学的智慧》里,我曾举过皮浪的非凡范例,他尝试过一种与众人一样的普通生活,照料他姐姐家的猪,也去菜市场买菜。随后,我也援引了中国古代哲学家列子的态度,他做完全一样的事:在家养猪,也帮妻子照料家务。① 这是一种不加区分的态度——无论情形如何变化,始终保持不变;拒绝说这是好的,这是糟糕的;在生活中接受一切;像其他人一样做一切事,但对任何事都不执着于心,对一切都无动于衷——这就是怀疑主义的态度。我指的不是这个词在 17 世纪西方的含义,也就是说意味着对确信的知性拒绝;而是一方面在古希腊,另一方面在古代中国,这指的是在不同事物的价值判断之间加以区分。这一点是一种看似具有普遍性的态度。此外,一个人可以通过自身去发现,他不需要读过这本书或那本书,他可以独自做到。奥利维埃·拉孔布(Olivier Lacombe)曾把普罗提诺的神秘主义与印度思想的某些倾向相比较,可以说这两方面都有超越任何二元性的努力。难道我们不能认为,这种相似性奠基在神秘主义体验的一种普遍形式之上吗?其他例子:在古希腊也有斯多葛派的态度,旨在顺从

---

① 参见庄子《内篇·应帝王》,在壶子向其弟子列子与神巫季咸展示蕴涵天地生机的内功之后,列子为之撼动,"然后列子自以为未始学而归,三年不出。为其妻爨,食豕如食人。于事无与亲,雕琢复朴,块然独以其形立。纷而封哉,一以是终"。——译者

命运，也置身在一种普遍的视野里；谢和耐①引用的中国文本是很有决定性的。埃米尔·布雷伊耶（Emile Bréhier）把斯多葛派的态度与佛教的某些态度加以比较。我们也可以很好地把伊壁鸠鲁派里的一种放松的态度构想为具有普遍性的。关于精神态度的某种普遍性的理念也可以放置在努力的视野之中考察，即从神话的、传统的粗糙外表中提取出一种态度、一种生活选择的努力。

阿尔诺·戴维森：我想提及您在1968年的一篇短文"哲学、注释与误读"②里概述了另一种方法论，您强调在哲学史中存在一些误读和曲解，您说道："这经常引发哲学史中的重要演变，尤其让一些新的概念出现。"显然，误读不是一种客观的模式，但您也指出您所称作的创造性误读的重要性。

皮埃罗·阿多：您讲到的那篇短文是我三十年前写的，当我在其中表述一些总体的原则以方便理解哲学史的演变时，有思考不成熟之处。在讲到哲学史中的误读时，我经常想到的是古代哲学。比如，我们熟悉亚里士多德对前苏格拉底派的思想所做的变形。新柏拉图派也不排除在

---

① 谢和耐（Jacques Gernet，1921—2018），法国汉学家，法兰西文学院院士，法兰西学会教授。——译者
② 收录于《古代哲学研究》，巴黎，美文出版社，1998年，第3—11页。

外，他们试图用做作的方式把取自柏拉图《对话录》那些分散的、往往彼此不可调和的概念系统化，而且还将之与崇拜俄耳甫斯的诗作或《迦勒底神谕》相靠拢。古代的诠释学，尤其是新柏拉图派的诠释学，让文本按照其意愿去言说，因而安然地引起了一大堆的误读，也使文本可能具有极其多样的形式。为此，它有一个非常有效的工具来效劳，即寓言，这为文本赋予距离本义极远的意义；斯多葛派、柏拉图主义者与基督徒们都喜爱寓言。它尤其帮助了后者寻求在《新约》与《旧约》之间的持续性，正如塔迪厄先生所指出的那样①。

的确，当涉及错误的诠释与误读时，会有新的概念出现。在我看来，有一个好的例子，赫拉克利特有一句格言，通常用如下形式来翻译："自然喜欢隐藏自身。"我在1983年法兰西学院授课时曾研究了有关这个文本的诠释史，希望不久后针对这个主题出版一本书。这句格言的本义很难确定。如果不去重拾所有相关的讨论，我只能说，这似乎与生和死的反命题有关。鉴于"自然"（phusis）在当时的意义，或许可以说，"造物赋予生命，也有带来死亡的倾向"，或者"生者也有会死的倾向"。但是，伴随着在随后几个世纪里"自然"这个词的意义的演变，格言在

---

① 塔迪厄，"法兰西学院就职演讲"，1991年4月12日，巴黎，法兰西学院。

不同的哲学里具有迥异的意义。亚历山大的斐洛（Philon d'Alexandrie），在公元初年为这句格言给出了"自然喜欢隐藏自身"这一意义，这在我看来似乎是曲解了原义，况且对斐洛来说，自然也只是造物的上帝。在这种视野里，自然隐藏自身，因为它具有超越性。在新柏拉图主义者那里，这句格言又有了新的含义。对他们而言，自然符合实相的最低级部分、感性的世界以及低等的神灵。如果说自然喜欢隐藏自身，这不是由于它的超越性，而相反是由于它的脆弱与劣势。那么，在这种视野里，"隐藏自身"意味着在肉身与神话的面纱里笼罩自身。在这里我无法讲这个主题的全部历史，我只能补充说，在海德格尔那里，赫拉克利特的格言又产生了新的含义，他这样翻译："隐藏自身，属于存在的偏好。"因此，他把"自然"与存在等同：隐藏自身乃是存在的本质本身，而呈现出的是存在者。呈现本身凭借什么来呈现？存在是拒绝揭示自身的，使之呈现的是隐藏自身。因而，我们可以看到一系列的新含义从三个谜般的词语里抽离，我们甚至没法肯定了解作者所希望表达的意义。无论如何，创造性的误读是可能的，误读本身创造出新的意义，因为这些意义包含了赫拉克利特都无法想到的一些概念。但这并不等于说这些误读就创造了真理。

1968年，让我印象深刻的是，各种误解、谬误的诠释和寓言化的幻想接连进入历史、至少是古代史的进程中，比如在关于"实体"（ousia）即本质或实质的概念史中。这是怎样的巴别塔①啊！想到理性曾用如此非理性的方法操作，而哲学话语（神学话语也同样）不时地演化成诠释的幻想和误读。但这是我们无法用几句话来处理的问题，正如我刚才说过的，在一篇那么短的文章里，我在谈论这个问题时也有鲁莽之处。

阿尔诺·戴维森：我们先谈到客观性，接着谈到对"当下的意义"的探求，然后是创造性的误读。是否有创造性的误读可能与当下意义的要求有关呢？在误读与当下意义的要求之间，是否存在一种关联呢？古代思想的实效化，有时候要求一些误读，而有时候重新激活一种思想是经由误读来进行的呢？

皮埃尔·阿多：要回答您的问题，我要借用取自胡塞尔那里的一个例子，我在法兰西学院的第一堂课上曾经展开论述。在《笛卡儿〈沉思录〉》的末尾，胡塞尔曾经援引一句奥古斯丁的话来阐明他的思想："别去外部寻找，返归自身吧，真理居住在人的内在里。"（Noli foras ire, in te redi, in interior homine habitat veritas.）奥古斯丁的这篇

---

① "巴别"一词在希伯来语和巴比伦语中有着两种截然不同的意思，阿多借此来与误读现象作类比。——译者

文字引自圣保罗的一篇书简。但是，这句引言在奥古斯丁那里如此呈现，却是相对于圣保罗原文的误读。谬误不是来自奥古斯丁，而是他所引用的《圣经》的拉丁文版本，这个版本不恰当地把属于两个不同语句的元素统合在了一起。在第一句里，保罗说，他期许让基督居住（a）在他的弟子们的内心中。在第二句里，保罗期许让他的弟子们在"涉及人的内在的方面"（b）自强。奥古斯丁引用的拉丁文文本呈现出下面的文字："让基督居住（a）在人的内在（b）里。"这一组词显然并不符合作者的意愿。但奥古斯丁在其中识别出他自己的学说，他用真理替代了基督，这对他来说是显而易见的。他为这句格言赋予了新的意义，以此来表明在朝向自身的皈依中可以找到真理。此外胡塞尔在使用这句表述时，把它与另一句格言相联结，即德耳菲（Delphes）的神谕："认识你自身。"他写道："德耳菲的神谕'认识你自身'获得了一种新的意义。首先要先通过'悬搁'（epoché）失去世界（即把世界用现象学的方式诠释），随后在自身普遍意识的产生中重新找回世界：别去外部寻找，返归自身吧，真理居住在人的内在里。"我们首先面对的是圣保罗的格言的实效化，奥古斯丁重新借用它来描述内在皈依的态度；随后是胡塞尔对德耳菲的表述的实效化，对他来说，认识自身化成对超验自我的意识；最后是胡塞尔对奥古斯丁的表述的实效化：内在的人

哲学的生活方式 | 123

化成超验的自我。我认为我们在这里看到了胡塞尔向古代传统的献礼，是一种再实效化的绝佳范例。此外，在他看来，笛卡儿的《沉思录》也延续了古代的传统，他在这种传统中重建，并没有真的误读，因为在德耳菲的神谕、奥古斯丁以及胡塞尔的例子里也是一样。由胡塞尔操作的再实效化并不处在概念的范畴里——这指的并不是对一个文本的诠释——而是重新借鉴一种存在的态度，对于自我意识的一种深化，它从世界中抽离，为了更好地重新发现。准确地说，这指的是对一种精神修炼、精神行为的连续不断的再实效化。如果有可能把一种态度、一种精神修炼、一种内心的行为实效化，那么，一个文本应当在它所产生的时代的视野里去被理解和诠释。即使有创造性的误读，即使以出乎意料的方式让一些新的概念呈现，也并不意味着我们可以用误读的代价来把文本实效化。客观性的苛求永远不应当消逝。换言之，我们回到这次对谈的起点，我们不能把一个古老的文本当作一个当代的文本来处理，否则会有完全把意思变形的风险。这往往是分析哲学家在不带任何历史的距离审视哲学家时犯的错误。人们以为自己会对这样的事实感到惊奇：亚里士多德竟然对罗素与怀特海合著的《数学原则》(*Principia Mathematica*) 一无所知。在我看来，一个哲学史学家，大概对一个哲学家来说亦然，首要的品质在于具有历史感。

5. 契合的体验与哲学生活

阿尔诺·戴维森：很长时间以来，您对神秘主义表现出一种深厚的兴趣，尤其是普罗提诺的神秘主义。这种兴趣由何而来，出于怎样的原因呢？

皮埃尔·阿多：这种兴趣并非来自我提到的青少年时代的经验。在我接受教会教育的过程中，当我遇到基督教的神秘主义时，我所经历的与基督教神秘主义的作品之间还没有建立起联系。在年纪很轻时，我就读过帕斯卡尔，他有过一个著名的表述——"在心中的感性的上帝"。在帕斯卡尔过世之后，在他身上穿的衣服里，发现缝着一块"备忘录"，里面讲述了他在1654年体会到的某种迷醉。无论如何，在新托马斯主义者雅克·马利坦的著作《为了契合的区分或知识的程度》(*Distinguer pour unir ou les degrés du Savoir*)里，我第一次发现"神秘主义体验"的提法，确切地说，这个词在书里好似知识的巅峰。而在神甫预备修道院,在我们阅读的关于"灵修"的书籍里,尤其在圣徒让·德·拉克鲁瓦(Saint Jean de la Croix)的著作里,这位神秘主义者把神秘主义的修炼路径的不同阶段做了编码,他区分出三个阶段:炼狱之路、启示之路、契合之路,此外,这种区分也继承了普罗提诺与新柏拉图主义的观点。而且,他也写过一些令人崇拜的诗歌,令我非常着迷。我感受到探求类似经验的欲望。在我看来,这是人类生活可能升华到的最高境界。此外,就像任何一个基督徒一样,我天真地认为可以达到这个境界。我当时对让·德·拉克鲁瓦的著作那么着迷,以至于我想放弃做在俗的教士,而希望加入加尔默罗会修道会,即注重冥思与隐修的修道会——正是让·德·拉克鲁瓦所属的派别。我在位于枫丹白露附近阿翁镇的加尔默罗会修道会过了一段隐修的生活,在那里,我领会到与上帝接触的欲望是一种错误,绝对要经过耶稣的媒介。此外,我也自忖,基督教的启示最终是否与神秘主义相兼容,因为,神秘主义的体验,正如我刚才说过的,认定要与上帝有直接的接触,然而,在基督教里,耶稣是必不可少的媒介人。但现在,我还是不要进入这个难题。无论如何,我丝毫没能获得神秘主义的体验。

在马利坦的著作里,他多次提到普罗提诺的神秘主义,并且表明它在很大程度上都要低于基督教的神秘主义。但是，马利坦承认，普罗提诺的神秘主义影响了圣奥古斯丁。因此，在1945—1946年间，我开始读普罗提诺的作品，尤其是他讲述神秘体验的论著。于是，我发现了一种纯粹哲学化的神秘主义的存在。

我还要提到，尽管我花了很长时间研究普罗提诺的神秘主义文本，我却还只是触及世上的神秘主义的庞大领域中很微小的部分。我也只能满怀害羞地去讲"那个"神秘主义的流派。

阿尔诺·戴维森：面向神秘主义的体验，是否要做一种哲学上的准备，即使这种准备并不能确保所期待的结果，即达到与上帝统一的神秘的契合？我们也可以换一种方式提这个问题。依据您的观点，在精神修炼与契合体验之间存在怎样的关系？

皮埃尔·阿多：在普罗提诺那里，有两条路为这种体验铺垫：首先是一种认知之路，在其中，人们研究神学，尤其是如普罗提诺所说否定神学，在某种程度上指的是一些有指示性的支柱，它们标明了道路，但并不能让我们穿过道路；还有一条实践之路，才是引向具体经验的真正道路。对普罗提诺而言，这条实践的道路，就是净身礼，克己的工夫，精神修炼，美德的实践，依据精神生活的努力。在这层意义上，我们可以说，对普罗提诺而言，同时在话语与生活方式的选择里的哲学，铺垫了神秘主义的体验。我愿意使用"精神"这个词，正如我本人在翻译普罗提诺的一些作品时所做的。我用"精神"这个词来指称的，正是普罗提诺的大多数译者与评论家称作"知性"的一种现实。此外，他们也是有道理的，对普罗提诺而言，这是从作为绝对的"元一"的最高现实里即刻散发出的首要存在。知性是神圣的，包含各种存在的形式、各种理念。如果我使用"精神"这个词，恰恰是为了让人更好地理解"依据精神去生活"的表述。因为，"依据知性去生活"所要表达的意义，也许让人更难以领会。但正如埃米尔·布雷伊耶清楚指出的，对普罗提诺而言，知性首先代表朝向自身默敛的一种精神态度①。当人们说人的自我依据知性或者精神生活或者与之相等的同时，这意味着人与自身的关系中具有一种完美的透明度，意味着人超越自我的个体化特征，从而抵达普遍性与内在性的层面。事实上，在某种程度上，知性是这样的一个地点，在其中，各种存在在彼此的内部，每一种形式既是其自身，也是各种形式。因而，自我在自身、他者与精神的内部。抵达自我的这个层面，也就意味着已经抵达神秘主义体验的首要境界，因为，这指的是一种超理性的思维与存在方式。更高

---

① 埃米尔·布雷伊耶，《普罗提诺的哲学》(*La Philosophie de Plotin*)，巴黎，维兰出版社，1982年，第97—98页。

级的境界，指的是整体的统一性的状态，与"元一"的接触，也是善本身。

阿尔诺·戴维森：这等于说，神秘主义有好几个层次。但是，与神秘主义相关联的还有另一个问题。有一种神秘主义的体验，可以用人工的方式引发，比如用毒品，用这种方式引发的体验与伟大的神秘主义者经历的契合体验之间的差别在哪里呢？

皮埃尔·阿多：在这一点上，我不打算用一种真正贯彻一致的方式来回答您。我只能推荐您来读米歇尔·于兰的一本书，它非常出色地论述了这个问题。他的那本书叫做《野性的神秘主义》①，我前面已经讲到过。他用这个说法来指称并非与宗教或者一种精神传统相联系的各种神秘主义的整体。在其中，他一方面阐述"海洋般的情感"，另一方面也说明通过使用毒品来获得的体验。关于在吸食毒品的效果下获得的体验，似乎给人的印象是与神秘主义的体验相类似，他指出，那是一些人造的体验。那些体验，并不立足在个体通过伦理或苦修的筹备而实现实际转化的基础之上，它们会导致的后果就是让个体陷入一种非真实的印象，陷入绝望、焦虑，因此，最终不如说是一些

---

① 见本书第013页注①。

毁灭性的体验。

至于"海洋般的情感",米歇尔·于兰用数页的笔墨作了极其有趣的论述,我们在前面谈到我的青年时代时有过,后来偶尔也有过,总而言之,主要在最初,这些经验突然、自发地呈现给我,而没有经过任何苦修或知性的准备。此后,我经常努力地唤醒对自身存在作为宇宙的一部分的意识,来重新找回这种强烈的体验,有时候,我成功地做到这一点。无论如何,我想,我所体会到的是一种幸运:这构成我立志做哲学研究的源起,也构成我对自然、宇宙与存在产生更多好奇的源起。我感到,"海洋般的情感",与例如基督教或者普罗提诺的神秘主义的体验相当不同。显然,我们可以说,在这两种体验之间的共同点,就在于自我体会到一种在场或者与某种其他东西相融合的情感,但似乎,在基督教或普罗提诺式的神秘主义体验里,有某种个人化的关系经常是借助爱的词汇来表达的。当普罗提诺讲到"元一"有如讲到一个神灵时,从这种拟人化的倾向里,我们可以猜到这一点。

阿尔诺·戴维森:神秘主义的体验,恋爱的体验,描述这些体验的措辞往往是同样的。在恋爱的体验与神秘主义的思路之间,确切地说,又是怎样的关系呢?

皮埃尔·阿多：所有的神秘主义者，在各种各样的精神传统里，都会使用从爱情体验里借来的词语来描述他们的体会。这是一种普遍的现象，比如，在犹太传统里，《歌之歌》（*Cantiques des cantiques*）既是一篇情诗，也是一篇神秘主义的诗歌。在伊斯兰教、印度教与基督教的信徒那里，也的确借鉴《歌之歌》的表述来表达与上帝的契合。在柏拉图主义的传统里，在柏拉图的《费德尔篇》与《会饮篇》里，也的确有那种崇高化的爱情。在普罗提诺那里，与柏拉图不同的显著之处就在于，这一点是我在研究他的第五十篇作品时，我才意识到的，不仅仅有如同柏拉图那里的男性的爱，而且也有夫妻之爱，可作为神秘主义体验的典范。事实上，在普罗提诺那里，在与上帝的融合以及爱情的交融之间，不仅仅是一种比拟，还有这样一种理念：人类的爱情是神秘主义体验的出发点，后者延续人类的爱情，因为，如果我们爱一个人，首先是因为爱，首先在本质上爱至高无上的美，通过那个人，使得至高无上的美吸引我们，因此，这已经宣告了一种神秘体验的可能性。此外，身体之间的融合，两者融合为一体的体验，成为神秘主义者与其体验的对象之间融合的典范。在这个话题上，还需要触及一个完全不同的问题：对神秘主义者来说，神秘体验可以构成对抛弃爱情愉悦的苦修的一种补偿，而神秘体验甚至有可能伴随着性的愉悦，伴随着在身体上的性的回音。但我并不是神秘主义心理学方面的专家，不具备足够能力来谈论这一点。

阿尔诺·戴维森：近来，您在否定神学与神秘主义体验之间做出重要的区分。否定神学是一种理性的方法、哲学的话语，但是，神秘主义的体验要求在理性的话语之外有一种具体转化的路径。正如您在关于普罗提诺第三十八篇作品的评论里写道，"理性，通过神学的方法，可以提升到善的概念，但只有依据精神的生活才可以达到善的现实。"[1] 您可以明确一下在否定神学与神秘主义的具体体验之间的关系吗？

皮埃尔·阿多：首先，我们要先明确一下什么是否定神学。这是一种神学，是关于上帝的一种话语，但只通过否定的形式使用；因而，我们可以借用化名德尼的作者在《神秘主义神学》(*Théologie mystique*) 里使用的例子：上帝既不是运动的，也不是静止不动的；既不是统一体，也不是神性；既不是善，也不是精神，等等。之所以会有这些否定，正是因为人们认为上帝本身超越了人类可以用来谈论他的任何修饰语。这种神学的方法让我们意识到，至高无上的原则是不可思议的，绝对不能成为人们可以谈论

---

[1] 普罗提诺，第三十八篇，塞尔夫出版社，1988年，第349页。

的一个对象，正如普罗提诺所说的①，在谈论上帝时，我们只是在谈论我们自身（言外之意在于人们只能谈论相对的属性）。这种神学的方法从公元一世纪开始在柏拉图主义那里发展起来（由亚历山大的斐洛创立），而后被基督教徒和诺斯替派重新采用。我想，人们经常混淆否定神学与神秘主义，这种混淆广为传播，可以说是有历史根据的。在雅典法官德尼（Denys l'Aréopagite）撰写的《神秘主义神学》里，在书名里已经使用了"神秘主义"这个词，但是，对于整个古希腊的传统而言，这个词意味着"秘密"。事实上，如果我们考察这本书的内容，可以看出，它就是否定神学的一部论著。但是，正如您所说，普罗提诺将作为一种纯粹理性、抽象的方法的否定神学与契合的体验非常清楚地加以区分。我在前面说过，他把这种方法比作一个指示性的路标，指明道路，但不是道路本身，是所谓依据精神的苦修与生活的道路。然而，否定神学毕竟与契合的体验密切相连。人们可以说，这些否定的堆积，在灵魂里容易引起体验的虚空。

我们在维特根斯坦的《逻辑哲学论》里可以找到"不可言说"与"神秘主义"之间的一种关联（但我们不能说这指的就是否定神学）。维特根斯坦在书中写道（6.522）：

---

① 普罗提诺，第三十八篇，塞尔夫出版社，1994年，第82页（第3章，第49行）。

"有一种无法言说的东西；它呈现出来，这正是神秘主义。"语言的局限，或曰无法言说，同时是"神秘的"，我认为，对维特根斯坦来说，这似乎正是存在本身，正是世界的存在，比如，当他这样说："世界存在的事实，就是神秘的。"

阿尔诺·戴维森：您曾写到，神秘主义的体验，在您看来是具普遍性的，然而，关于这种体验的描述与诠释总是与一种传统、一整套的教条、一个充满确定的思想世界相联系。如何将这种体验的普遍性与这些描述的多样性相结合呢？

皮埃尔·阿多：我认为，事实上，这指的是一种普遍的现象：在全世界，存在着一种广袤的神秘主义文学。首先，在远东有道教、婆罗门教和佛教；在古希腊有柏拉图主义、新柏拉图主义；还有基督教、犹太教和伊斯兰教，此外，这是在新柏拉图主义的影响下产生的。除了所有以上这些思潮，还要添加上米歇尔·于兰讲到的"野蛮的神秘主义"的诸多体验。在神秘主义者对神秘体验所做的描述中，到处都带有同样的根本特征：神秘主义的体验是难以言说的，或者它带来一种焦虑，却是"美味可口"的焦虑，或者带来快乐或平和。总体而言，它突然来到，又重新开始。但也存在一些差异。首先，神秘主义者的注意力可以投向一些精神性的对象，比如在普罗提诺那里，指的是精神与"元一"；在让·德·拉克鲁瓦那里，是三位一体；其次，也投向一些感性的事物，比如，在禅宗那里，正如汉学家李克曼（Pierre Ryckmans）如此写道："佛的绝对，在平庸、即刻的真实的绝对里被发现。"① 在维特根斯坦那里，人们可以认为，神秘主义者的注意力投向存在（"世界存在的事实"）。此外，依据不同的传统，关于这种状态的理论或神学的解释非常不同。比如说，让·德·拉克鲁瓦与基督教的神秘主义者认为，这些状态是将灵魂与圣父、圣子和圣灵的三位一体的内在生命相结合的一种神圣恩赐的效果。普罗提诺，从他的角度以这样的方式解释了与"元一"如同恋爱般的结合：神圣的精神或神圣的知性具有两种形态或两个时刻，在一个时刻里，它从"元一"中诞生，尚未"在思考"，而仅仅"在恋爱"，与其源泉保持着一种爱情陶醉式的接触；在另一个时刻，它构成了在思考的精神。当灵魂与在恋爱的精神遇合时，灵魂与神圣的精神相结合，体会到契合的体验。在其他的传统里我们也会找到不同的解释。

但是，神秘的体验本身究竟在哪里，又如何解释这种体验呢？这是最重要的问题，我完全没有能力来谈论。

---

① 石涛，《苦瓜和尚画语录》（*Les Propos sur la peinture du moine Citrouille-amère*），巴黎，1984年，第45页。

通过我所做的普罗提诺的研究，我尝试带来一些答案。但是，这还只是一份单薄的贡献，因为，问题本身非常庞大。

阿尔诺·戴维森：在我看来，似乎，各种哲学的准备——苦修、伦理、知性的准备——对您来说，和契合的体验一样重要。即使这种体验永远不会发生，但在为它而做准备的行为中仍存在一种价值。在一种契合的体验的可能性与哲学生活的所有可能性之间，又是什么关系呢？

皮埃尔·阿多：在给出我个人的观点之前，我还是要从评述普罗提诺开始。我相信，对他而言，如果哲学的生活事实上是为一种可能的神秘体验作准备，那么，这种哲学生活具有其自身的价值。总而言之，普罗提诺所经历的神秘主义的体验极其罕见。在其他时间，也即几乎全部的时间里，正如波斐利所说，他努力地"呈现给自己和他人"（《普罗提诺的生活》，8，19），这实际上是对所有的哲学生活应该成为什么样的一个很棒的定义。

如果我们现在用一种笼统的方式来看待这个问题，也有必要说明，一种心醉神迷的体验，无论它属于什么类型，并不属于哲学生活的一部分。如果这样的体验来临，无论是以某一种或另一种形式，它的确可以为哲学家打开通向存在的神秘的视野，但它不能成为一种目的，而试图激发这样的体验也是没有用的。

阿尔诺·戴维森：在《普罗提诺或目光的简单》(1999)最新再版的后记的结尾处，您对普罗提诺的神秘主义做了一番简短的批评。您写道："普罗提诺曾经说过切除所有的事物，但在一种鲜活的矛盾里，是否也该说，接纳所有的事物？"这种轻微的批评大概与您本人哲学偏好的转变有关，因为，对现在的您而言，斯多葛派与斯多葛派的精神修炼似乎要比新柏拉图派的神秘主义更吸引您？

皮埃尔·阿多：普罗提诺的建议本身，在其特有的视野里也可以显得合理，它让希望抵达体验契合的人们"切除所有的事物"。这指的是超越一切特殊的、确定的或有限的事物，置身于一种运动之中，在任何事物上不停歇，并且总是朝向无限运动，因为，在普罗提诺的视野里，任何确定的形态都是某种否定的东西。但是，还要补充"接纳所有的事物"，我想让人听到，在这种切割式的神秘主义的对面，还有位置可以留给一种接纳式的神秘主义。依据这样的神秘主义，事物不再构成一种屏障，不再阻碍我们看见光，却构成一种彩色的映像，揭示了光，在其中，"我们拥有生命"，正如浮士德在谈到一个瀑布时所说的，在《浮士德Ⅱ》的序幕里。我们在最简单、最谦卑、最日常的现实里可以找到无法言说的在场。为了让人理解我想说的意思，请允许我来援引霍夫曼斯塔尔①的《致尚多斯爵爷的信》里的长长的一段："前一晚，在一株胡桃树下，我发现一个半盛满水的浇花水壶，大约是哪个园丁遗忘在那里的，其中的水面浮现树的暗影，有一只水栖的小虫，从一边游到另一边，在水面上耕出一道道的波纹。所有这些微不足道的事物汇集在一起，用如此强烈的方式向我传达无限的在场，使得一股神圣的颤栗穿过我全身，从头发根传到脚底，以至于我想绽放成我所知道的话语，如果我能找到的话，要让这些话语打垮我不相信的那些小天使。"这不仅仅是对没有生命力的物件的描述。日常生活本身，尤其是我们与其他人保持的关系，可以承载一种神秘主义或者至少是神圣的价值。塞内加早已说过："人对人来说，是一种神圣之物。"因此，我对普罗提诺的神秘主义的批评，置身在普遍的神秘主义的总体视野里。我想强调，有许多种不同的神秘主义的体验。

我还想补充，早在1963年我就对普罗提诺的神秘主义产生怀疑，这在我的著作《普罗提诺或目光的简单》的结论里已经出现。在其中，我强调如今将我们与普罗提诺

---

① 霍夫曼斯塔尔（Hugo von Hofmannsthal），奥地利诗人及剧作家，维也纳新浪漫主义文学运动的领导者，代表作《玫瑰骑士》(*Der Rosenkavalier*)。——译者

相分离的距离。依据柏格森的表述，普罗提诺的神秘主义犹如一种"呼唤"，他不是为了用卑微的方式重现普罗提诺的体验，而仅仅是为了带着勇气，在人类的体验中，接纳神秘、难以言说的和超验的东西。因为，当我写这本书时，我感觉到，如果只从字面上理解这种神秘主义，从而将读者引向"纯粹的精神性"的幻影或者幻觉会有多么危险。在写完这本书之后，我立刻证实了这种危险。此外，我花了将近一个月的时间幽居，来写这本小册子，随后，当我出门去面包店买面包时，我产生了一种奇怪的印象。但我在自己的经验叙述里表达得不好，我这样写道："我感到，如同置身一个陌生的星球。"事实上，当我在面包店里看到四周的正常人时，我感到，仿佛在另一个世界里生活了一个月，与我们身处的世界格格不入，甚至还要更严重：这是一个完全不真实甚至让人无法生活的世界。这并没有阻止我继续长期研究普罗提诺，同时，我也继续研究神秘主义的体验，把它作为一种非同寻常的现象，一是为了界定在这种体验与普罗提诺所讲授的理论之间的联系，二是出于我对普罗提诺那些神秘主义论述的优美文学作品的热爱。只不过，从个人角度来看，无论在基督教或者普罗提诺的作品里，神秘主义的体验，对我来说，都不再像青年时代那样具有至关重要的意义，而新柏拉图主义在我看来成了一种难以承受的立场。尤其，我很快远离让·特鲁亚尔①的态度，他在书里，也在一生中，坚持传授某种新柏拉图主义。对他来说，普罗提诺始终具有时效性，他指责我在《普罗提诺或目光的简单》的结尾处写了普罗提诺与我们之间有断裂开的深渊的那段话。

还是再回到您提出的问题上，如果现在要问我对它们的理解，我觉得，对当代人来说，斯多葛派与伊壁鸠鲁派似乎要比普罗提诺更容易接近。某些伊壁鸠鲁的思想，罗马皇帝奥勒留的某些格言，塞内加的某些文字，可让人想到人们如今可能还会采取的一些态度。与此相反，我们几乎不可能理解普罗提诺想说什么，如果不用很长篇幅的评论来映亮他的文本的话。这就是为什么在1987年我在塞尔夫出版社主编的丛书里收录《普罗提诺文集》(*Les Écrits de Plotin*)，现在又在伽利玛袖珍本丛书里再版。

阿尔诺·戴维森：在神秘主义的体验里，有一种自我的转化。也有一种与自我的决裂，这是一种表面上的悖论。但依据您的观点，如果这种悖论仅仅是表面的，那么一种自我的转化如何成为与自我的决裂呢？

皮埃尔·阿多：一方面，在普罗提诺对神秘主义

---

① 让·特鲁亚尔（Jean Trouillard，1907—1984），神学与哲学教授，哲学史专家，新柏拉图主义专家。——译者

体验所做的描述里，我们会发现，他用许多表述来强调（38= Ⅵ，8，34）自我迷失的事实。如果我们可以这样说的话，他不再意识到自己，他甚至也没有什么是确定的：他不再有灵魂，甚至不再是精神，显然，他也不再是肉身；这就是与自我的决裂。但是，从另一方面，也有一系列的表述，尤其在第九篇论文（= Ⅵ，9）里，他讲到自身的洋溢、扩张与膨胀，这给人的印象是强化了自我，这就是自我转化的方面。最终，我问自己，这两种形态是否就是一样的？在心醉神迷的时刻，自我走出它的局限，并扩展到无限，这既是一种迷失，也是一种获得，是自我上升到一种更高级的存在方式。人们可以说，自我可以抵达的至高点，就是感觉到迷失在彻底超越了自己的某种东西里。但对普罗提诺来说，还要提到，这种状态不是在意识流里的一种断裂，因为，灵魂将保存着迷醉的记忆，而且——会用一种不准确的方式讲述它。

阿尔诺·戴维森：在《普罗提诺或目光的简单》里，您使用了"真正的自我"的表达。但是，这指的更多是一种自我的转化，而不是一种对"真正的自我"的发现吗？

皮埃尔·阿多：这个问题促使我要说明，人们通过"自我"的不同层面可以领会的内涵。我要区分出"三加一"的层面：三个层面，首先是感性意识的层面，在其中，自我的举动好似可以与身体相融合；其次，还有理性意识的层面，在其中，自我意识到自身作为灵魂和话语的思考；最终，还有精神意识的层面，在其中，自我最终发现，它总在不自觉地成为精神或知性，因而，它超越理性意识的层面，抵达某种精神上的、直觉性的明智，没有了话语，也就没有了思考。普罗提诺，尤其他的弟子波斐利，把这个层面视作真正的自我。哲学家注重从第一个层面超越到第三个层面。

我刚才说，有三个层面，还要"三加一"，因为，神秘主义的体验代表着一个完全不同的层面。在对"元一"的神秘主义的体验中，这个真正的自我超越它与精神等同的状态，而达到一种契合的状态与绝对的简单；普罗提诺这样认为，在某种程度上，它与精神一起经历某种不确定、无限与沉醉的状态，在其中，就有了精神从"元一"开始诞生的时刻。因此，它超越了自身，并实现自我的转化：它在无限中拓展。但对于哲学家而言，这是一种非常难得、不同寻常的例外体验。

阿尔诺·戴维森：在谈到普罗提诺的体验时，您引用克洛岱尔的这句诗："有个人在我身上，比我自身更接近我。"

皮埃尔·阿多：在克洛岱尔那里，不是普罗提诺式的神秘主义，而是一种基督教的视野，也就是说，归根结底，造物主比我们自身更接近我们，因为，它是自我的根源。我们可以说，在普罗提诺的学说里，也是同样的情况，因为，"元一"也处在事物的根源。但是，我也在问自己，当我谈论普罗提诺时，引用克洛岱尔是否合理？在这一点上，我只能列举一些疑问。首先，基督教里的上帝是一个人，我们可以把它构想为"某个人"，仿佛一个低于我们自身的自我。普罗提诺的"元一"并不是个人化的。精神可以成为我们真正的自我，因为，它用主体和客体来界定和分割。但是，"元一"绝对不能成为我们的自我。这就是为什么，我会自问，在普罗提诺神秘主义的体验里，人们是否可以说自我与"元一"是等同的？相对如何才能与绝对叠合？不如说需要讲到一种无法定义的在场的情感。此外，普罗提诺似乎也清楚地在第九篇论著（= Ⅵ，9，10，21）里谈到了等同性，我把这段话理解为一种对等同的印象的描述。这是我给自己提出的一些问题。

阿尔诺·戴维森：我们可以补充一点，在您的文章"圣人的形象"[①]里，您表明了真正的自我的问题也与智慧的问题相联

---

① 收录于《世界的智慧》（*Sagesses du monde*），加多弗尔（G. Gadoffre）编，巴黎，1991年，第9—26页。

系，而不仅仅与神秘主义的问题相联系；人们应当在自我之上寻找自我；真正的自我既在内部，也在外部；这是一种持续的探求，找到自身最好的部分是对自我的超越，也是对作为我们一部分的真正的自我的事实的承认。这是斯多葛派的情况，在亚里士多德与普罗提诺那里，也是同样的情况。

皮埃尔·阿多：确实，比如说，在亚里士多德那里，知性呈现为超越我们的某种东西，属于神圣的范畴。但是，那是我们真正的自我，是构成人的本质的东西，因此，也是超越人的某种东西。普罗提诺会说，知性是我们自身的一部分，我们朝向知性提升。奥勒留会谈到"灵神"，作为一种内在的神灵，最终不过就是理性，既是我们自身，又在我们自身之上。当哲学家试图抵达智慧时，他尝试着抵达这种状态，在其中，他与这个真正的自我，即理想的自我相等同。

从总体上来看，我个人会倾向于给自己再现根本的哲学选择，因此作为迈向智慧的努力，就比如对片面的、局部的、自我中心的、自私的自我的超越，为了抵达一种更高级的能看见所有事物的自我的层面，意识到自身在普遍性与整体性的层面上就是宇宙的一部分，于是，拥抱了事物的整体。我记得程艾蓝在她的著作《中国古代思想史》里有关于道的一句话："精神性的任何形式从一种放手的无为开始,从放弃有限的、限制性的自我开始。"① 这句评述让我想到,自我层面的转化,在与我们不同的远东哲学思想里,也可以找到。

---

① 程艾蓝(Anne Cheng),《中国古代思想史》(*Histoire de la pensée chinoise*),巴黎,1997 年,第 198 页。可参见中译本,冬一、戎恒颖译,河南大学出版社,"人文科学译丛",汪民安、张云鹏主编,2018 年。

6. 作为精神修炼的哲学话语

阿尔诺·戴维森：从哲学的角度来看，究竟什么是"精神修炼"，您能否为我们举几个例子呢？

皮埃尔·阿多："精神修炼"的表述，据我所知，在以往论及哲学时，并不经常使用。1954年，德国学者保罗·拉宝出版其著作《灵魂的方向：古代灵修的方法》(*Seelenfuhrung, Methodik der Exerzitien in der Antike*)，这本书给对于哲学的这个面向感兴趣的所有人提供了灵感。他在书中运用"道德修炼"的表述，同时，他指出，圣依纳爵（Ignace）那本著名的《灵修篇》(*Exercices spirituels*)就属于这种传统。1945年，路易·热尔内[1][2]在古希腊研究中谈到"修炼"，指的是凝聚灵魂、集中精神的技术。

---

[1] 路易·热尔内（Louis Gernet，1882—1962），古希腊研究专家，尤其在古希腊宗教和法律史上颇有建树。法国汉学家谢和耐的父亲。——译者

[2] 参见路易·热尔内的一篇文章，收录于《古希腊人类学》(*Anthropologie de la Grèce antique*)，巴黎，1968年（1982年第2版，第252页）。

而在1964年，让-皮埃尔·维尔南在他的著作《古希腊人的神话与思想》① 里也讲到"精神修炼"，论及恩培多克勒②的思想以及如何回忆前世生活的诸种技术，这个表述似乎罕见，但它并没有多么不寻常。

从个人的角度，我会把精神修炼界定为一种自愿的、个人的实践，目标在于实现个体的一种转变，一种自身的转化。在上文中提到的让-皮埃尔·维尔南与路易·热尔内给我们提供的可以看作精神修炼的两个例子，另外还有一个例子，也同样由来久远，那就是迎向生活困苦的准备，在斯多葛派那里，这是一种享有盛誉的修行。为了承受诸种厄运的打击，如疾病、贫苦、流亡等，人们需要通过考虑这些遭遇的或然性来作准备。如内心有所准备，人们可以更好地承受。事实上，在斯多葛派之前，这种修炼就已经存在。阿那克萨哥拉③ 早已推崇过这种修炼，欧里庇得斯（Euripide）在悲剧作品《忒修斯》(Thésée) 里再一次提到。此外，阿那克萨哥拉讲话的口吻就好像一个后世的斯多葛派，当得知儿子去世时，他这样宣布："我早已知道，我孕育了一个会死的生命。"另一个例子，如柏

---

① 让-皮埃尔·维尔南，《古希腊人的神话与思想》(Mythe et pensée chez les Grecs)，巴黎，1965年，第Ⅰ卷，第94页。
② 恩培多克勒（Empédocle，前490—前430），古希腊哲学家、医学家、演说家。——译者
③ 阿那克萨哥拉（Anaxagore，约前500—前428），古希腊前苏格拉底时代的哲学家。——译者

哲学的生活方式 | 147

拉图在《斐多篇》里这样表述："做哲学思考，即是修炼面向死亡。"也就意味着准备将自身从躯体中抽离，也从躯体强加给我们的感性、私己的视角中抽离出来。伊壁鸠鲁派也提到精神修炼：对意识的审察，比如，坦白承认错误，进行沉思冥想，节制一些欲望。

在论及精神修炼的著作中，尽管我试图避免，但我用总体的方式所言说的会给人这样一种印象：即精神修炼是在哲学理论、哲学话语之上增添的某种东西，这可以是一种实践，仅仅是为了补充理论与抽象的话语。事实上，所有的哲学都是修炼，教诲性的话语与引导我们行动的内心话语也都是修炼。显然，精神修炼更倾向于通过内心话语的形式进行并在其中实现——为了说明这一点，甚至还有一个专门的表述，在爱比克泰德的《手册》里，他经常使用一个希腊词：*epilegein*，这个词意味着："为处境增添一种内心的话语"。比如，人们对自己不断地复述一句类似的格言："不要希望来临的不来临，而要希望该来的自然而然地发生。"这就是人们运用的一些内心的表述，可以用来改变个体的情绪。但也有一些精神修炼体现为外在的话语、训诲性的话语。我想，这一点非常重要，因为我恰恰想表明，人们以往看作纯粹理论、抽象化的话语在其阐述方式与目的性的层面也都关涉到实践。在柏拉图撰写《对话录》时，在亚里士多德讲课并出版课程笔记时，在伊壁鸠鲁写书信时，甚或在他撰写论自然的那篇很长、很复杂的论文时——不幸的是，这篇论文流传至今只剩下片断、细小的碎片，那是在赫库兰尼姆（Herculanum）出土时被重新发现的，在所有这些例子里，哲学家展现一种学说，但他用某一种方式展现，这种方式的宗旨在于教诲，而不只是信息的传递。正如我已经向您说过，哲学话语往往用回答一个问题的形式呈现，与学校的授课方法相关联。如果人们仅仅是为了满足求知的欲望，需要就某个问题得到某种回答，但实际上我们不能立刻回答。在大多数时候，亚里士多德那里的情形更有特点，他并不立即回答问题，而要做许多迂回来引出答复。在柏拉图或普罗提诺那里，也有同样的情况。他们甚至多次反复进行论证。这些迂回与反复的用途首先在于教人推理，而且正如亚里士多德所说，也为了让研究的目标最终变得完全寻常、自然而然①，也就是最终把知识完全内化。在人们所谓的苏格拉底式的话语中，这些修炼的意义是显而易见的，而且，最终在柏拉图式的话语中也一样，如柏拉图所言，问题或回答致力于在个体身上引发一种疑问，甚至一种情感，一种噬咬。这种对话类型是一种禁欲的苦修；需要依从讨论的法则，也就是说，首先要承认他者拥有表达的权利；其

---

① 亚里士多德，《尼各马可伦理学》（*Éthique à Nicomaque*），第6卷，1147a22。

次，也要承认，如果有一种明见性的话，人们赞同这种明见性，而当人们发现自己搞错时，这往往会变得困难；再次，在各位对话者之上，承认希腊人称之为"逻各斯"（logos）的规范：即一种客观的话语，总而言之，力求做到客观的话语。对于苏格拉底式的话语来说，的确如此，而对于所谓理论性的阐述也是一样，尤其是那些致力于教育弟子过一种精神生活的阐述。这指的是将自身升华，超越低级的推理，尤其要超越感性的明见性、感性的认知，以朝向纯粹的思维与真理之爱。这就是为什么我认为理论的阐述也可以具有一种精神修炼的价值。而且，如果听者确实不能同时进行一种内在的努力，那么，理论阐述不可能是完整的，正如普罗提诺说：如果人们不能从情欲以及躯体中脱离出来，那么，就不可能理解灵魂是不死的。

阿尔诺·戴维森：您如何意识到精神修炼在古代的核心地位呢？您曾经说过，这完全不是一种精神性追寻的结果，而是一种方法论问题展开的结果：如何诠释古代哲学的文本。从方法论的角度，难道可以把修炼与体系对立起来吗？

皮埃尔·阿多：我已经说过，对我来说，问题在于要解释一些哲学家——表面上的——不一致性。柏拉图的《对话录》就是一个谜，在其中，往往存在疑问，在对话之间很少连贯一致。我也很惊诧地读到，保罗·莫罗在为亚里士多德的《论天》(*Traité du ciel*) 撰写的导言里提到，亚里士多德的言说自相矛盾，结构很差。此外，尤其难以把握在普罗提诺论著中的思维运动。最后，我是这样理解的："这些表面上的不一致性说明，古代的哲学家并不是一开始就试图呈现出有关现实的系统理论，而是希望教给弟子们一种方法，教会他们不光在思想上也在生活中找寻方向。"我不能说体系的概念在古代就不存在。这个词存在，但它指的不是思想的构造，而是组织有序的整体，在其中的各个部分相互依赖。系统思想的概念也早就存在，是在欧几里得的几何学和公理学的影响下产生的。我已经提到，有一种哲学的文学体裁，可以称之为系统性的，旨在从根本性的原则与公理之中推断出所有可能得出的结论。事实上，这种系统化的努力旨在帮助弟子具备一些根本性的信条，引导他们的行动，并使人获得一种无可动摇的信念，而逻辑的严密、结构的连贯一致会给人这样的印象。对于斯多葛派来说确实如此，这个学派因其学说的结构严密而著名，而伊壁鸠鲁的《书信集》(*Lettres*) 也同样如此，在其中，我们可以识别出以欧几里得的《几何原本》为范本的痕迹。

因此，我想总结两点：一方面，在进行诠释的努力中，我发现，当我们想诠释一部古代哲学作品时，需要首先尽力地追随作者的思维运动、思维蜿蜒曲折的轨迹，也就是说，最终需要追随哲学家面向弟子所实践的辩证的或精神的修炼。比如，需要从不同的出发点重新考察他的观点阐述，正如在亚里士多德那里的情形，前后相连的修炼并不一定体现出结构上的严密一致；另一方面，当哲学家力图做到体系化时，正如在伊壁鸠鲁或斯多葛派那里的情形，这往往指的是要让人实践一种精神修炼，可以说是一种记忆法，旨在让人更好地吸收规定生活模式的信条，并让人带着确信拥有这些信条。

阿尔诺·戴维森：那么，是否可以说，现代思想体系的开端，就在于要给世界和人类一种解释；而在古代哲学的文本里，主要目标则是要让听者发生转变呢？

皮埃尔·阿多：我想，我前面已经提到过，但在这里，还是要再次引用维克托·戈尔德施密特在谈到柏拉图的《对话录》时使用的表述，那绝对是一种非同寻常的表述；他说："这些对话的宗旨，不在于传达信息，而在于培育心灵。"我想，事实上，这对于整个古代哲学都是奏效的。哲学话语也自然会提供关于存在或物质、天体的现象或元素的一些信息，但与此同时，哲学话语致力于培育心灵，教人承认各种问题、方法与推理，助人在思想与生活中找到方向。归根结底，维尔纳·耶格（Werner Jaeger）将他的著作命名为《培育》(*Paideia*)，在标题中的"paideia"一词意味着"培育、教育"。在这本书里，他展现古代思想、古典思想的整个世界，我想，他有一种出色的直觉：对古希腊人而言，关键在于培育身体与心灵。爱比克泰德，当他要指明一个哲学家取得进步时，他就说pepaideumenos，意味着他得到"培育"。面向"培育"的态度，这或许正是古代哲学与某种现代哲学之间体现出的巨大差别。

阿尔诺·戴维森：这等于说，如果人们将哲学家的表述从陈述的语境里抽离出来，来看理论命题的表达在其中是否绝对有效，那么，人们就有可能改变其意涵、歪曲其意义？

皮埃尔·阿多：从个人的角度而言，我总是更倾向于通过分析作品来研究一个哲学家，而不愿试图从中提炼出一个体系、从作品中提取出与文本语境相分离的一些理论的命题。作品是生动鲜活的：它们是一种行为，一种运动，带动着作者与读者。体系化的研究如同一些植物标本图册，在里面充斥着枯叶。在一部作品的框架里，比如在伊壁鸠鲁的《致希罗多德的信》(*Lettre à Hérodote*)里，我们完全有权将伊壁鸠鲁提出的有关自然的论点当作绝对有效的理论命题。但是，我们不应该忘记这些论点的语境，也就是说，在这部书信录的结尾处，作者为这些论点明显地赋予治疗的功能：这些命题应该保证其弟子的灵魂之平和，使他们从对神祇的畏惧中释放出来。我们可以假设，这些理论命题被肯定，并尝试用尽可能好的方式产生让人释放的效果。

在决定一部哲学文本的理论内容时，我们总是需要非常慎重。柏拉图主义者在整个古希腊时期都在讨论，希望了解柏拉图在《蒂迈欧篇》里是否确实这样讲授：世界在远古时期由一个创造者创造，他曾经用心推理，为了让世界变得尽可能的好。这就是柏拉图用明晰的方式所言说的。但是，新柏拉图主义者会认为，对柏拉图而言，感性世界是永恒的，它从知性的世界中散发出来，没有一种意志或者一种推理的介入。对他们来说，柏拉图的论点要放在《蒂迈欧篇》里希望发展的神话话语的视野里解读。总体而言，一种论点的意义，要根据作者所选择的文学体裁以及这种论点所在的语境来加以诠释。我们在前面一次对话里也已经说到这一点。

阿尔诺·戴维森：当人们听到"精神修炼"的表达时，几乎本能地就会想到宗教以及基督教里的灵修传统；但是，在您看来，对于这个表达而言是一种过于局限的诠释，因为，无论从历史还是从哲学的角度，精神修炼并不一定与宗教有关。在谈到"修炼"时，您究竟指的是什么呢？

皮埃尔·阿多："精神修炼"这个词曾经遭到非常强烈的争议，甚至连我亲爱的同事、朋友桑德拉·洛吉耶（Sandra Laugier）在哲学学院召开的一次专门讨论我的著作的会议上也提出异议。正如我在第一次撰文论述这个话题时说过的，这个词并"不合规范"。然而，还是有相当多的哲学家较不费劲地就接受了它，甚至在论及柏拉图时，我的同事吕克·布里松（Luc Brisson）接受这个提法，或者还有推行享乐主义唯物观的米歇尔·翁福雷（Michel Onfray）也表示认同。

为什么我选择了这个表述，为什么我可以说这个选择并不是出于它可能的宗教内涵呢？以下就是促使我作这个决定的种种理由。在二战后出版的一部诗集的标题曾经让我备受震撼："作为精神修炼的诗歌"。不幸的是，我弄丢了这本书，但是，那个标题却向我映亮了诗歌的概念。后来，我读了伊丽莎白·布里松论贝多芬的著作[①]，她把贝多芬让学生们做的作曲练习称之为"精神修炼"，其宗旨在

[①] 伊丽莎白·布里松（Elisabeth Brisson），《音乐家的神圣——在贝多芬作品里的古代典故》(*Le Sacre du musicien. La référence à l'Antiquité chez Beethoven*)，巴黎，法国国家科研中心出版社，2000 年，第 261 页。

于抵达一种智慧的形式，人们或可称之为美学的智慧。另一方面，我在上文中提到，保罗·拉宝指明圣依纳爵著名的《灵修篇》继承由修士们传递下来的古代思想，他已经运用这个词：他讲到作为"精神的修炼"的修行实践。至少，在我看来，保罗·拉宝这本书的意义恰恰在于说明"精神修炼"这个词并不是宗教性的，因为它有一个哲学的根源。这就是我为什么使用这个词的第二个理由。第三个方面，我也曾经试图避免使用这个词，也尝试了可以替代它的所有说法。"道德修炼"，这个说法并不好，因为我指的并不是道德范畴的修炼；"伦理修炼"，也一样行不通；"知性修炼"，也并不能涵盖精神修炼的概念里所代表的一切。在必要时，我们也可以说"实践"。雷蒙·吕耶使用过"修行组合"①的表述，但这个词会给人一种造作的印象。我不喜欢米歇尔·福柯采用的并且让它现在变得时髦的表述"自我实践"（pratique de soi），也更不喜欢"自我书写"的表述。实践的并不是"自我"，书写的也更不是"自我"。人们进行修炼的实践是为了转化自我，人们写下一些语句是为了影响自我。捎带说一句，这就是一个补充性的例子，映射出当代哲学的行话里不恰当的措辞。于是，我心甘情愿地使用"精神修炼"的表述，总的来

---

① 《普林斯顿的真知》，第216页。

说，这算是一个比较寻常的说法；长久以来，这个概念在各种各样的情形下使用，用来指示我所讲到的这些自愿的实践。最后，"精神修炼"这个词不会骗人：在人们使用它时——哲学家也好，史学家也好——不会联想到宗教，也不会想到圣依纳爵。此外，还有一个理由促使我作了这个决定，那就是我在弗里德曼（Friedmann）的《力量与智慧》(*La Puissance et la Sagesse*) 里找到他写的一段日记文字，他写道："每一天，做一种精神修炼。"他给出的修炼实践的范例完全可以让人联想到斯多葛派的实践。他丝毫没有想到宗教层面的灵修实践。此外，我刚才也说过，路易·热尔内或让-皮埃尔·维尔南，在谈到古代实践时，也使用了这个词，也许有时候指的是一种呼吸法的技法实践；即使这些技法是身体层面的，它们毕竟同时也具有一种精神的价值，因为，它们引发一种心理层面的效果。归根结底，我认为这个词并不构成问题。

然而，这个词并不足以表达我有关古代哲学的观念：古代哲学之所以是精神修炼，乃是因为它是一种生活的方式，一种生活的形式，一种生活的选择。

阿尔诺·戴维森：人们通常认为，精神修炼属于哲学中的伦理学部分，然而，哲学的逻辑学与物理学的部分是理论性的。但是，您却表明，事实上，在理论与实践之间的分界，在哲学的每个部分或每种学说的内部都在产生。您认为，逻辑学、物理学与伦理学三个门类都可以既是理论性的又关涉到实践，这是您对古代哲学的诠释中一个关键性的元素。

皮埃尔·阿多：您刚才讲的非常重要。这个方面在涉及斯多葛派时清楚地呈现在我面前，但后来，我意识到，这在整个古希腊罗马时期是一个总体性的现象。因此，斯多葛派把哲学话语与哲学本身相区分。哲学话语可分成三个部分：逻辑学、物理学与伦理学，在这一点上，他们希望说明，当讲授哲学时，给学生们解释的是逻辑学的理论、物理学的理论与伦理学的理论。但与此同时，他们说，哲学话语并不是哲学。哲学，正是切实、具体、实际经历的修炼，也是逻辑学、伦理学与物理学的实践。真正的逻辑学，不是逻辑学的纯粹理论，而是亲身经历的逻辑学，是用一种具体的方式思考的行为，是用一种具体的方式在每一天的生活里修炼思想的行为。因此，就有一种亲身实践的逻辑学，斯多葛派认为，这种逻辑学的宗旨在于批判各种再现，也就是来自外部世界的各种形象，这并不等于要仓促地说某事的发生是一件坏事或一件好事，而是要思考、批判对事物的再现。

对于伦理学，显然也是如此。真正的伦理学，不是伦理学的理论，而是与他人在生活中实际经历的伦理。对于物理学，也是同样的道理。真正的物理学，不是物理学的理论，而是实际经历的物理学，也就是面对宇宙的某种态度。这种实际经历的物理学首先旨在依照事物的原样看待事物，不是从人格化和私己的视角，而是在宇宙和自然的视野里看待事物。这种态度清楚地呈现在罗马皇帝马可·奥勒留给出的所谓物理学的定义里，这些定义将界定的对象视作自然的一部分：大地和人间万物都是广袤宇宙中极其微小的一个点；皇家用的紫色，不过是从一个蚌的血液里提取的；死亡，不过是在自然中的一个现象。

这种实际经历的物理学旨在让人意识到人类是属于宇宙整体的一部分，需要接受我们所认同的这个整体的必要进程，因为，我们是其中的一部分。最终，它的宗旨在于静观宇宙的灿烂，并承认最谦卑的事物所包含的美。此外，在各个学派里，都可以找到实际经历的物理学的这种面向。我写过一篇文章，论"柏拉图《蒂迈欧篇》里的物质与诗歌"，在文中，我试图表明柏拉图的《蒂迈欧篇》其实是一种精神修炼，哲学家通过这种修炼尝试重新置身在宇宙整体的视野里看待事物。甚至在可以称作怀疑派倾向的柏拉图主义者的传统中也是一样：比如，西塞罗说，即使人们不能认识自然里的多少东西，但是，专注地认识自然，也就是说静观自然，这件事就可以激发出非常巨大的愉悦。在这一点上，他只是亚里士多德的继承人，后者在其著作《论动物的部分》(*Sur les parties des animaux*)的一个很优美的段落里，说明对自然现象的研究乃至对可能显得令人厌恶的现象的研究，都会激发非常巨大的愉悦。我想，直到古代的末期，这都是行之有效的法则；这也让我们联想到托勒密①的一首著名的诗，他在诗里写道：当我凝视众星辰时，我不再是一个终会有一死的凡人②。如果要把历史的视阈略加拓展，我想，在哲学史中，作为精神修炼的这种物理学也总是存在的。歌德就是一个很好的例子，因为，他所做的全部有关自然主义的研究，都与某一种存在经验相关联。这是一种物理学，但它具有一种精神价值。在德国浪漫派那里，我们也可以找到这种物理学的观念，尽管在其中有某些夸张的地方。

阿尔诺·戴维森：宇宙意识的理念，对于今人来说，是一个比较难以把握的理念，它置身在物理学某种精神修炼的视野之中。因此，我们可以尽力地抵达宇宙意识。难道您认为，这也意味着一种今人也可以实践的修炼吗？

---

① 托勒密（Claudius Ptolemaeus，约90—168），古希腊天文学家、地理学家和光学家。——译者
② "我知道，我生来必死，只能活一日，但是，当我追随星辰的充满智慧的循环运行，我不再用双脚行走在地面上，而活在宙斯的身旁，我满载众神赐予的美味佳肴。"（《古希腊诗选》(*Anthologie palatine*)，第9卷，第577页。）

皮埃尔·阿多：于贝尔·雷弗①在他的著作《马利科纳》里讲到，一些观察者在天文望远镜里第一次发现土星时所体会到的震惊②。这种体验与情感并不取决于当代物理学的发展，而属于一种知觉的体验，作为来自宇宙的一部分与另一部分的接触。事实上，有两种领会世界的方式。有科学的方式，既运用测量、探索的仪器，也使用数学上的计算；但也有朴素的知觉方式。如果联想到胡塞尔的见解以及在梅洛-庞蒂那里的发展，我们可以更好地理解这种双重性：理论性的物理学承认并证实地球在运动中，但从知觉的角度，认为地球是不动的。然而，正是知觉构成我们生活的根基本身。我们谈论的精神修炼可以容纳在这种知觉的视野里，最好不要称作"物理学的精神修炼"，因为，在我们的时代，"物理学"这个词只有一个唯一的意义，非常明确的意义，不如称作：关于世界的在场形象以及我们在世界中的归属的自觉意识。在此，哲学家的体验与诗人、画家的体验是相汇通的。事实上，正如柏格森指出的，这种体验旨在让人超越我们对世界所拥有的实用主义的知觉，而达到对世界的一种无私的知觉，世界本身并非作为满足人类利益的手段，而仅仅作为世界本身来知

---

① 于贝尔·雷弗（Hubert Reeves, 1932— ），加拿大天体物理学家，科普推广者。——译者
② 于贝尔·雷弗，《马利科纳》（*Malicorne*），巴黎，瑟伊出版社，1990年，第183页。

觉。于是，世界涌现在我们眼前，而我们仿佛第一次见到它。"真正的哲学，"梅洛-庞蒂说，"在于重新教人看世界。"因而，真正的哲学作为知觉的一种转变而出现。关于这个话题，我也要援引卡洛·金茨堡（Carlo Ginzburg）的一篇文章①，在文中，他联想到在一些作家（比如金茨堡谈到托尔斯泰）的作品中时而可以找到的一种精神修炼，其宗旨在于将事物感知为陌生的。作为这样一种视觉模式的范例，他恰恰列举了马可·奥勒留以及我在上文讲到的他对物理学的定义。把事物感知为陌生的，这意味着要转变目光，以至于产生如同第一次看见事物的感觉，让人从习惯与平庸中释放出来。

此外，这指的不仅仅是一种或许具有关键性价值的纯粹美学层面的静观，而是一种修炼，旨在让我们超越自身，再一次地，超越我们片面的、局限的视角，从而让我们在宇宙的、普遍性的视野里看待事物与我们个体的存在，因而，让我们重新置身宇宙的广袤事件之中，而且，可以说，重新置身于存在的深不可测的神秘之中，这就是我所称作的宇宙意识。

此外，我还要补充，当代物理学与天文学的发展，通过它们所打开的令人晕眩的视野，可以引导一个博学的人

---

① 金茨堡，"让事物变得陌生"，《再现》（*Representations*）第56期，1996年秋，第8—28页。

超越纯粹的科学推理的局限,并且意识到宇宙如同谜一般、广袤恢宏的特征。这就是爱因斯坦的例子。但当然还有这一类许多其他的例子。我并不熟悉当今的科学研究,因而,我不能在此一一列举。

7. 作为生活与智慧探求的哲学

阿尔诺·戴维森：在古代，闪耀着六大哲学流派：柏拉图派、亚里士多德派、斯多葛派、犬儒主义、伊壁鸠鲁派和怀疑主义；每个流派都各自有独具特征的精神修炼。但是，我们也可以通过极其特殊的生活方式的选择来区分这些流派。一种生活方式的选择，一种存在态度的选择，在某种程度上，代表了每个流派的特殊性。究竟一种哲学意义上的生活方式是什么样的？而在一种生活方式的选择与哲学生活之间，又存在着什么样的关系呢？

皮埃尔·阿多：哲学的生活方式，简单地讲，指的是哲学家在日常生活中的行为举止。比如说，在古罗马共和国时代的斯多葛主义者昆图斯·穆修斯·斯凯沃拉，他是当时派驻亚洲省份的督察官，与他的前任们不同，他坚持用自己的费用承担他在亚洲的差旅，并且，他迫使周围的人们也都效法他的做法，以此结束了罗马税收官贪婪无度的做派，从而享有清廉的盛誉。此外，也只有斯凯沃拉流派身体力行地执行斯多葛派所规定的反对奢华的法则。因此，在日常生活中，这个流派具有其他流派所没有的一种朴实的苦修和伦理层面的严谨。显然，在这里，我讲的尤其是一种伦理态度，但这可以延展到其他领域。事实上，可以说，每个学派都有一种独具特征的行为方式。此外，据我所知，还有一个方面的研究有待拓展，至今尚未得到透彻理解：关于喜剧作品的作者，也就是说古代的普通民众，如何看待各种哲学学派？因而，柏拉图主义者被认为是骄傲的，爱比克泰德也这样说——他们"把眉毛高高抬起"。伊壁鸠鲁派当时被认为什么东西都不吃。这与人们如今所认为的伊壁鸠鲁派的形象不同，在当时，人们认为他们过着一种很简单的生活。斯多葛派则被看作一群极其朴素的人。我们还没有提到怀疑派，因为，他们在当时被认为是一些循规蹈矩的人。这就是古代的喜剧作家所看到的哲学学派的外在形象。

如果我们想到犬儒主义者，立刻可以明白，哲学在当时如何可以成为一种生活方式：他们既不发展任何学说，也从来不授课，而满足于按照某种风格生活。所有人都了解第欧根尼在酒桶中生活的故事。这些人拒绝日常生活的常规，拒绝普通百姓的寻常心态。他们满足于拥有很少的东西，沿街乞讨，不顾羞耻地在公众场合自慰。他们的生活方式就是回到没有文明教养前的自然本性。其他的哲学流派没有都走到这种极端的情况，尤其是各自对生活方式的选择与其他学派都有所不同。柏拉图主义者的哲学态度，在柏拉图的时代，以三种形态为标志：他们考虑发挥政治影响，但要依据柏拉图式的理想规范来实施；还有苏格拉底式的传统，也就是说，讨论的愿望，依据提出的问题与给出答案的方法来展现教学；最后，还有知性主义，因为，柏拉图主义的主旨就在于让灵魂与身体产生分离，脱离身体，甚至倾向于超越推理。在古希腊罗马末期的柏拉图主义者，即新柏拉图主义者认为生活是一种思想的生活、依据精神的生活。

在亚里士多德学派的传统里，可以说，他们的生活方式也极具特点，最终，指的是过一种学者式的生活，过一种致力于研究的生活，不仅仅研究自然科学，也研究数学、天文学、历史与地理。因此，依据亚里士多德的说法，一种生活模式，可以定义为"静观"（theoretique）的模式，也就是说，人们依据这种模式"静观"事物。但是，这种模式也包含对神圣思想、对宇宙第一动力的一种参与，也包含对星辰的静观。在这里，我们可以找到作为精神修炼的物理学的概念。在亚里士多德那里，还有一点很有意思，那就是对科学的纯粹无私的特征的意识。"静观"的模式，这指的是并非出于一种特定利益的研究，不是为了物质的目标。

至于伊壁鸠鲁派,我刚才已经提到,他们的生活方式旨在对各种欲望做某种节制,为了保持一种更完美的灵魂的平静。为了过得幸福,需要限制欲望。这一点很有名,他们区分自然的、必要的欲望(吃、喝、睡),自然的、不必要的欲望(性的欲望),既不自然、也不必要的欲望(对荣誉、财富的欲望)。正常地讲,需要坚持绝对必要的欲望。他们至少在原则上(因为也有一些例外)排斥政治行为,他们尽可能从城邦的事务中隐退。从总体上而言,我们对伊壁鸠鲁派的生活形成了一种概念,首先通过伊壁鸠鲁的通信录,此外也通过伊壁鸠鲁派的诗人菲洛德穆(Philodème)的诗句有所了解。在其中,他们讲到非常简朴的饭局,却是在朋友之间的聚会,因为,在伊壁鸠鲁派里,友谊扮演了重要的角色。归根结底,伊壁鸠鲁派寻求享受存在所带来的简单的快乐。

至于怀疑论者,我说过,当时的人们认为,不如说他们循规蹈矩,因为,他们所接纳的唯一的行为准则就是遵循城邦的法律与习俗,但是,他们拒绝判断:他们悬搁对事物的判断,出于这个缘故,他们找到了灵魂的安宁。

归根结底,您提到这一点,在古希腊罗马时期,哲学家总是被看作有点像苏格拉底的形象:他"不在他的位置上",他独一无二,无处可居(atopos),人们不能把他放置到一个地点,不能把他归入一个特定的类别,他是无法归类的；由于一些比较特殊的原因，在各个学派那里，都与日常生活有某种断裂，甚至在怀疑论者那里，他们用一种彻底的内心的无动于衷来走近日常生活。但是，与此同时，他们的哲学支配着日常生活，有时候，他们甚至开出细致入微的处方。可以说，斯多葛派由于他们给出——借用十七世纪的术语来说——"决疑手册"而闻名，在其中，他们指出在生命的种种境遇中应该采取什么样的行为。阿弗罗狄西亚的亚历山大（Alexandre d'Aphrodise）在评论亚里士多德时，他嘲讽斯多葛派会这样自问：在上哲学课时，他是否有权交错双腿？当他和父亲用午餐时，是否有权吃量最多的那一份午饭？在一篇论述古罗马斯多葛主义的文章里，在谈到格拉古兄弟①时，还有在论西塞罗的一篇论文《论义务》（Des devoirs）里，我的夫人②指出，在这种决疑法规里，在斯多葛派那里，有两种截然相反的态度。比如说，人们会提出如下问题：如果要卖一座房屋，是否有权隐藏这座房屋的缺陷，还是需要揭示它的缺陷呢？有些沾染异端思想的斯多葛派会说：是的，人们可以遮掩缺陷；但是，正统的斯多葛派就会说：不，人们无权这样做。或者还有谷物批发商的例子，谷物商满载着一船

---

① 格拉古兄弟（les Gracques），公元前133年到前122年古罗马的两个保民官，主张实行土地与粮食法案等，遭到豪门贵族的激烈反对，后均被杀戮。——译者

② 伊尔赛特罗·阿多（I. Hadot），"斯多葛派的传统与格拉古时代的政治理念"，载《拉丁研究杂志》（*Revue des Études latines*），第48期（1971），第133—179页。

的小麦驶到一个港口，却遇上当地正饥荒肆虐。他会想，在他之后来到的其他货船，会因此面临价格的变化吗？人们在日常生活里预料到各种各样可能的行为举止，但您瞧，问题在于懂得怎样的态度才符合哲学的理想。没有什么比反对一味崇尚赢利更强烈了，因为那种心态会逐渐地毁灭人道，斯多葛派的道德要求每一个人都具备一种正直，一种透明，一种绝对的无私。

我们也可以说，透过这些不同的生活形式，一些共同的倾向在不同的哲学学派中勾勒出轮廓；这尤其意味着拒绝为事物赋予差异性的价值，因为，那仅仅表达了个体的局部视角，摒弃私己与不加分化，引人走向灵魂的平和。

对古希腊罗马时代的哲学家来说，日常生活的这种问题比较复杂。最近，我研究了爱比克泰德的《手册》，而我意识到，在流传至今的《爱比克泰德谈话录》与《手册》里，爱比克泰德似乎经常给人建议一些彼此矛盾的态度。他在尼科波利斯（Nicopolis）的学生们都是些年轻人，总的来说，他们都是富家子弟，日后将要展开政治生涯。但是，当他在学校里教书时，他尝试让他们实践最严谨的哲学。于是，他告诉他们：不要去追逐女孩儿，要节制饮食的方式，等等。可以说，都是各种各样的严厉忠告。而我曾把这方面与封闭在修道院里的初学修女比较，她们被训练着过宗教生活，但随后又被送到外界，回到俗世。爱比克泰德的学生们，他们也要走出校门，爱比克泰德预见到了他们在回家之后会从事什么工作，于是，他会给弟子一些忠告，关于如何参加宴会、出席戏剧演出，甚至还有如何展开政治生涯，等等。这就是哲学家的问题，从理论上说，他应当与俗世相分离，但事实上，他又应当回到俗世，并且过凡人的日常生活。在这个方面，苏格拉底始终是典范；我想起普鲁塔克的一篇优美的文章，他说过：苏格拉底是一位哲学家，不是因为他在一张讲台上讲课，而是因为他会和他的朋友们聊天，和他们一起玩乐，他也去市集，最终，他死得其所，体现典范。因此，正是苏格拉底日常生活的实践成为他真正的哲学。①

阿尔诺·戴维森：同时，在日常生活与哲学生活之间，发生了一种断裂，而哲学生活对日常生活产生了巨大的影响。

皮埃尔·阿多：完全正确。此外，哲学甚至也对哲学生活的演变产生某种影响。比如，举一个具体的例子，大多数法律史学家都承认，在斯多葛派的影响下，法律发生了演变，尤其在对待奴隶的方式上，或者在刑事责任的意义的领域里。这展示了一种有意识的愿望。

---

① 普鲁塔克，《假如政治是老人们的事务》(*Si la politique est l'affaire des vieillards*)，第26页，796d。

阿尔诺·戴维森：依据您的观点，并不一定总需要在各种学派之间作出选择，以排他性的方式选择一个学派、一种根本的态度；人们可以把斯多葛派与伊壁鸠鲁派相融合吗？就像比如把歌德、卢梭或者梭罗的观点相结合？

皮埃尔·阿多：康德在《道德形而上学原理》（*Métaphysique des mœurs*，关于伦理方法的理论）里宣称，美德的修炼应当结合斯多葛派的能量与伊壁鸠鲁派的生存的快乐来实践。人们可以在卢梭《孤独散步者的遐想》里梳理出斯多葛主义与伊壁鸠鲁主义之间的融合，在其中，既可以找到存在的愉悦，又可以找到作为自然一部分的意识。歌德① 在《弗尔克对话录》（*Entretiens avec Falk*）里讲到，有一些人，由于他们天生的倾向，一半是斯多葛派，一半是伊壁鸠鲁派。在梭罗的《瓦尔登湖》（*Walden*）里，可以分辨出这种类型的态度。至于尼采②，在他去世后出版的遗著的一个片断里，他说，从伊壁鸠鲁派那里找到一个秘方而获益之后，不要害怕同时采取一种斯多葛派的态度。最终，这样的一种态度正是我们所说的折衷主义。这个词本身往往被哲学家们所蔑视。总体而言，从康德到尼

---

① 比德尔曼（F. von Biedermann），《与歌德对谈》（*Goethes Gespräche*），莱比锡出版社，1910年，第4卷，第469页。
② 尼采，《尼采作品全集》（*Œuvres complètes*），第5卷，巴黎，伽利玛出版社，1982年，第530页。

采，哲学家们都在谈论斯多葛派与伊壁鸠鲁派。但还有其他模式。

对于生活在当代的人们来说，这种折衷的态度具有一种重要的意义。事实上，对于当代人来说，不再有古代修炼的种种学派，不仅如此，而且，人们明显地体现出对任何学派的影响都持保留的态度。在某种意义上，西塞罗已经持有这种立场①，他属于一种新柏拉图主义的倾向，可以被称作"或然论派"。他说：我们其他人，我们是自由的，我们是独立的，没有任何义务强加给我们，我们得过且过，根据特定的情况和遭遇的情形作随机的决定，选择每一次在我们看来最好的解决办法，无论它的灵感取自伊壁鸠鲁派或斯多葛派或柏拉图主义还是任何其他的生活模式。

人们可以反驳我刚才所说的关于折衷主义的所有观点，如果人们开始选择自由地存在，而不附属一个学派，那么，也完全可以独自找到解决办法，而不选择一种模型。但是，我们所讲述的关于诸如斯多葛派和伊壁鸠鲁派的全部意义，就在于这些体验在数个世纪里持续，也一直在被讨论、批判和修正。在这个视野里，尼采讲到古代道德修身的种种学派，将之比作做试验的实验室，在某种方

---

① 西塞罗，《图斯奇兰讲演录》(*Tusculanes*)，V，第 11 页、第 33 页；《卢库拉斯》(*Luculus*)，第 3、7—8 页。

式上，我们可以运用其结果。正如米什莱（Michelet）这样说道："古代包含着高度凝练如炼丹的理念。"① 近来，有三位研究古代人类学的学者用令人信服的方式② 指出，古代政治生活的经验可以启发我们的现代民主。在涉及伦理与哲学生活的经验时，为什么不可以同样给我们启发呢？

阿尔诺·戴维森：有一个根本的问题，但也是一个困难的问题：我们是否可以证实一种生活方式的选择呢？

皮埃尔·阿多：西塞罗与或然论的柏拉图主义者会回答，一种理性的思考，帮助我们发现在某种情形下或许可以作出的选择。我们看到，西塞罗本人在公元49年三月写给阿提库斯（Atticus）的信中（第九封，4）实践了这种方法。他在信中列举他对应该有的行为举止提出的各种问题，当时恰逢在恺撒与庞贝之间的冲撞引发政治危机：需要冒着毁坏城邦的危险去与独裁统治做斗争吗？还是最好去谈判呢？在这样的情形下，又是否有权从政治事务中隐退呢？需要支持暴君的对手们吗，即使他们也不断地犯

---

① 米什莱，《日记》（*Journal*），第1卷，第393页。
② 布里松、维尔南、维达尔-纳凯，《民主、公民身份与希腊-罗马时代的遗产》（*Démocratie, citoyenneté et héritage gréco-romain*），巴黎，利里斯出版社，2000年。

错误?

阿尔诺·戴维森：论证唯一一种态度的排他的选择，这的确是困难的；但是，如果在一种特定的情况下，我们被具体的情形引导着像一个斯多葛派那样行动，而在另外一种情况下，像一个伊壁鸠鲁派一样，我们就更容易论证态度的选择，因为，它总是与一个特定的语境有关。

皮埃尔·阿多：我完全同意您的看法，但还是希望再明确一点。在我的著作《古代哲学的智慧》里，我想表明，哲学家们建立了一些学派，他们之所以这样做，是为了提议一些生活的模式。这意味着，在柏拉图或亚里士多德或伊壁鸠鲁的思想培育里，在我看来，主要的因素似乎是对某一种生活方式的再现：对柏拉图来说，意味着一个政治家由理念所映亮；对亚里士多德来说，意味着一个学者要静观自然；对伊壁鸠鲁来说，则意味着一个智者享受灵魂的平和。面向其他生活选择的反抗可以推动这种再现，因此，它与一整套理论性思考相关联。但是，在我看来，从来不是纯粹的理论性思考决定生活的选择。关于选择，塞克斯都·恩披里柯①，作为一个好的怀疑论者，他为

---

① 塞克斯都·恩披里柯（Sextus Empiricus），《反驳教授》（Contre les professeurs），XI，第178—180页。

一些哲学的选择画了漫画式的肖像，并嘲讽如下：斯多葛派的选择被激情与傲慢所激发（后来冉森教派也这样讲），伊壁鸠鲁派的选择则是被肉欲的激情所激发的。但是，在这种评论中有某种真实，可以用一些个人的动机来解释这样或那样的生活选择。无论如何，我们可以说，在理论的思考与生活的选择之间，存在着一种相互的因果关系。借助内心生活的一种根本的方向，理论思考朝着某一个方向进展，而这种内心生活的倾向逐步明确，又借助理论思考具备了形态。在我年轻时，我已经有了这种观点，我通过脚踏车的照明系统来阐明，由于车轮的转动而确保了照明。在黑夜中，也需要一种光来为我们照明，来引导我们（这就是理论的思考）。但是，为了得到光明，需要通过轮子的转动来发电。车轮的运动，正如生活的选择。随后，人们可以向前进。但是，最初需要在黑暗中让车轮转动一小会儿。换言之，理论的思考已经给我们提示了某一种生活方式的选择，但是，这种选择需要借助理论的思考来推进、明确化。

阿尔诺·戴维森：在您经常讲到哲学作为面向死亡的修炼时，您会首当其冲地引用柏拉图。今天，对我们来说，这种观念可以具有什么意义呢？

皮埃尔·阿多：首先，让我们说明一下这种表述在古代具有怎样的意义。显然，要从柏拉图开始，因为，他用各种形式说过，哲学是面向死亡的一种修炼。但是，他却是用一种悖论的方式言说的。他并不想说：需要锻炼自己去学当一名死者，或者模仿死亡，比如，就像查理五世（Charles Quint）把自己放进棺材里的做法。可他想说：需要把灵魂从肉身中脱离。这指的不是一种面向死亡的修炼，与此相反，却是一种涉及精神生活、知性生活或者思维生活的修炼；这指的是找到在感性认知之外的另一种认知的方式。我们也可以说，需要从经验的、低级的、注定会死的自我过渡到超越的自我；苏格拉底在《斐多篇》（115c）里清晰地区分在喝过毒芹酒之后就要变成一具尸体的自我与在精神层面行动和对话的自我。这指的完全不是为死亡作准备；但是，因为柏拉图总是充满讽刺，他提到那些非哲学家对哲学家所做的描述，他们把哲学家再现为面容苍白的一些人，带着垂死人的气息。他想说的仅仅是需要把自身从感性生活中抽离。此外，这也可能对健康有所作用；但是，这并不指向死亡。事实上，斯多葛派也经常谈论到面向死亡的修炼，是在我们已经讲到的一种修炼的视野里：面向生活磨难的准备，即面对未来的困难与苦恼的思考（praemeditatio malorum）；斯多葛派总是说：需要想到死亡临近；但比起对死亡的准备，这更多地意味着发现生命的严肃性。比如，奥勒留，作为斯多葛派，他说：需要把每一次行动都作为最后一次来完成；或者，他还说：需要对待每一天如同一生中的最后一天来度过。这指的是，要意识到我们还在经历的这个当下时刻具有无限的价值，因为，死亡随后也许会让生命中断，这意味着在死亡尚未来临之前，要用极其强烈的方式生活。伊壁鸠鲁派也讲到死亡。依据塞内加的说法，伊壁鸠鲁"想到了死亡"；但这完全不再意味着为死亡作准备，与此相反，完全如同在斯多葛派那里一样，是为了意识到当下瞬间的价值所在。这也是贺拉斯那一句著名的名言"采摘当日"：采摘今天的花朵，别想到明天。而且，在伊壁鸠鲁的视野里，死亡的思考旨在让我们深刻地领会，在我们这些生者与死亡之间的任何关系都是缺席的："死亡对我们来说什么都不算"，伊壁鸠鲁派这样说，死亡与我们没有任何关系。从存在到虚无，没有任何过渡。死亡是一个点，这就是全部。死亡并不是生命中的一个事件，维特根斯坦后来这样说①。对于伊壁鸠鲁派来说，有一个理念与斯多葛派的见解相通，每一天都要像生命仿佛要终结一样去生活；因此，每天晚上，要满足地对自己说："我活过了。"在这里，有两种面向：首先，在这个视野里，用全部的强烈活

---

① 维特根斯坦，《逻辑哲学论》，6.4311。

过了一天，但同时，当次日来临时，人们会注意到，新的一天好比一个出乎意料的幸运。最终，人们告诉自己：在存在的一个唯一的瞬间，我们已经拥有了全部。这指的是永远要意识到存在的价值。

归根结底，柏拉图与斯多葛派、伊壁鸠鲁派同样总是把面向死亡的修炼看作生命的一种修炼。在《伦理学》(Éthique)第四部分第六十七个命题里，斯宾诺莎说："自由的人不会想到死亡，他的智慧不是对死亡的思索，而是对生命的思索。"显然，他肯定是在批判柏拉图的表述，但可能也批判基督徒，因为基督徒有一句格言："记住你注定会死。"(memento mori) 因此，斯宾诺莎批判死亡的修炼，但最终，他也许错了，因为，事实上，面向死亡的思索、思考或修炼，都是一种面向生命的修炼。

阿尔诺·戴维森：我们可以以同样的道理来谈论海德格尔吗？

皮埃尔·阿多：我想是同样的道理。在海德格尔那里，死亡的前瞻或者预先考量，都是本真存在的一种前提。有限性的意识，应引领人类去担当如是的存在本身。但是，在海德格尔的思想里①，他并不像古希腊罗马时代那

---

① 参见皮埃尔·阿多，"普罗提诺与海德格尔"，《批评》(Critique)，第145期，1959年，第550页。

样试图清除死亡带来的焦虑。我想，这就是现代世界的一个特征，我也许会在下一本书里再讲到一个面向，在我看来，它仅仅是从歌德、谢林、尼采才开始出现的；那就是存在的意识与焦虑相联系的理念，但这构成生命的价值，正如歌德所说①，恰恰是在庞大恐怖（Ungeheure）——阴森吓人、恐怖、不可思议、骇人听闻的事物面前的颤栗，如果可以这样传译的话。这种理念在整个现代思想中都可以找到，在里尔克那里也是一样。我想，在斯宾诺莎、伊壁鸠鲁、斯多葛派、柏拉图那里，焦虑的细微差别完全不存在。

阿尔诺·戴维森：有时候，会听到有人说，精神修炼是自私的。但在您看来，哲学生活却肯定不是一种自私的形式？

皮埃尔·阿多：总要看到问题的复杂性。在人们为完善自身所作的努力当中，永远肯定会有一种自私的危险，尤其是在古代的视野里，当人们试图抵达无动于衷，即灵魂的安宁时，人们经常从政治活动中抽离。此外，在爱比克泰德的《手册》里，有让我初读之下有点颇受刺激的一些宣言，我们听到爱比克泰德说：想到你的孩子是会死

---

① 《浮士德Ⅱ》，第6272行。

的生命，你就不会为他的早夭而痛苦。在爱比克泰德的例子中，我体会到这不是一种精神上的自我中心主义，而相反，这是近似于基督徒顺从上帝的意愿的态度。最终，当我们了解他也大大强调家庭情感时，这便可以得到解释。需要承认，这是一个复杂的问题，即使对于基督徒而言。关怀自身，可以显得自我中心。无论如何，当我们阅读比如塞内加、爱比克泰德、马可·奥勒留的文本时，我指是斯多葛派，或者当我们也研究这在伊壁鸠鲁学派的生活中如何运作时，我们会体察到，正如我上面说过的，精神实践旨在确立灵魂中的安宁，它不是自私的，关于这一点有如下几点论据。首先，精神修炼致力于从私己主义中抽离，私己主义首当其冲地是由愉悦的吸引或者对身体的关怀而引发的。无论是柏拉图还是斯多葛派（让我们暂且把伊壁鸠鲁派搁到一旁），哲学家们总是努力从片面的、局部的自我之中抽离，来提升到一个更高级的自我的层面。此外，我们讲到过关于精神修炼的一段话：它恰好旨在承认讨论中的他者的权利，尤其承认一种更高级的规范，在那个层面上，自我应当简单地提升到能够与他者对话——即理性的更高级层面。归根结底，这个道理是简单的：从人们试图依从理性的那一刻起，人们几乎必定迫使自身放弃私己主义。这就是第一个论据。

第二个论据，当我在谈到苏格拉底时也讲到，需要承认古代的哲学家们具有非常强烈的对他者的关怀。此外，苏格拉底认为自己是有着照顾他人的使命的哲人，承担着要让他人关怀自身的职责。在这里，我们回到第一个论据：自我的关怀，这完全不是在现代意义上对安逸存在的关心，而是旨在对自己真正所是产生意识的自我关怀，最终，也就是说用理性对我们的身份有所觉悟，而在斯多葛派那里，甚至意味着拥有被视作神灵的理性。因此，哲学家们总是具有对他者的关怀。在柏拉图那里，这一点在他的《第七封信》(*Lettre VII*) 里非常清楚，此外，这也体现在他的政治意图里；在早期斯多葛派那里也是一样，在塞内加、爱比克泰德与马可·奥勒留那里还要更明显。我讲到爱比克泰德的三条准则，在马可·奥勒留那里也可找到，关于欲望、行动与评判的准则。但在行动的准则里，也包含很重要的一个元素，即对公共财产的操心。而且，对于马可·奥勒留而言，这具有一种很强烈的价值意味，因为，作为皇帝，他劝告自己要对共同的财产具有这种关怀。另一方面——在此，我们回到伊壁鸠鲁派——我们可以说，在古代，哲学力图加以传播，可以说，它们具有一种传道的面向，即使不是在一个大的范围；而且，伊壁鸠鲁派虽然看上去撤回到自身，却拥有对友谊的一种宏大的主张，对他们来说，友谊是一种愉悦：他们渴求友谊，因为那是一种纯粹的愉悦。他们尤有欲求传播其学说。一个

哲学的生活方式 | 181

出色而不凡的例子就是奥伊罗安达的第欧根尼。他曾经在其城邦的墙壁上刻录伊壁鸠鲁文本的大篇铭文，致力于说服城邦民众皈依伊壁鸠鲁的学说。在土耳其，我们知道有相当数量的这类铭文。

阿尔诺·戴维森：换言之，在古代，人们如果不能照顾自己，就无法照顾他人。您认为在这其中是否有一种必然的联系呢？照顾他人，有多种方式，有一种哲学式的模式，也有一种非哲学式的模式。似乎，照顾他人的哲学方式总要有一种自我关怀，也要求自我的转化。

皮埃尔·阿多：我想需要把您做的表述颠倒过来，至少在涉及斯多葛派时如此。这并不等于说：如果人们不能照顾自己，就不能照顾他人，但相反，正如塞内加说过（第四十八封信，第三行）："为他人生活吧，如果你想为你自己生活。"因为，塞内加补充道，如果人们只顾自己，就无法活得幸福。的确，人们可以认为，为了照顾他人，首先需要转变自身。但明确地说，这种自我转变旨在对他者加以关注。最终，用一种或许夸张的表述，我会说，如果没有对自身的遗忘，也就没有对他人的真正关怀。无论如何，当然，忘怀个人的利益，正如苏格拉底在《苏格拉底的申辩》（*Apologie de Socrate*，32b 和 31b）里所言："请自问，您是否在人格上有可能像我一样多年以来已忽略一切个人的利益……仅仅为了关怀您。"

您也许会对我说：遗忘个人的利益，明确地说，这是操心自身，也就是说，事实上要操心更高级的自我，在任何自私主义之外。的确如此，更何况如马可·奥勒留很清楚地讲过（Ⅶ，13），奠定他者之爱的理性，至少对于斯多葛派而言，即是对作为同一个团体的成员的意识，乃至于每一个成员，在为其团体而效力时，也在为他本人效力。在为他人做善事时，人们可以从中找到快乐，因为，在为他人做善事时，人们也在为自身行善。但是，马可·奥勒留还看到一种危险（V，6，3）：如果人们有意识做善事并感到幸福，人们就有观看自己做善事的危险，就不能在做善事时拥有一种完全纯粹的意图。对他来说，需要在某种程度上不自觉地成为做善事的人们中的一员[①]。这让人想到《福音书》里的话语："当你施人恩惠时，你的左手并不知道右手在做什么。"善意意味着完全的无私，它在某种程度上应当是自然生发而不假思索的，丝毫不加盘算，也丝毫没有自满。善意应出于本能：人们应当如同蜜蜂采蜜一样做善事，而完全不多求什么。但是，据我所知，没有一个古代哲学家可以像马可·奥勒留那样达到意

[①] 参见马可·奥勒留的文本（V，6，3），皮埃尔·阿多译，《内心的城堡》，法亚尔出版社，1992，第217页。

图的纯粹性的顶峰。

阿尔诺·戴维森：难道不可以说正义的探求也是一种精神修炼吗？我们不能在仅仅考虑自己和仅仅考虑他人的精神修炼之间作出粗暴的区分。当人们指涉正义时，这也是一种自身的修炼。

皮埃尔·阿多：我想，在涉及大多数古代哲学家的情况时，您上述所言是有道理的。

阿尔诺·戴维森：近来，您强调在哲学话语与哲学本身之间的区分。与所谓大学教授认为的相反，哲学不能缩减为哲学话语，然而，话语始终是哲学包含的一部分。有哲学的话语与观念，也有哲学的非观念式修炼与实践。在您本人的哲学观里，哲学话语与哲学实践（非纯粹观念性的实践）起到了什么作用呢？

皮埃尔·阿多：正如我前面说过，我从斯多葛派那里借鉴这种区分，但人们发现在整个哲学史中都暗含这种区分，因为存在一方面是词语另一方面是始终生动的实践之间的对立；我们总强调，真正的哲学家不是在言说的那个人，而是在行动的那个人。正如您刚才讲的，这是一种复杂的对立。再一次要提到，当斯多葛派讲哲学话语不是哲学时，他们不是想说话语不是哲学式的：因为当他们为学生们讲授哲学的三个部分，即逻辑学、物理学与伦理学时，的确又是在做哲学；如要能够实践哲学，这些是不可或缺的。从另一方面，当人们讲哲学不是哲学话语时，这不等于说在哲学生活里没有话语，因为我们有理由认为至少需要一种内心的话语来对自身产生作用。归根结底，我们可以说，哲学如同一个椭圆，有两极：一端是话语，一端是行动，既外在又内在，因为，与哲学话语相对立的哲学也是为了作出一种努力而置身于某些内在的境态。

在古代，这两极在两种不同的社会现象里清楚地显现：哲学话语对应在学府的授课；哲学生活则对应把老师和弟子聚集在一起的体制化生活的共同体，这包含某种类型的生活，一种精神的方向，对意识的省察，沉思的修炼，而这也对应作为城邦公民的良好生活方式。一方面，我已经说过，作为生活的哲学受到哲学授课的话语启发：比如，我们看到马可·奥勒留撰写他的《沉思录》来重新体会那些总会变得抽象的哲学话语；也就是说，经由生活中的习惯、消遣、种种操心，哲学话语很快重新变得纯粹理论化，而不再有决定让个体来体验他的哲学的必然力量。另一方面，在古代的哲学里讲授的话语很少是纯粹理论性的话语：它经常也采用一种习练的形式。苏格拉底的对话是完美的例子，但即使在并非作为对话的讲授中，也有一种修辞的努力来影响弟子们的思想。哲学的两极都是不可缺少的，但将它们区分却是很重要的。

事实上，它们也一直被加以区分。柏拉图早在他的《第七封信》(328c)里说过，说他来到雪城是为了向自己证明他不是一个话多的人："因为害怕在我自己眼里显得只是能说会道，却无力果断地谋求行动的解决。"在整个古希腊罗马时代，正如普鲁塔克所做的，人们嘲笑哲学家们只是一些诡辩者，从他们的教席走下，则既不知道生活，也不懂得教他们的弟子去生活。我不能在这里陈述这段丰富传统的历史，从彼得拉克（Pétrarque）到蒙田再到康德，他们都把两类哲学家对立起来，前者坚持哲学的经院传统，因此只是康德所称作的"理性的艺术家"，因为他们只对纯粹的思辨感兴趣；而后者有能力关注全体人所感兴趣的事务，即最终关注实践，康德将这一类人称作"世界的哲学家"。而康德有力地陈述了在哲学话语与哲学生活之间的联系，他这样说道：今天，在生活中与自己所学相一致的人，被认为是空想家。梭罗讲过传达同样精神的一句话："如今只有哲学教授，没有哲人。"至于叔本华，他曾写过一个小册子《反对大学哲学》(*Contre la philosophie universitaire*)。① 说到二十世纪，如果只举一个

---

① 由奥古斯特·迪特里希从德文译成法文，米格尔·阿邦苏尔与皮埃尔-让·拉巴里埃作序，巴黎，"河岸"袖珍本丛书（Rivages Poche），1994。

例子，我从未忘记我在读到夏尔·佩吉①的一句表述时的惊诧："哲学并不走进哲学的课堂。"当然，在这里也要承认柏格森对佩吉产生的影响。

您向我提问哲学话语与哲学实践在我本人的哲学观念中所起到的作用。的确——我在这一点上并不作价值的判断——有许多我的同时代人把哲学视作一种话语，严格地讲是关于话语的话语，仅此而已。我个人有另外一种观念。为了让人理解，我还要通过古代来迂回。我们已经看见，在整个古代时期，有一些人被看作哲学家，因为他们用哲学家的方式生活，比如柏拉图的朋友叙拉古的狄翁（Dion de Syracuse）、卡托·乌地森西斯②、昆图斯·穆修斯·斯凯沃拉、普布利乌斯·特拉塞亚（Paetus Thrasea）。在这个方面，理查德·古莱（Richard Goulet）相当高效地主编了一本《古代哲学词典》(*Dictionnaire des philosophies antiques*)，这是典范性的工具书。在其中，我们会遇到一些人物，他们既不是学者，也不是哲学教授：有政治人物，比如安提柯二世国王③，也有一些女性，因为其哲学

---

① 夏尔·佩吉（Charles Péguy，1873—1914），法国现代诗人，主要诗作有《第二种德行的神秘之门》(*Le Porche du Mystère de la deuxième vertu*)、《神圣的老实人的神秘》(*Le Mystère des Saints Innocents*)、《夏娃》(*Ève*) 等。——译者
② 卡托·乌地森西斯（Caton d'Utique，前95—前46），又名"小加图"，以区别于其曾祖父老加图。罗马共和国末期的政治家和演说家，斯多葛派的追随者。——译者
③ 安提柯二世（Antigonos Gonatas，前319—前239），他击败入侵希腊的高卢人，在公元前276年入主马其顿，后在马其顿建立安提柯王朝。——译者

哲学的生活方式 | 187

的生活而闻名。有时候，他们编撰一些哲学的作品，并不创造哲学学说，无意提出新的理论，只是展示他们所选择的哲学学派的学说，从而来为他人和自己归结一些行为的准则。这正是西塞罗、马尔库斯·尤尼乌斯·布鲁特斯（Brutus）、塞内加、阿利安（Arrien）、马可·奥勒留的情况。正如我所提议的，要承认哲学生活作为哲学的两极之一，在我们当代的世界中，会重新再有位置给作为"爱智者"（philosophes）的哲人。在这个词的词源意义上，即智慧的探求者，当然指的不是要革新哲学的话语，不是要寻求幸福，似乎这不再流行——而是探求一种更自觉、更有理性、朝向他人以及广袤的世界更敞开的生活。此外要承认，谈论哲学的教授与作家，他们有这样的志向，有义务继续革新和转变哲学的话语，这是显而易见的。而我相信，这是一种让人富有激情的、无限的任务，但需要期许让他们意识到话语与生活是不可分离的。从个人的层面，在尝试着执行作为史学家和诠释者的任务的同时，我尤其努力地过一种哲学的生活，也即，正如我前面说过的，仅仅是要有自觉地、协调一致和理性地生活。需要承认这一点，得到的结果并不总有很高的层次。而比如说，当我住进医院时，我并没有能保持自己应该维系的心灵安宁。但是，无论如何，我努力把自身放置在某些内在的态度之中，正如在当下时刻的聚精会神，在世界的在场面前的心醉神迷,从高处投向事物的目光——正如乔治·弗里德曼所讲,"每一天都在飞升",要对存在的神秘性有所意识。此外,我要向您承认,当我变老时,我越来越倾向于话语的体验,但这肯定是一种老迈的缺点。我甚至敢于向您承认,我非常喜欢那句具有悖论性、谜语般,却又富含多重意义的表述,那是西蒙·莱斯①引用的一个中国作家的话:"所有能讲出的都失去其重要性。"②

阿尔诺·戴维森:因而,实践具有一种优先性;而如果我们把一种理论话语从实践的语境中抽离,我们就不能理解这种话语的跨度。

皮埃尔·阿多:在此,我们返回到一种先前讲过的诠释原则。我们不能理解一个文本,如果我们不考察作者的意图,也就是说他希望生产的效果:这一点正是实践的语境。再举一个常被人提起的例子,如果人们不能理解马可·奥勒留在书写时希望激励自己,不了解他用斯多葛派的一种惊人的形式在自言自语,那么,人们就不能读懂他的著作。他不希望用理论的方式阐述斯多葛派学说,这指

---

① 西蒙·莱斯(Simon Leys),是汉学家李克曼的笔名,取自法国作家谢阁兰(Segalen)的小说《勒内·莱斯》(*René Leys*)。——译者
② 西蒙·莱斯,《失火的森林》(*Le Forêt en feu*),巴黎,艾尔曼出版社,1983年,第39页。引文出自周作人,西蒙·莱斯在文中未注明此句的具体出处。——译者

的既不是内心的日记，也不是理论的教材。

阿尔诺·戴维森：您不愿作价值的判断，直到您在《世界报》的教育版上发表了"高中会考论文答卷"（1992年3月）一文，您终于还是提出了以下的问题："最终，对于作为人类的人来说，最有用的是什么呢？是否意味着对语言或存在和非存在有所发现？更恰当地说，难道不是意味着学习过一种人间的生活？"我们可以说，这里有一种不言自明的价值判断。其次，如何解释在古希腊罗马时期之后精神修炼的实践所经历的衰退呢？

皮埃尔·阿多：我想首先回到您援引的我在"高中会考论文答卷"里写的那段话。在讲到"对于作为人类的人来说"什么是"最有用的"时，我联想到的是康德所谈的"世界的"或"宇宙的"哲学，正如我们所讲过的，亦即是观照到智慧视野的哲学：如康德所言，正是提出"让所有人都感兴趣"的一些问题的哲学，比如"我该怎么做？什么可以使我有所希望？""任何利益，"康德说，"终归都是实践性的，乃至思辨理性的利益也只存在于条件的制约中，只有在实践应用中才是完整的。"[①] 对我而言，很明显，有实践理性的首要性，在康德那里是鲜明的，在古代哲学

---

① 康德，《实践理性批判》（*Critique de la Raison pratique*），参见吉布兰与吉尔松的法文译本，巴黎，1983，第136页。

的理念中是不言自明的。

我现在来回答您提出的关于这种哲学观的衰退与遗忘的问题。我认为，在这种衰落中，基督教的兴起扮演非常重要的角色。从古希腊罗马阶段的后期，面对不信教的哲学家们，呈现神启的基督教神学取代哲学，同时吸纳了古代哲学的话语与古代的哲学生活。在整个古希腊罗马时期，尤其是在古代末期由亚里士多德派与新柏拉图派的注释者所研究的诸多概念，此时被用来解决基督教教条所提出的神学与哲学的问题：比如在三位一体方面，有关本体与实体的概念；在道成肉身方面，有关本性的概念；在化质说①方面，有关本质的概念。而此外，基督教神学呈现出禁欲苦行和神秘主义的趋势，借鉴哲学中的精神修炼与某些神秘主义的命题，并将之基督教化。

在中世纪，这种形势继续传承，因为中世纪是完全信奉基督教的时代。因此，一方面传承基督教化的精神修炼，并作为灵修进入修道院的实践，甚至也成为在俗教徒的部分实践，这意味着做意识的省察，面向死亡的沉思，设想地狱的想象的习练等；而另一方面，也传承这种为神学效力的哲学。在中世纪大学的经院哲学里，最高级的科

---

① 基督教圣事论学说之一，transubstantiation，另译为"变体论"。耶稣在最后的晚餐上祝圣饼和酒时曾说："这是我的身体"，"这是我的血"。以后教会在做弥撒时由主礼的神父照此述说，并认为在弥撒仪式进行时，会有神迹发生，饼与酒的"本质"会真实地变为基督的身体与血，但外观并无变化。——译者

学是神学，是一种基督教神学，使用哲学的概念作为工具；在文学院，依据古代传统所传授的是尤其旨在评论亚里士多德的著作的一种哲学，遵循古罗马晚期的模式。归根结底，中世纪既继承古罗马晚期的基督教神学，又继承后期的亚里士多德注疏者的活动。然而，一方面，经院哲学至少延续到十八世纪末；另一方面，自从哲学获得其自主性以来，至少直到十八世纪乃至以后，哲学处在一种基督教位于官方地位的文化之中，在其中，生活方式是基督教式的：哲学无法提供与基督教神学无关的另一种生活方式。因此，哲学始终首先是一种理论性的学科。

阿尔诺·戴维森：但是否有一些例外呢？哲学作为生活方式和实践的理念，在哲学史中，难道最终不是始终鲜活的理念吗？

皮埃尔·阿多：您提到例外的情况是有道理的，因为，例外非常重要。我刚刚呈现了理念演变的很简化的一种图式，现在需要修正它。事实上，从中世纪起，在十三世纪产生了一种有趣的现象，是从文学院开始的，在那里，学者注疏亚里士多德，用为了哲学自身的方式教授哲学。于是，有一批哲学家，布拉邦的西格尔（Siger de Brabant）、达西亚的波伊提乌（Boèce de Dacie）、兰斯的阿尔贝里克（Aubry de Reims），在亚里士多德那里重新领悟到哲学可以在静观中让人找到幸福的理念，即与神学相独立的哲学可以构成一种生活方式。这也证明亚里士多德的哲学并不是一种纯粹理论性的哲学。事实上，他们在亚里士多德那里找到静观和精神的劳作可以为人类带来幸福的理念（如在《尼各马可伦理学》的结尾处）。这些哲学家曾经一度遭到轻视，因为他们让人理解，人可以在静观中找到他的幸福——显然，他们说这只是一种内在的幸福。这对应我在静观和理论之间所作的区分，前者指的是静观式。

在这个话题上，人们可以参阅鲁埃迪·因巴赫的书《但丁，哲学与世俗》（*Dante, la philosophie et les laïcs*）①，它表明哲学的非宗教化的全部影响。伴随文艺复兴，我们找到塞内加、爱比克泰德以及后来的马可·奥勒留，也包括西塞罗，还有伊壁鸠鲁派，我们意识到哲学自身也可以构成一种生活方式。我们在意大利可以找到这种运动的一些踪迹，比如在彼得拉克、伊拉斯谟（Érasme）的笔下，显然，还有在蒙田的作品里。奥古斯丁在他青年时代写于加西乔亚根的对话录里，我们可以找到对古代哲学的精神修炼的一些记忆，这大约对笛卡儿产生了影响，尤其在《沉思录》里，正如我所尝试指出的，笛卡儿实践并让他

---

① 巴黎，塞尔夫出版社／弗里堡大学出版社联合出版，1996年。

的读者实践哲学的沉思。

在十八世纪，出现了所谓民众哲学的概念，说到底指的是可以由社会上普通百姓实践的一种哲学，是一种生活的方式。于是，哲学这个词具有了很特殊的意义。正是这种民众哲学影响了康德的"宇宙"哲学的概念，宇宙这个词意味着世界的哲学。而事实上，这对康德来说非常重要，他把这种实践的哲学与所谓"理性的艺术家"的纯粹理论性的哲学相对立。我不能在此勾勒这种传统的整个历史，但最终，您说得有道理：从中世纪以来，我们可以观察到两种传统的延续性——一种偏重哲学话语，另一种则在哲学中容纳生活方式与实际亲历的习练的视野。

阿尔诺·戴维森：讲到第一种倾向，您有一次用令人惊讶的方式写道，在话语中自足的倾向几乎是哲学自身所共有的性质。您想说的意思是？

皮埃尔·阿多：在整个古代时期，这种倾向遭到拒斥。我方才提到柏拉图：他曾说过，他之所以做政治，是为了让别人不要用他自己愿意讲的话来讲他。柏拉图派、斯多葛派、伊壁鸠鲁派都抨击一些哲学家只满足于漂亮的话语与三段论式的微妙推理。这指的不仅仅是诡辩的空虚、虚荣和讲话的愉悦。事实上，所有的哲学家，即使连那些把他们的话语引向哲学生活的哲学家，都很可能会设想由于他们说出一桩事而且说得不错，一切就因而获得解决。但是，一切还需要去做。从话语到生活的过渡，是一种真正冒险的跳跃，人们总是难以决定去冒风险。请允许我在这里援引康德："'你最终将从什么时候开始有德性地生活？'柏拉图问一位老人，后者告诉他自己正在听关于美德的课。关键不在于总要苦思冥想，而是最终考虑应用我们的知识。然而，今天，在生活中与自己所学相一致的人，被认为是空想家。"① 我们会留意这段评语，它让人隐约可见，在康德的时代，在纯粹思辨的支持者与如同康德一样冀望把哲学与生活联系在一起的哲学家之间，已经有了争端。在存在主义时期，我已遇到这个问题。我曾感到，在存在主义的阵营里，一边是主张哲学要介入生活甚至几乎与生活混为一谈的理念，另一边是讲哲学要介入却满足于自说自话的话语。人们对之大加谈论，且满足于曾经谈论过，正如在歌剧院，众人歌唱："走吧，走吧"，或者"逃吧，逃吧"，却无人动身。

阿尔诺·戴维森：扬凯列维奇也曾表述过一种批评，他说，

---

① 康德，"关于哲学百科全书的讲课"（Vorlesungen über die philosophische enzyklopädie），《康德全集》（Kants gesammelte Schriften），XXIX，柏林科学院，1980年，第12页。

有些人以为介入就意味着把"介入"这个动词加以变位……

皮埃尔·阿多：绝对如此。我相信，这恰恰是一种共通的毛病，这种危险窥视着所有哲学家，它对完善的话语自满自足，因为讲话要比做事容易得多。

阿尔诺·戴维森：您提到在古代，智者的形象作为一种规范、一种超越的理想。您是否能为我们描述一下智者的形象，而这种形象是否还具有时效性呢？

皮埃尔·阿多：在古希腊罗马时期，有相当数量的文学作品以智者的刻画为主题。我们能找到众多的论著，比如《论智者的坚韧》(*De la constance du sage*)或《愿智者是自由的》(*Que le sage est libre*)，等等。事实上，这些是对完美哲学家的描述，如同他应当成为的样子。这就是为什么我说智者的形象在古代成为一种规范、一种超越的理想。在《会饮篇》(*Banquet*)里，柏拉图明确地说，唯有上帝是明智的，而人只能成为哲学家，即"智慧的朋友"、"探求智慧"的人。而斯多葛派强调智者的极其罕见，也把智慧作为一种超越的理想。当卢克莱修在他论自然的诗作里歌颂被他的弟子们看作智者的伊壁鸠鲁时，他实际上描述了理想的哲学家。那么，卢克莱修究竟钦佩他身上的什么品质呢？第一种，是对人之仁爱。当他传授他的学说时，他希望救助为迷信所恐惧以及受到种种激情折磨的人类。伊壁鸠鲁智慧的第二种特征在于其宇宙视野的大胆：卢克莱修说，满怀超越限制宇宙的激情栅栏的精神，他穿越了广袤无垠的整个宇宙。最后，还有第三种特征：他是自由的，毫无惧怕，在与众神相近似的内心的平和之中，可以说，依据他的学说，没有任何困扰可以使其灵魂躁动不安。归根结底，这三种特征在其他学派所描述的智者的形象里也可以找到，除了怀疑论者以外。宇宙的意识，正如格勒图森①所指出的，"他不断地拥有时常在脑海浮现的整体宇宙"；也是对面向他人要担当的角色的意识，从他们的无知、恐惧与激情中解脱出来，让他们发现他所发现的这个宇宙；最终还有内在城堡的不可动摇、百折不回的自由，这种自由最终带来绝对的平和。这些特征最终都是理想的哲学家的特征。在整个西方的传统中，我们会找到古代智者的形象，或者采用哲学家的理念的形象，正如康德所说，此外，这也宣告了克尔恺郭尔的方式："一个哲学家符合一种不存在的模式，恰似一个真正的基督徒并不真正存在。这两种人都是规范。"②

---

① B. 格勒图森（Groethuysen），《哲学人类学》（*Anthropologie philosophique*），巴黎，1952年，第80页。
② 康德，"关于哲学百科全书的讲课"，见第140页注释，第8页。

您会问我,如果这种形象,在康德的时代还始终鲜活,今天是否还有时效性呢?尽管我天真的想法会引起某些人的哄笑,但我要告诉您,首先只要记得智者的形象只是一种模式、一种理想,引导并启发生活的方式,需要考虑要构想这种形象的一些新的历史条件。我想,没有什么比宣称某个人是智者或是圣人更可笑了。在此,我会有点残酷。近来,我记起,达尼埃卢大主教曾经希望把戴高乐封为圣贤。他会有这样的想法,对我来说,真是难以想象。在同样的理念范畴,也有近期的封圣活动:教皇皮耶九世的封圣让我觉得难以置信。而关于教皇约翰二十三世(Jean XXⅢ)呢,我还有一个小故事要讲。当我还在圣塞维兰的堂区时,他在巴黎任教廷大使,他来堂区视察,因为神甫当时引入了一些礼拜仪式的革新。他要到本堂神甫住宅用午餐。神甫显然很慌乱:有机会接待教廷大使,当时很难。因此,他想要请某个人来为餐桌上菜。令人意外的是,他找了当时住在那里的一个在俗教徒,他是一个英国军官,为堂区做一些服务性的工作。这个军官很和善地接受了任务,但他从没学过在饭桌上的服务。等到斟酒的时刻,他从右边给教廷大使斟酒,要不就是从左边,我不记得了,我自己也不太知道应该怎么做呢。而未来的约翰二十三世教皇发火了,说不是这样斟酒的,他很愤怒。对我来说,这位教廷大使的品行就此评定。为了这么一点小事就发火！他至少该有分寸不去说什么，不该用沉重的方式让人注意到这么一个小错误。正是在这些很小的细节里，显示出人格。但这丝毫不会减损日后举行梵蒂冈第二次大公会议的二十三世教皇的任何功绩。

在讲过这段有点消遣性的小插曲之后，让我们回到智者的形象这一正题上面。说实话，经过反思，"智者"这个词很有可能今不如古。它让人想到一种有点自顾自的毫无活力的惰性，与"爱智者"在古代所具有的悖论和积极的形象相反，倒像是尤利西斯以其狡黠、冒险家的形象而有时成为古代智者化身的情形。让我们不要去管这个词，而继续去探寻事物的内涵。在我看来，内在的平和与自由的理念似乎始终有效。此外，格勒图森所讲的宇宙意识似乎是一种首要的要素。但我们已经讲过这个命题，这尤其指的是需要被强化的对他者的关怀。乔治·弗里德曼曾说过："现代智者（假如存在的话）在今天不会背对当代人的垃圾场。"对于一个哲学家，要让他遗忘在世界中处处皆在的苦难，遗忘压迫人类的各种苦痛，那是不可能的；要让他体会到无论什么都不能改革的无能为力，也是不可能的。叔本华曾讲到一些五岁大的童工被关在毛纺厂每天连续工作十小时的丑闻。但在当前，会有许多其他的事儿可讲，每一天，都有妇幼儿童和男人们在经受令人愤慨的困苦折磨，比如阿富汗的女性所经历的悲惨遭遇或巴

哲学的生活方式

勒斯坦的儿童们所面对的绝望。当人们感到反抗的声音在自己身上隆隆作响时，又如何保持内在的平和呢？但我认为，如果没有内在的平和，就没有任何行动最终会是有效能的。如何将不可协调的加以协调？如今，不再像在古代的一些哲学学派里那样用无动于衷来给予灵魂安宁，而是需要用正确的行动的关怀，避免由于憎恶或愤怒或同情而迷失，才会获得灵魂的安宁。

阿尔诺·戴维森：换言之，对您来说，哲学的实践与哲学智慧的探求永远不会终结：人们应当永远修炼自身，因为智慧总苛求更多，它要求人们走向凡尘之外，要求人们持续革新哲学的实践与哲学的生活。扬凯列维奇把他的一本对话录的集子这样命名：《在未完成的某个地方》(*Quelque part dans l'inachevé*)。这个书名引自里尔克。而对您来说，可以说，我们也身处在未完成的某个地方。或可运用法国了不起的作曲家让·巴拉凯（Jean Barraqué）一句相似的表达［正是他把赫尔曼·布洛赫（Hermann Broch）的词语化成音乐］："无穷尽的未完成。"可惜这位作曲家今天不太为人所知。我想，对您而言，哲学，或哲学家，永远处在一种未完成的状态。但是，哲学生活的未完成，也许是某种积极的东西？

皮埃尔·阿多：我完全同意。此外，这是一个有意思的问题，也是哲学的终结的问题。我想，以前在谈到维特根斯坦时，我曾讲过这个问题，因为，在《逻辑哲学论》里，他曾希望把哲学终结，来让位给他所界定的"一种恰当的世界观"。顺便提到，我们在这里面对的是"现代"智慧的一种典范，维特根斯坦尝试通过几年时间放弃哲学写作的方式，通过过凡人的日常生活的方式来体验这种智慧。随后，他返回哲学话语，这证实要把哲学的探求终结并不容易。维特根斯坦的体验是有意思的，因为它表明这是非常困难的，甚或不可能认为身处在一种确定的智慧状态之中。事实上，维特根斯坦所认为的智慧的状态是一种哲学的生活，充满不完美与努力，伴随哲学话语的酝酿，这引导他重拾哲学写作，继续撰写《哲学研究》。

因而，维特根斯坦的体验表明哲学用一种可以说是渐进线的方式趋向死亡，在走向智慧的理想的方向上，但要与哲学终结并不容易。朝向智慧的努力，即要实现哲学生活的努力，总是未完成的。举一个例子，我们可以认为，如同精神修炼的沉思是某种令人钦佩的事，但需要考虑到在现实中发生的情况。我们内心的话语总是间断、混杂和分散的。如何归整我们的思想呢？实际上，有些人能做到极大地控制内心的语言。这些人最接近智慧的理想。大约也有些时刻，哲学家能做到把自身重新整合，对自己和世界有所觉悟。但为了达到这些状态，他需要进行一种永恒的斗争，而说到底，这恰恰不是永恒的。斯多葛派要求人关注每个瞬间，他们讲的与其说是理想的智者，不如说是具体的人。可怜的马可·奥勒留必须写啊写，才能重新找回原本正常的他应有的内心情绪的健康。

我们可以说，正是智慧的理想的超越为哲学的未完成状态给出了解释。

8. 从苏格拉底到福柯：一段漫长的历史

阿尔诺·戴维森：在您的论著《苏格拉底赞歌》(*Éloge de Socrate*)里，正如在克尔恺郭尔与尼采的作品里诠释的一样，苏格拉底的形象极其强烈地呈现。您如何看待古代的苏格拉底与在哲学史中经常被重新提的这个形象之间的联系呢？

皮埃尔·阿多：在苏格拉底的形象所散发的光芒里，确实存在着某种非同寻常的东西。正如梅洛-庞蒂所言，正如他在法兰西学院获得教席后开授的第一门课上就讲到的——我很喜欢他的那篇发言稿，甚至直至今天，我仍不断地重读它——所有或者几乎所有哲学家（我要把伊壁鸠鲁单独搁在一旁）"总是不断地把这样一个不写书、不教课的人当作领袖［……］，他和在大街上遇到的路人攀谈，他与主流观点及权力阶层格格不入"。我也要满怀同样的愉悦来引用另一段话，在同一语境中，梅洛-庞蒂陈述了我们在访谈的过程中提出的问题："写成书本的哲学不再召唤人们。哲学中最离奇、几乎难以忍受的部分隐藏在那些伟大体系的体面的生命里。"梅洛-庞蒂在将近二十世纪中叶发出对苏格拉底的这番颂歌,此外,这也回应普鲁塔克在十九个世纪之前撰写的一篇文章。我已经提到过这篇文章。他说,苏格拉底和他的朋友们一起散步,和他们一起吃饭,共同讨论,像他们一样去参战,最终,他还和他们一起喝下毒芹酒,他用这样的方式做哲学家,而不是在一个高高在上的讲台上讲课。如此,他也呈现了日常生活如何赋予哲学思考的可能性。苏格拉底穿越数个世纪,首先在古代,尤其对于斯多葛派和犬儒主义者来说,他因此成为哲学家的典范,准确地说,作为哲学家的典范,他的生与死就是最主要的授课。

确切地说,无论梅洛-庞蒂怎么说,不是所有的哲学家都把苏格拉底认同为他们的领袖。比如,笛卡儿或斯宾诺莎,就很少谈到他。而存在主义的思想家推崇他,比如,梅洛-庞蒂、克尔恺郭尔和尼采。事实上,克尔恺郭尔和尼采所体现的两种观点在表面上看来与苏格拉底背道而驰,但最终或许还是能汇拢在一起。尼采曾经在很长一段时间里抨击苏格拉底,后来,他喜欢上苏格拉底[①],最终,就是喜欢他的快乐,充满顽皮的智慧,在他看来,这

[①] 尼采,《人性,太人性的》,《旅行者与其影子》(*Le voyageur et son ombre*),第86节。

一点是耶稣身上所缺少的。尼采的苏格拉底，比起柏拉图的苏格拉底，更接近色诺芬的《回忆录》里的苏格拉底，也接近在同一个色诺芬的《会饮篇》里那个会跳舞的苏格拉底。而尼采补充，应该运用蒙田与贺拉斯的作品作为指南来理解苏格拉底。确实，在蒙田《随笔集》①里，从头到尾，苏格拉底的形象总是不断出现，如同生命的完美理想。苏格拉底的伟大之处，就在于他可以和孩童们游戏，并认为他这样做很好地打发了时间。蒙田钦佩苏格拉底身上那种可以适应生活各种境遇的才能，他可以安然地适应战争与和平、富饶与饥荒、迷醉与游戏。蒙田喜欢苏格拉底的生活与语言的简单，他对人类生存状况的有限的意识，他对简单天性的信任，这一切给予谦卑、简单的人们生活与面对死亡的勇气，他们并不需要哲学家们的所有话语。苏格拉底充分地、简单地过着一种人性化的生活。

热爱生活的这个苏格拉底，似乎就是尼采的苏格拉底，如我们在上文中所见。但是，与蒙田不同，尼采认为，苏格拉底的简单，他话语的平庸，他的讽刺，都是一种非直接的沟通方式，是为了不要清楚地说出他的想法。他所隐藏的，或许是一个可怕的秘密。因为，在《斐多篇》的结尾处，有一句苏格拉底的话，在他去世之际：

---

① 比如，在《随笔集》第3卷，13，巴黎，伽利玛出版社，"七星图书馆"丛书，1992年，第1090页。

"我们欠医神埃斯科拉庇俄斯（Esculape）一只鸡"，让人猜测苏格拉底想给主管医药的神灵献上一种感恩的祭祀品，感激他救活他的生命。因此，难道可以说生命、存在是一种疾病吗？难道这不就是苏格拉底的秘密吗？那么，难道苏格拉底在一生中都撒谎了吗？对于尼采来说，如果苏格拉底在死前什么都没说过，如果他保留了他的秘密，他就会更伟大了，事实上，我想，尼采的理解引向一种曲解。苏格拉底话语的意义，并不在于自身的生命是一种疾病，而是肉身的生命是一种疾病，而只有灵魂的生命是一种真正的生命。柏拉图希望在苏格拉底的口中放进柏拉图的学说，但我不认为苏格拉底本人真正说过这句话，或者至少没给这句话赋予这种意义。也许，他是用嘲讽的方式说的，如同扬凯列维奇在他的著作《讽刺》(*L'Ironie*) 里所说的。此外，"我们欠医神埃斯科拉庇俄斯一只鸡"提出的问题是著名又困难的，人们对此给出好几种解释①。无论如何，尼采在苏格拉底的问题上的怀疑尤其揭示了他本人在关于生命意义方面的怀疑。因此，尼采呈现的顽皮的苏格拉底，最终变成了悲剧。至于克尔恺郭尔的苏格拉底，他在整体上就是悲剧性的。他

---

① 米歇尔·奥方（Michel Auphan）先生用友善的方式强调其中的一种诠释，即杜梅齐（Dumézil）在他的著作《瓦雷纳城堡里的灰袍黑僧》(*Le Moyne noir en gris dedans Varennes*) 里所给出的诠释，巴黎，伽利玛出版社，1984年。这指的是克里托的纠正：他犯下了支持策划苏格拉底逃跑的党徒们的错误，他本应纠正这个错误。

再现了个体、存在者的存在的自由，存在者在这里指的就是个体，之所以讲存在者，就是因为他是奇特的、无处摆放、分裂的、撕裂的个体，因为，他的内在没有完成，没有心中所爱。正如克尔恺郭尔仅仅由于他不做基督徒的意识才成为基督徒，同样，苏格拉底恰恰只是因为他并不想成为智者的意识才成其为智者。正因为如此，他是哲学家，不能抵达智慧，但他爱智慧。克尔恺郭尔也写过一些优美的篇章论述苏格拉底的方法。苏格拉底只希望成为一个思想的"助产士"，他并不希望成为一个领袖。他对弟子的灵魂没有任何企图，并不超过弟子对老师灵魂的企图。蒙田也曾赞颂苏格拉底不追求权威的威严。

透过以上几个例子，我们隐约可见，在哲学家们的笔下，苏格拉底形象所呈现形式的多样性。最终，这是一个神话般的苏格拉底，胜过历史中的苏格拉底，而他对哲学史产生了巨大的影响。

阿尔诺·戴维森：当您把神话式的苏格拉底与历史性的苏格拉底对立起来，至少可以有两种方式来思考第一种苏格拉底的形象：一个纯粹虚构化的苏格拉底，非历史性的苏格拉底，但植根在历史之中，如同一个理想一般运作——既有作为虚构的历史，又有作为理想的历史。因此，对您来说，神话般的形象所表达的不仅仅是虚构性的，而且也是理想化的形象。

皮埃尔·阿多：柏拉图是开始对苏格拉底的形象投射他本人的哲学观念的第一位哲学家。神话式的苏格拉底形象起源于他。几乎所有讲到苏格拉底的哲学家都按照柏拉图所勾勒的方式讲述苏格拉底的形象，或者，有时也采用色诺芬的版本，但后一种版本很可能也是把苏格拉底神话化了。柏拉图把苏格拉底理想化，既是为了使他与自己的柏拉图思想视野联系起来，而且，也可能因为他想肯定苏格拉底形象的全部哲学意义。在这里涉及的问题相当复杂。一方面，哲学家们追随柏拉图的范例，把他们的关怀投射到苏格拉底身上。从这个视角来看，在历史进程中，苏格拉底就会具有相当不同的种种面孔。但是，从另一个方面，在人们对苏格拉底传达的信息主旨所形成的理念里，也有某种持续不变的因素。在上一次对话中，我们讲到把古代哲学中这样或那样的方面时效化的可能性。苏格拉底的例子是有趣的，因为，这并不是人们试图时效化的学说，因为，除了"不知"那谜语般的论断之外，人们很难知道这个学说究竟是什么，但人们试图把变成一种哲学理想的苏格拉底形象时效化，也就是说，他的生与死完全是为了他人，他致力于让人们关怀自身，致力于让人们修为得更好。我更愿意相信，蒙田最好地理解了苏格拉底的本质。最终，我想，我所称为关怀存在的思想家们有理由把苏格拉底认可为最好的哲学家，他过着一种简单的日常生活，他为这种日常生活的每一个瞬间赋予无限的价值，出于这种意识，他改变了日常生活。

阿尔诺·戴维森：在您偏爱的哲学家里，我知道，蒙田给您留下深刻的印象。这发生在什么时候，又是为什么呢？

皮埃尔·阿多：我第一次和蒙田相遇，是在我十四或十五岁时，完全出于偶然。在修道院中学的图书馆里可以找到译成现代法语的蒙田的一些文字片断。他的文字让我着迷。我也不知道具体为什么，或许，因为蒙田用细致的方式讲述他自身以及人类，让我发现人类本性的奇特之处。在他的著作里既呈现整个古代时期，也谈到他身处时代的生活，既有美洲的印第安人，也有他生活周遭的农民们。人类的天性，显得如此复杂，乃至于它许可所有的态度：怀疑主义与信仰，斯多葛派的严格与伊壁鸠鲁派的轻松。在蒙田那里，我学会简单的重要性、学究主义的可笑。有一篇题名"做哲学，即学习面对死亡"的论文让我尤感震惊。在当时，我也许还没有理解这篇文章，但恰恰是这篇文章引导我把哲学再现为不同于一种理论话语的思想。此外，在学校的课堂上，我们学习过蒙田论教育的理论，因为这些理论体现出对儿童个性的尊重，也因为它们总是批判强调用信息的传达替代培育的抽象式教学，所以极其有趣。蒙田，如我们所知，他将填满的头脑与良好构造的头脑相对立。在整个一生中，我反复读蒙田的《随笔集》，每次总是带来同样的愉悦。在书中，我遇到读来饶有趣味的各种故事，我满怀喜悦。最近，蒙田的一篇文字让我读后印象深刻，我在《古代哲学的智慧》的开头把它引作题词，觉得那篇文字绝对离奇。蒙田设想某个人说："我今天无所事事。"而蒙田回答："什么？你不是活着吗？那不仅是你职业最根本的，而且也是最光彩照人的事。"尼采对这番话作了回应，他说，人类社会机构体制的目的在于阻碍人们感受生活。在蒙田的这段话里，我们找到了对生活本身、存在的无限价值的认可；它颠覆人们习以为常的所有价值，尤其是首先要做点什么事的普遍接受的观念。对蒙田来说，关键在于存在本身。与此同时，我也意识到，蒙田认为，这也是古代思想的遗产。最终，蒙田很好地理解古代哲学，尤其是伊壁鸠鲁派哲学的意义。

阿尔诺·戴维森：我知道，今天，您依然继续认为，柏格森是一个有意思、具有当下意义的哲学家，是一个没有过时的哲学家。您已经提过，柏格森关于转变习惯的知觉的理念。对您来说，是否还有柏格森思想的其他方面是始终鲜活的？

皮埃尔·阿多：认识柏格森，对我来说，首先是1939年参加高中会考的作文题目。当时的命题就是论述柏格森的一篇文章："哲学不是一种体系的建构，而是一旦（也就是说一次性地作出决定）采取素朴的方式看待自身与周遭的事物的决定。"首先，"哲学不是一种体系的建构"，在整体上清除了所有理论性的、抽象的建构。随后，在这句话的第二部分，意味着哲学首先是一种选择，而不是一种话语。这是一种决定，一种态度，一种行为举止，一种看待世界的方式。"用素朴的方式看待自身以及周遭的事物"："素朴的"这个词让我们想到，当柏格森把哲学界定为知觉的转变时，他选择画家为范例，画家为了要用素朴的方式观看，也就是说，为了返回到可以说几乎是对现实的天然原初的感知状态，他不得不作出巨大努力，来转变他的目光，来摆脱我们看待事物的所有习惯。因此，"用素朴的方式"，这句表述意味着脱离人工的、习惯的、约定俗成、已建构好的理念，最终回到可以说是一种基本的知觉，抽离所有偏见的知觉。可以说，这种努力与画家的努力相类似，就是一种精神修炼。在柏格森那里，这种新的知觉旨在将现实看作一种正在生成变化、在演变中、正在涌现的不可预料的具有新意的观念。一个世界，不是完全造好的，而是正在形成的。的确，柏格森的一些论述，无论是关于进化本身，还是关于大脑运作的观点，如今显得已经过时。但是，我想，柏格森思想的主旨并不在于科学可以反驳的这些细节。柏格森思想的主旨，在我看来，似乎，永远都在于哲学作为知觉转变的理念。

在我所接受的宗教教育中，原本算是纯粹的托马斯主义，柏格森占有一定的位置，至少在心理学的领域。柏格森的作品可以说开创了一种内省式的心理学，比较适合学校试图让我们发现的精神生活。但是，柏格森也肯定了一种创造性的进化论，似乎与基督教的创世论很难相容。随后，德日进神甫提出了基督教的一种神学进化论的版本，我曾狂热地认同他的思想。

再后来，在1968年前后，在一段时间里，我对自然哲学很感兴趣，于是我又重新发现柏格森的自然哲学，多亏了扬凯列维奇的《柏格森》(*Bergson*)，也多亏了梅洛-庞蒂的著作；也就是说，我重新发现了机体概念的重要性，自然作为创造的观念，自然作为来自内在的运动的观念［此外，这也是自然（phusis）这个词的古代意义］："自然造眼目，并不比我抬起手来更费劲。"在艾诺思基金会举办的一次研讨会上，我尝试着指出，这些观念如何接近普罗提诺的观点。

阿尔诺·戴维森：扬凯列维奇既是柏格森思想的延续者，又是一位完全独特的哲学家。扬凯列维奇非常强调道德的生活应当是一种总在革新的生活，如同自身的修炼，永远不会结束；在他那里，与大多数当代哲学家不同，在道德生活里，爱的作用是绝对核心的。

皮埃尔·阿多：我并不了解扬凯列维奇的全部作品。正如我刚才说过的，在我对普罗提诺的研究中，扬凯列维奇对柏格森著作的论述对我影响很大，他经常联想到普罗提诺与柏格森之间的联系，这让我懂得了新柏拉图主义对自然哲学的影响。我也很喜欢他的著作《讽刺》，那本书见证了对人类心理分析的非同寻常的力量。

我想，您想到的是扬凯列维奇在《论美德》(*Traité des Vertus*)第二卷里对爱的论述。您说的有道理，扬凯列维奇与当代哲学家不同，因为，他在道德生活里为爱赋予一个核心的位置。在这一点上，他再一次成为柏格森的忠实弟子。他用细致入微的方式思考一些问题，他长时间地探讨神学与道德之间的关系、纯粹的爱的可能性以及在自私与爱之间的关系，这些思考简直令人惊讶。他尤其很好地看到在爱情中的神秘性：情人们怎么能既自私又有世俗的关注，而他们的爱却可以超越世俗，既纯粹又无私呢？

阿尔诺·戴维森：您曾写到，在柏拉图的《会饮篇》里，爱的主题的出现引入了一种非理性的要素，也就是说，引入了完全不属于纯粹知性范畴的一种要素，但涉及心理生活的其他领域，涉及意愿，甚至还有激情。个体的转变可以通过爱来实现。这个要素，也即在柏拉图那里的爱的非理性，究竟包含什么呢？

皮埃尔·阿多：当我讲到这种非理性时，我希望让人们感受到柏拉图的哲学要比大家所想象的复杂得多，当人们把柏拉图的哲学呈现为一种理性的壮观建筑时。人们可以相信，在《会饮篇》的视野里，爱可以仅仅用来奠定灵魂的共同体，促进对话与哲学思考，而这对严格意义上的哲学思路来说是陌生的。但是，正如书中女祭司（Diotime）那番话的结尾所表明的，爱属于严格意义上的哲学思路所包含的一部分，因为，确切地说，这是朝向美的上升，从对美的躯体的爱开始，即使这种上升通过对更精神性的美的爱而延续。对美的躯体的爱，带着它的力量，已经是对永恒的美的爱。它可以通过永恒的美的吸引来解释。因此，哲学的思路以欲望为动力，也包含一种非决定性的要素。爱的维度为哲学赋予一种亲身经历、生命鲜活的体验和一种在场的特征。这对柏拉图来说是真实的，对所有哲学来说，也同样真实。

阿尔诺·戴维森：您是从什么时候开始读海德格尔呢？

皮埃尔·阿多：那是在1946年，我忘记是在什么情形下了，我很幸运地遇到阿尔封斯·德·瓦朗斯（Alphonse de Waelhens）撰写的论海德格尔哲学的著作。这是一种幸运，因为，在那个时代，在法国，还很难读到海德格尔的书籍。当时，只有他的一些小文章译成法文。在我开始读本科的那一年，让·瓦尔开设了关于海德格尔的课程；不巧的是，我现在忘记是因为什么原因，我当时没能修那门课。也许，恰恰是为了填补这种空缺，因而，我读了瓦朗斯的那本书，书中内容脉络清晰——同时，我开始努力地翻译海德格尔，不是《存在与时间》，而是他论述柏拉图的著作。不得不承认，我还是比较失望，因为他给我的印象是，首先，过于复杂的方面没有用；其次，他的推理又有点过于简单化，至少在对柏拉图的诠释方面。此外，瓦朗斯的那本书揭示了我认为是海德格尔思想的主要方面，至少是海德格尔带给我的非常重要的方面：尤其是日常存在或如海德格尔所说的非本真的存在与本真存在之间的区别。一方面，海德格尔出色地描述了所谓的日常存在，归根结底，这也是柏格森所描述过的，他指出，在平素的生活中，我们的决定，我们的反应并不是很有意识的，这并不是从我们本身与个性的深处出发的，而是所有人都可能有的一些约定俗成的反应：在日常生活里，有非个性化的某种倾向。柏格森恰恰将这种态度与人们用素朴的方式看待自身与周遭的事物的有意识的态度相对立，后一种态度彻底地改变了人对世界的知觉。在海德格尔那里，这转变成了在日常、平庸的存在与人们对存在有所意识的状态之间的对立，我们已经谈到过，这恰恰是对终有死亡的意识（即他所称作的"向死而生"的存在），因此，也就是对有限性的意识。在当时，存在具有完全另一种形态，也是令人焦虑的形态；或许因为死亡，也是因为存在的事实所代表的谜。我诚恳地相信，海德格尔的那些分析总是有效的，它们对我产生了许多影响。我应该说明，在日常与本真存在之间的对立，并不绝对意味着要不停地在本真的状态中生活。人正常地生活，而且，可以说，必要地在日常生活中存在，但有时候，他也能够在完全另一种视野里瞥见存在。而这已经够多了。

阿尔诺·戴维森：您写过一篇文章说明，在海德格尔关于存在与存在者之间的存有论差异的著名理念之中，有着新柏拉图主义的根源。

皮埃尔·阿多：您指的是在柏拉图《巴门尼德》一段评论的片断里可以找到的关于"存在"与"存在者"之

间的对立。我推想，这篇文字的作者应该归给波斐利，他是一个新柏拉图主义者，是柏拉图的弟子。这指的是在不定式动词存在（être）即存在的行为与一种确定的现实即存在者（étant）之间的对立：后者是一种低级的现实，因为它只参与存在的行为。在这种理论里非同寻常的一点正是存在的活动的理念，只在它本身中被观照，脱离任何物质性。

在"不定式的存在"（esse）与"存在的事物"（quod est）之间的对立，在波伊提乌的名为"论七日"的短篇论著里也可以找到，这篇论著在中世纪经常被评论。海德格尔接受过很好的经院派的教育，或许，正是通过这个媒介，他遇到这种对立，但也有可能，他本人自发地做了这种区分。

无论如何，关于存在与存在者之间的对立，在《巴门尼德》的评论里可以找到，与海德格尔所陈述的存有论的差异之间存在着巨大的不同。我会犹豫是否可以讲这种区分的新柏拉图主义的根源。

阿尔诺·戴维森：在某种程度上，海德格尔的书写方式是您的哲学书写风格的反面，这个事实总让我感到惊讶。在我看来，似乎，对您而言，简单、明智几乎代表一种伦理的义务。

皮埃尔·阿多：啊，您这样评价我很善意！但是，我也许没有像海德格尔那样深沉的思想要表达吧。的确，海德格尔的书写风格提出一个真正的问题，首先，对德语本身来说——因为，他毕竟还是"折磨"了德语；其次，为了模仿他的风格，对他的效法，也"折磨"了各种语言。因此，这创造了一种时尚，一种书写哲学的非常晦涩的方式。而这种方式也许会终结，结果就是让许多读者丧失读哲学的勇气。有时候，我们也会感到，正如通常所说，哲学家具有倾听自己说话和看自己写作的天然倾向，这种写法，对哲学家来说，意味着一种游戏。事实上，问题并不怎么在于语言技术的精致化，因为，在古希腊罗马时期，斯多葛派就因这种技术的精致而享有盛名，经院派也是如此。这种技术的精致往往符合需要表达一种难以传达的细腻差别的事实。为此，人们不得不创造一个词，或者转移一个词的惯常用法。因此，在古代哲学中，也有一些技术专用术语，但人们知道，这些词语明确地对应什么涵义，然而，在后海德格尔时代的哲学里，隐喻往往界定得不好，遭到一种滥用。

阿尔诺·戴维森：法国存在主义曾让您非常震惊。对您来说，哪些存在主义的主题是最重要的？

皮埃尔·阿多：首先有一个问题，比如，它在法国哲学协会举办的关于让·瓦尔的一次讲座——"主体性与超验"的讨论中体现出来。当时，有不少学者参与讨论在存在性的哲学家与研究存在的哲学家之间可能有的区别。最终，一个存在性的哲学家，通过他的存在，成其为哲学家，他的哲学有一大部分与他的存在相融合，而一位研究存在的哲学家，则对存在发表言论。我更愿意接受前一种立场。我总感到，存在主义者最终把哲学构想为一种决定，一种生活的选择，但是，他们往往只坚持关于存在的话语。这是一个总体的问题，但很可能是无法解决的。人们常常回到这种观察上：哲学家总倾向满足于他自身的话语。此外，对我来说，1946年，当我在巴黎学习时，对于存在主义，尤其是加布里埃尔·马塞尔的书很感兴趣，因为，他是一个存在主义者，也是基督徒。因此，我从他那里学到许多东西，不仅仅当我听他讲话时，而且，当我读到他的著作时。首先，在存有（être）与拥有（avoir）之间的区分，非常丰富，存有与人相关，拥有与人之外的一切事物相关，但人也有可能迷失在其中。还有在奥秘与问题之间的区别，也是非常有趣的；问题，是人们可以回答的提问，也可以用决定性的方式得到解决。而奥秘，正如加布里埃尔·马塞尔所说，是侵入自身的因素，也就是说，人们被从内部把握，有身体的奥秘，因为，人们与他的身体同在。其次，当然还有萨特的著作，我读了他的著作《存在与虚无》(*L'Être et le Néant*)，《恶心》(*La Nausée*)也是特别有意思的书，因为，在其中，我们清楚地看到，有一种体验，甚至有一种迷醉，以存在作为目标。但是，关于这种恶心，我总认为，这是属于萨特心理状态的一种情感。在面对美妙的体验时，人们也可以讲到赞叹。在法兰西学院也有一个人，我有所耳闻，但了解得还不够，他就是梅洛-庞蒂，在某种程度上算是柏格森的继承人，他的哲学集中在知觉问题上，他使用类似的表述，"哲学旨在重新教人看待世界"，他也发展出对现代艺术的一种有趣的思考，这一切都对我影响很大。

阿尔诺·戴维森：但是，关于生命荒诞性的理念，在加缪、萨特，甚至还有俄罗斯存在主义者那里都是根本的理念，似乎，您从来没有谈到这些？

皮埃尔·阿多：在存在主义里，这恰恰是让我反感的理念，显然，尤其在那个时代，在1946年，我当时还受到基督教的强烈影响。事实上，这个概念对我来说是陌生的；此外，它也是抽象的，因为它是一种推理的结果。自从尼采宣告"上帝死了"之后，无法再为存在提供证实，因此，存在是荒诞的。我更喜欢梅洛-庞蒂的立场，正如他在《知觉现象学》（*Phénoménologie de la perception*）的序言里所说的："世界与理性并不构成问题；那么好，如果人们愿意说，世界与理性是神秘的，但这种神秘给出界定，不可能用某一种解决来消解，神秘正在各种解决之中。真正的哲学，就是教会人重新看待世界。"面对一种无法解释的现象的涌现，人们会感到惊奇、赞叹，我同意，但为什么是一种恶心呢？

阿尔诺·戴维森：比如，在萨特以及其他人的作品里，人们找到一种关于自由的形而上学。但是，当人们读您的文本时，显然会发现，虽说自由的实践是您的思想核心，但这些实践从来没有促使您发展出一种形而上学。在存在的形而上学与存在的实践之间，是否有一种根本的差异呢？

皮埃尔·阿多：当您使用形而上学这个词时，您大概指的是一种哲学理论吧？确实，我从来没有过提出一种存在的形而上学的奢望，但相反，我尝试着用谦卑的方式，提出存在实践的一套理论。显然，正如您所说，存在的实践，要以自由为前提。根据我谦卑的观点，要提出关于自由的一种理论或者形而上学，在今天是极其困难的。人文科学与精确的科学都对人类行动的自由提出严重的怀疑，关于自由的一种理论或者形而上学，丝毫不能改变这种状况，我这样认为。当人们尝试着界定一个个体的责任或者他超越冲动的能力时，需要考虑到这些因素。但是，从另一个方面，经验表明，我们有能力去实践一些精神的修炼，每个人用他的方式实践，依照他的心理层面的局限去选择。应该像犬儒主义者狄奥尼斯一样，什么都不说，仅仅在行走中证实在运动中的存在。我始终坚持在高中会考口试时的观点；当女考官问我："如何定义意愿呢？"我回答："意愿不能界定，意愿在于体验。"我们也可以说，我们和康德一起把自由看作实践理性的一种公理。

阿尔诺·戴维森：您是怎样发现维特根斯坦的？

皮埃尔·阿多：我记不太清了。我推测，那是在1960年左右，我还是法国国家科研中心的研究员，在当时，我们必须为研究中心的分析简报整理一些文章并做摘要。我大概就在里面看到一篇论维特根斯坦的文章，在文中联想到在《逻辑哲学论》里，维特根斯坦提及神秘主义。这一点引起我的兴趣；最初，我先找到一本评注版的意大利文译本；我由此开始接触到维特根斯坦的作品。我本人也试图翻译他的著作，但是，我一直没有时间把我翻译的《逻辑哲学论》修订到可以发表的水准，那是一本很难翻译的著作。后来，我做了一些讲座，也写了一些文章来谈维特根斯坦。

阿尔诺·戴维森：您在让·瓦尔主持的哲学学院讲过《逻辑哲学论》，而您对我说过，当时，所有人都有点惊讶，因为，当时，维特根斯坦在法国还几乎不为人知。

皮埃尔·阿多：是的。但是，从 1946 年起，让·瓦尔肯定就认识他了。我的讲座是在 1959—1960 年举办的，当时，还没有任何一本维特根斯坦的法文译本。在同一年，随后，萨洛姆（Shalom）也在哲学学院做了一场关于维特根斯坦的讲座，也写了一篇文章论维特根斯坦。除此之外，当时就没有多少关于维特根斯坦的研究了。我想，斯坦尼斯拉斯·布雷东（Stanislas Breton）神甫在一本著作里略微谈到他。此外，我还记得，似乎在哪里说过，"依据好的法文译本"，然而，《逻辑哲学论》已经出版有四十年，却没有一家法国出版社想到要请译者来翻译。

阿尔诺·戴维森：尤其在《逻辑哲学论》结尾处的神秘主义面向吸引了您吗？

皮埃尔·阿多：绝对如此。对我来说，这是一种悖论，一个人呈现为或者不如说被介绍为逻辑实证主义者，

哲学的生活方式 | 223

他却谈论神秘主义,这是一个离奇的谜。尤其在那个时期,在我撰写的文章里,我尝试着从逻辑学到神秘主义来解释这段话。如今,在我看来,《逻辑哲学论》的结尾并不完全可以由此前的逻辑论证来解释。事实上,许多格言早在《逻辑哲学论》之前的《手册》里就可以找到,符合维特根斯坦的个人思考,此外,也表露他在精神上的忧虑。我常常注意到,这些思考对应古代哲学的一些命题,比如,涉及生活在当下的理念。似乎,维特根斯坦所称作的神秘主义者与世界保持一种关系(6.44—45):神秘主义,就是世界的存在;他先写了这样一句谜语般的话:"在整体的观点下看世界,就是把世界作为一个有限的整体来看,"随后,他还补充道,"把世界看作完全有限的情感,这是神秘主义。"总而言之,这指的是对从高处看到的世界的情感体验。在世界本来如是存在的事实面前赞叹,维特根斯坦说过,在世界的存在面前的赞叹,这是他最好的体验。在这里,再一次,就像在柏拉图那里一样,正是在经历的体验中,哲学找到它的圆满实现。

阿尔诺·戴维森:有一天,您对我说过,相对于《哲学研究》阶段的维特根斯坦,您还是看好《逻辑哲学论》阶段的维特根斯坦。但您也写过一篇论《哲学研究》的文章——"语言的游戏与哲学",在文中,您使用了"语言的游戏"的理念作为哲学史的框架。

皮埃尔·阿多：首先，需要尝试理解什么是一种语言的游戏。归根结底，对维特根斯坦来说，这就是活动、处境，为人们所言说的赋予意义，就是一个语句说出的具体语境。在这篇文章里，当我举"上帝死了"的表述为例时，我想到萨特。一方面，我写道，在古代，在一些仪式里，人们也许不说"上帝死了"，但无论如何会说"伟大的潘神死了"，显然，这仅仅是对神话的一种宗教性联想，这是一种语言游戏，与一个仪式、一种宗教典礼有关。另一方面，哲学家让-保罗·萨特，有一回到达日内瓦机场或者其他地点，一群记者围着他，问他："您要不要发表一个宣言？"他说，"上帝死了。"在这一刻，这是一个语言游戏，有双重的意义：首先，因为联想到尼采，其次，因为这也有点演戏的味道，让哲学家给人留下思想深邃甚至先知的印象。在这里，有两种语言的游戏相对立。显然，也有其他的语言游戏，比如说："我难受。"然而，哲学家们倾向于把语言再现为旨在命名或指示对象、传达思想的一种活动。在维特根斯坦看来，当我感到痛苦时说"我难受"，并不是要表达我的痛苦，因为这是难以沟通的，但我在做一个语言的游戏，在某一个社会语境里发出求助或者需要体恤的呼唤。在我所有的工作里，这个理念

哲学的生活方式

引导着我：当人们面对一个文本或者一个话语时，用绝对的方式对待这个文本或者话语，仿佛它不是由某人在某个情形、某一天、某个时代、一个确定的语境中发出的，这样做并不够。这就是在宗教研究中激进主义者的缺陷——归根结底，许多研究哲学史的学者或者哲学家也都像宗教激进主义者一样行动。他们把文本当作《福音书》里的一段话语，仿佛是一个神发出的话语，而人们不能在空间与时间里重构文本。恰恰相反，历史的、心理的视野在哲学史里非常重要，因为，这指的是将哲学家们的陈述重新放置在所处的社会、历史、传统、哲学的语境里。需要考虑到一个哲学的语句并不一定表达一组概念，也可能仅仅表达一个神话的价值，正如在柏拉图那里有时候会有的情况。

如果我没记错的话，正是在谈到语言的游戏时，我第一次提出哲学也是精神修炼的理念，因为说到底，精神修炼往往是一种语言的游戏：这指的是或者对他人，或者对自己，说了一句话，来引发一种效果，因为，是在某些情形下，依照某一种目的。另一方面，在同一个语境里，维特根斯坦也使用"生活的形式"的表述。这也启发我将哲学理解为生活的形式或者生活的模式。

您讲到的那篇文章，是在维特根斯坦的影响下写成的，是我第一次思考语言在我们生活里的作用的尝试。可以说,在当时,在一段时间里,语言的问题,"人们在某种程度上是语言的囚犯"的理念,我们整个一生都好像是被言说的,所有这些理念把我催眠了。但是,我渐渐对自己说,不应当把自己封闭在这样的一种立场里,而仅仅要接受日常生活的体验,它给我们的感受是语言指涉某种东西,语言是具有意向性的。

阿尔诺·戴维森:您在什么时候与米歇尔·福柯第一次相遇?

皮埃尔·阿多:第一次是在电话里。我想,他是第一个来问我是否愿意递交法兰西学院教席申请的人,那是在1980年秋天。当我去法兰西学院参加申请教席的面试时,我才第一次与他当面结识。那是一次轻松的面试,因为他是我的支持者之一。随后,当我在法兰西学院开讲第一堂课时,那一天我举办了一个招待会,他前来参加。我很有可能在教授代表大会上也遇见过他,此外,还有一两次,我和他共进午餐。我和他没有多少联络,因为,在不久之后,他就英年早逝了。

阿尔诺·戴维森:但您和他讨论过古代哲学吧?

皮埃尔·阿多：不太多。在一次午餐中，他问起我关于塞内加给卢基里乌斯①的《劝慰书简》(Lettre) 第一封信里的"说服自身"(vindicare sibi) 表达的意义。我们特别探讨了这个问题。

阿尔诺·戴维森：您可以归结一下您与福柯在哲学观点上的分歧吗，尤其是您对他关于自我实践、生存美学方面的观点怎么看？

皮埃尔·阿多：首先，需要提到，我们的方法非常不同。福柯既是哲学家，也是研究社会现实与思想史的史学家，但他并没有文献学的实践，也就是说，他并不考察与古代文本传统相关联的问题：手抄本的解读、评论性版本、各种版本变体的选择等问题。通过研究与翻译基督宗教哲学家马里乌斯·维克托里纽斯、意大利米兰大主教安伯罗修、《巴门尼德》的评论片断以及奥勒留与普罗提诺的一些论著，我获得某种经验，这使我能够从与福柯完全不同的视野接触古代文本。尤其，我总是执着于对作者思想运动的专注的研究以及对他的意图的探寻。而福柯不怎么在意译本准确与否，他经常使用一些不太确切的过于陈旧的译本。

---

① 卢基里乌斯 (Lucilius, 约前180 或前148—前103)，曾任西西里岛的执政官，撰写讽刺性作品，与塞内加保持长期的精神交流。——译者

我和福柯之间的第一个分歧涉及愉悦的概念。对福柯来说，古代希腊-罗马世界的伦理是人们在自身之上获得愉悦的一种伦理。这种伦理，对于伊壁鸠鲁派来说可能是真实的，但福柯最终较少谈到伊壁鸠鲁派。而斯多葛派恐怕会摒弃关于愉悦的伦理这种理念。他们仔细地区分愉悦与快乐——对他们来说，快乐，不是愉悦——不是在自我中找到，而是在自我最好的一部分中找到。塞内加并不是在塞内加的身上找到快乐，而是在与普遍理性相认同的塞内加身上找到。人们从自我的层面升华到一个他者、超验者的层面。此外，在他所称作的自我实践的描述里，福柯并没有充分地肯定以下价值：归属宇宙整体的意识、归属人类共同体的意识、回应超越自我状态的意识。最终，我不认为适合现代人的伦理模式可以成为一种生存的美学。我担心，这最终会成为一种颓废派的新形式。

阿尔诺·戴维森：您常常讲到把自身升华到一个普遍视野的必要性。但是，这个视野又与康德所讲到的普遍法则完全不是一回事。康德的普遍法则，总是为任何理性的个体都规定同样的行动。您如何解释宇宙视野的这种概念呢？

皮埃尔·阿多：这种普遍的视野比较符合我所称作的"从高处俯视的目光"。比如，在柏拉图的《理想国》

(*République*)里，他赞美了自然的哲学家，他说，那些天然成为哲学家的人静观现实的整体，他不畏惧死亡，因此，他恰恰置身在一个层面、一个高度上，他从那里可以看到宇宙的整体、人类的整体，他不是从个人的层面上看待事物，而是从一个普遍的层面上。在斯多葛派那里，也有类似的一种运动，首先，在爱比克泰德与奥勒留那里，可以很清楚地看到，因为他们从大写的自然、普遍性自然的视角，即普遍理性的视角看待事物，也就是说，他们把诸种事件重新放置在可以为宇宙带来什么、我们参与宇宙的和谐平衡的协作的视野里。这也是我所称作的事物的物理定义。事物吸引我们，或者让我们害怕，它们不应当用个人的视角来看待，而应再一次在普遍视野中看待，用一种完全客观的方式。对普罗提诺来说，这也是千真万确，他认为，灵魂应当从个体的层面升华到普遍性灵魂的层面，甚或神圣知性的层面，而宇宙的全部理想体系都在其上。

对我来说，重要的是从一个视野过渡到另一个视野所付出的所有努力。我一直很喜欢一位中国哲学家（庄子）的表述：有种生存情境，好比是封闭在瓮底的蚊蝇、井底之蛙，要走出这种封闭，在世界的广大空间里呼吸。我们的行为不是由一种抽象的普遍主义、以一种自动的方式支配的，但在每种情况下，重要的是摆脱我们的眼罩，如果可以这样讲的话，那就是把我们的视觉放在我们自身的利益之上，这指的是把自己放在他人的位置上，并尝试着把我们的行动重新放置在人类的坐标之上。不是抽象的人性，而是具体的其他人，也放置在世界的坐标之上，不是为了言说我们能为宇宙带来什么，而是在这个宽阔的视野里重新放置诸种事件。这是一个非常传统而首要的问题，我们可以这样总结：大地本身只是一个点，在广袤的宇宙中，我们只是某种微妙的东西。

这种态度旨在将我们的视觉放置在一个普遍性的视野里，与康德所讲的普遍法则是否不同呢？比如，康德说过："要让引导你行为的法则成为一种自然的普遍的法则。"我会倾向于认为，最终，这并没有极大的不同。在康德的表述里，人们明确地重新置身在自然的普遍性的视野里，因此，人们从只看到自我利益的自我过渡到向他者与宇宙敞开的自我。这样的格言并不会固定一种明确的行为，但是，它们邀人行动，并同时考虑到我们的行动对我们之外的一切可能产生的后果。这是人们赋予自身的一种法则。

阿尔诺·戴维森：对您来说，尤其重要的是超越自身的努力；难道这等于说存在着具有超验性的、绝对的、永远建立好的价值的世界吗？而且它引导着人的每一次行动？

皮埃尔·阿多：我们面对着一个巨大的、非常复杂的问题，也许用几句话来处理并不合适。但我还是要尝试一下。首先，我会这样说：即使人们接纳一种超验的和绝对的价值秩序，并不等于说它指引每一次行动。因为，在大多数时间，在生活里，当这指的是选择一种行动时，我们不必非要选择赞同或者反对一种价值，而是要找出面对义务、面对价值的纷争的往往很难的解决办法。典型的例子是在康斯坦（Benjamin Constant）与康德之间的论争：难道出于人道可以对人撒谎吗？在每一次行动中，我们并不需要应用一次性固定的准则，而是采取个人的决定，依照在现时的例子中在我们看来最重要的价值。

还剩下具有超验的、绝对的、一贯固定的价值世界的存在的问题。这就提出两个问题：一方面，价值世界的存在；另一方面，这个世界的持久性。在这里，我不想卷入关于价值哲学的形而上学、抽象而理论化的论述里。从个人的角度，我要讲的不是价值的世界，而是指向人的良好愿望的一种超验价值的世界。这种绝对的价值，正是苏格拉底所探求的，当他不考虑个人的利益时，他拒绝从监狱里逃脱，他选择遵守城邦的法则。在原则上，没有什么迫使他考虑城邦的法则。我始终认同康德的看法：道德性在意料之外的、在某种程度上是英雄主义式的飞跃中被创造出来，这让我们从一个有限的视野过渡到普遍性的视野。

"仅仅依照道德准则行为，这让你同时希望它成为一种普遍性的法则。"绝对价值处在自我升华的层面上，可以置身在他者的位置之上，把自身愿望纯粹化的自我的层面，也就是说，按照无私的方式行为，出于爱，或者出于义务。

正是这种绝对的、超验的价值随后呈现在多元的价值中，多元的价值是人类在岁月的进程中逐步形成的，但以不可言明的方式包含在对绝对价值的认同之中。人们慢慢会发现，奴役是一种不尊重个人权益的罪行，因此，我自问，在今天，当我们考虑到人剥削人的现象在我们相当沉重的文明中被容许时，我们是否会意识到这一点。但是，在我们充分发现这一点之前，对个人的尊重同样是有效的，它是一种价值，如今，我们对此还没有完善的意识，但毕竟还是有一些哲学家考虑到，比如塞内加，他写道，人对人来说，是神圣的。一种价值没有明晰地陈述，但并不能因此认为它对于道德意识不存在。也并不是因为某种价值得到陈述，它就会对人类的行为发挥一种效果。比如，基督教没有终结奴役，也没有禁止历史上的贩卖黑人的行为。

无论如何，在普遍性的视野里看待事物的事实，必然引导人们承认一些持久的价值。比如对个人的尊重，对生命的尊重，对诺言的尊重，在此，仅列举其中几项。显然，在我们的意识中存在着价值的演变。比如，现在，由于近年来发生的一些灾难，我们对生命与自然的尊重更为敏感。

阿尔诺·戴维森：如果有个人对作为生活方式的哲学感兴趣，并问您应从哪里入手来加深他对这个观念的领会，您会建议他读什么文本呢？

皮埃尔·阿多：如果说涉及古代哲学，很难推荐一篇没有注疏却易于理解的文本。我想，爱比克泰德的《致美诺西斯的书信》，或许是最简单的文本。奥勒留的《写给自己》或者爱比克泰德的《手册》也可帮助我们理解这种哲学观，但是，这些文本毕竟需要注疏。对于现代哲学而言，我很喜欢梅洛-庞蒂在法兰西学院开讲的第一堂课，主题为"哲学的赞词"，也让人隐约瞥见作为生活方式的哲学观念。我也很喜欢路易·拉维勒（Louis Lavelle）的著作《纳西斯的谬误》，因为，这本书由一系列短小精悍的思索构成，每一段思索都是一份邀请，邀人实践一种精神的修炼，逐渐引导读者走到"我们意识的巅峰所在的现在"，并对"纯粹的在场"有所意识。

阿尔诺·戴维森：如果人们能够在哲学中看到一种生活的方式，而不仅仅是概念与命题的结构严密的体系，这对哲学与其他文艺学科之间的关系可以产生许多影响。一篇小说、一首诗，甚至是绘画、音乐，都可以代表一种生活方式，也都有时候可以引发我们的生活方式的一种转变。从此，作为学科的哲学并不封闭在它自身之中，而是朝向关于我们的生活方式的所有描述敞开。这是否意味着我们应当重新思考哲学的边界呢？

皮埃尔·阿多：我会说，艺术可以成为哲学的强有力的辅助，但是，艺术永远不能成为生活本身、决定与存在的选择。在存在主义的时代，取消在文学与哲学之间的边界的理念非常流行，但是，我想，这个理念早在英国或德国浪漫主义时期已经存在。此外，当让·瓦尔在讲到诗与形而上学的关系时，他把浪漫主义定义为惊诧感的复活：他说，浪漫主义将奇异的事物变得寻常，并把寻常的事物变得陌生。而且，他还补充道，对柏格森而言，艺术正是把习惯在我们与事物之间编织的面纱揭去的力量。在这里，我又想到前面讲过的历史学家卡洛·金茨堡一篇文章的主题："让事物变得陌生"。这就是为什么我们可以用总体的方式说，艺术、诗歌、文学或绘画，甚或音乐，都可以成为精神修炼。最好的范例就是普鲁斯特的作品，因为他对流逝时光的追寻（"追忆似水年华"）就是一种意识的路径，借助记忆的修炼，重新找到精神永久性的情感。这很接近柏格森的思考。

可以说，许多小说虽然不构成灵魂的路径，却提出一些哲学的问题，比如萨特的小说，特别是《恶心》，或者还有加缪的《鼠疫》(*La Peste*)。小说经常是对一种存在经验的描述，读者可以重新经历这种经验，至少在头脑中。比如，我会想到托尔斯泰的一些作品，比如其中有一部《伊凡·伊里奇之死》(*La mort d'Ivan Ilitch*)，表现对死亡的一种思索，或者，还有陀思妥耶夫斯基的一些小说，比如《卡拉马佐夫兄弟》。

在存在主义时期，也有一些戏剧作品很时髦。我尤其要强调让-保罗·萨特的戏剧以及他为电影《戏演完了》(*Les Jeux sont faits*) 所写剧本的重要性。他所有的剧作都具有真正的戏剧性的价值，也比一部论著具有更震撼人心的哲学价值。

我们也可以谈谈诗歌。我会首先想到远东地区的诗歌，比如日本俳句。这种形式看上去似乎无意义，因为，诗人在俳句中描写的是一个貌似平凡的存在的片刻——比如，一只蝴蝶停栖在一朵花上——但它具有一种哲学的深度，因为，它让人听到字面上没有言说的一切，也就是说，世界的全部光彩。在西方文学里，也有哲学诗的一种传统，我想，尤其是在英国诗人那里，首先有英国的柏拉图式诗人，随后还有英国的浪漫派，雪莱、华兹华斯，英国哲学家怀特海（Whitehead）经常引用这些诗人，提到他们对自然的再现。法国哲学家让-瓦尔还用心翻译了托马斯·特拉赫恩（Thomas Traherne），一个赞叹自然的神秘派的英国诗人，比如，他谈到他与事物同在的体验。在离我们更近的德国，也有两个伟大的哲理诗人，里尔克与霍夫曼斯塔尔。关于里尔克，在我们最初的对话里，我说过，我曾经想做关于海德格尔与里尔克之间关系的研究，因为，海德格尔会说，里尔克的诗表达的是他的哲学，海德格尔的哲学。无论如何，在里尔克的笔下，呈现出关于死亡、存在、事物还有语言的局限性的思考。比如，在《致俄尔甫斯的十四行诗》里（I，13），里尔克讲到果实，果实首先只是一些词语，因为，当人们吃水果时，词语消失了，但是，不可表达的感觉涌现出来，让人感到整个宇宙。在霍夫曼斯塔尔的作品里，我尤其记取"外在生活的歌谣"，那是写给尚多斯爵爷的一封著名的信笺，在文学史中具有比较独特的位置，在其中，我们恰恰看到——此外，差不多正如我在谈到里尔克的水果时所说的——事物的在场，用一种这么强烈的方式感到的事物的在场，强烈到我们不能用言语来谈论。

但需要意识到文学的局限性。文学始终是话语，有时候，在某种意义上，由于文学结构方面的高要求，文学甚至是结构的体系。因此，文学与哲学话语非常接近，如果说文学有时候和哲学话语一样体现精神的修炼，但在大多数时候，文学仅仅表达体验，这等于说，它不具有哲学的生命，它不是存在的决定。而且，它也很有可能缺少真正的诚恳。作家们可能会出于形式的或者个人的原因有弄虚作假的倾向。在存在主义的时代，有一位法国文学批评家克洛德·埃德蒙德·马尼，她写过一本书，《恩培多克勒的草鞋——论文学的局限性》[①]，我经常读了又读。书中表明，正如恩培多克勒的草鞋，始终留在埃特纳火山口的边缘，只能见证一个人的精神生成变化的一个阶段，只能见证促成内心进步的一种帮助。但是，最终要扔掉书本，就像纪德在《人间食粮》（*Nourritures terrestres*）里建议读者们做的那样，或者像维特根斯坦在《逻辑哲学论》的结尾处所说的那样。

阿尔诺·戴维森：您也曾经援引塞尚与克利的例子，作为与精神修炼相关的绘画典范。

皮埃尔·阿多：是的，我前面忘了提到艺术家。在克利那里，也许有点抽象。无论如何，他认为，艺术家可以重新找回自然运作的方式。在塞尚那里，有时候会让人联想到在他的绘画中表达出来的对世界的某种体验。此外，

[①] 克洛德·埃德蒙德·马尼（Claude Edmonde Magny），《恩培多克勒的草鞋——论文学的局限性》（*Les Sandales d'Empédocle. Essai sur les limites de la littérature*），瑞士，巴科尼埃出版社，1945年。

我相信，柏格森恰恰选取绘画的例子来让人明白由他的哲学所引发的知觉的转变。这并非出于偶然，因为，最终，绘画要求人们做一种剥离习惯与偏见的运动，也要求人们用一种可以称作"自然"的方式把握事物，真正地面对裸露的现实。近来，借助我的同事谢和耐的著作，我也发现中国古代绘画的哲学意义，尤其在石涛的《苦瓜和尚画语录》①中，人们看到，绘画如何与自然相汇通，如何与自然的创造法相联姻。

也要提到音乐，至少在某些音乐家比如贝多芬的音乐作品里。我前面已经提到伊丽莎白·布里松的作品《音乐家的神圣——在贝多芬作品里的古代典故》②，这本书向我们表明贝多芬如何把他的艺术当成一种使命，促使人类升华到欢乐的世界，进入对世界的认同以及宇宙的和谐之中。

阿尔诺·戴维森：依据您的观点，在哲学史与哲学本身之间存在着怎样的关系呢？在您为《古代哲学家辞典》(*Dictionnaire des philosophes antiques*)所撰写的序言中，您讲到哲学家应当始终像哲学史学家一样生活。您怎样理解这种关系呢？

皮埃尔·阿多：在回答您的问题之前，我想先展开

---

① 见第135页注释，法文版由汉学家李克曼翻译并评注。
② 见第155页注释。

关于哲学史的几点思考。首先，我要说，人们总是会讲到"哲学"的历史，但事实上，人们很少书写哲学本身的历史。我想，但我也许是错的，黑格尔是唯一将历史转化为哲学的生成演变史的哲学家，此外，他所描述的这种运动与他自身的哲学相糅合。或许还要补充奥古斯特·孔德（Auguste Comte）的名字。具体地说，哲学史学家研究哲学与哲学作品。从个人的角度来讲，比起哲学观点，我更倾向于研究哲学作品，因为，我怀疑精确地重构哲学学说的整体或者说体系的可能性。我们仅仅能够研究哲学作品的结构及其目的性，研究哲学家在这样或那样的既定作品里想言说的东西。举一个现代哲学家为例，比如柏格森，我们不可能在他的不同著作里发现一种绝对完美的一致性。当我讲到哲学家应当始终保持史学家的活跃，尤其想说，在哲学家的每一部作品里，需要尝试亲自经历作者在整体上的哲学进路，也包括他的思想的运动，如果可能的话，还有作者的全部意图。这种哲学进路的研究，也许可以帮助我们承认哲学活动的两极：哲学话语与生活的选择。人们可以找到悖论的处境，但最终，对哲学家提出的主要问题在于懂得什么是做哲学思考。这是一个永远在更新的问题，哲学家可以在阅读柏拉图、亚里士多德、普罗提诺、斯宾诺莎或者康德时对自己提问。因而，哲学史可以为哲学家带来一个广阔的经验场域，来为他的思想与生命指引方向。

阿尔诺·戴维森：近来，您开始对其他文化中的哲学感兴趣，尤其是中国哲学，这也许与比如某种宇宙哲学的态度的理念相关，这样的态度甚至在中国文化中也可以找到，代表了在另一个语境里也有在古代西方同样可以找到的理念。

皮埃尔·阿多：在很长时间里，我对于比较研究都有所保留（比如关于普罗提诺与东方的关系的比较）。如今，我有点改变了看法，我注意到在中国古代思想与古希腊思想之间无可争议的相似性。我讲到看待事物时不加分化的态度，也讲到斯多葛派某种无动于衷的态度；也可以补充上"顿悟"的理念。我不是通过史实关系，而是通过不同文化之间可以找到的相似的精神态度，来说明这些相似性。有时候，我也在中国古代思想中找到一些表述，在我看来，要比我们在古希腊哲学中可以找到的具有更明晰的启发性。比如，庄子用"井底之蛙"或者"瓮底之蝇"的形象，来描述人们身处的一种无所意识的处境，"对宇宙广袤的整体性无所知"（"何以知天地之足以穷至大之域"）①。但我毕竟不能像一个中国古代思想的专家那样来加以谈论。

---

① 庄子，XVII，"秋水"；XXI，"田子方"，《道家哲学家》（*Philosophes taoïstes*），巴黎，伽利玛出版社，1980年，第202、244页。

9. 无法接受？

雅妮·卡尔利埃：有一些书，会让人们从书中走出时，与走进书里时不完全一样。我想，您有三本书，正属于这种情况：《古代哲学的智慧》、《精神修炼与古代哲学》、《内心的城堡》。我本人呢，我花了好几个礼拜去重读这三本书，我感觉到，我看待事物的方式微妙地发生了变化。的确，这发生在一些细微的方面：我对我的判断持一种批评的眼光，或者对此刻的瞬间有了更迅速的意识。在我看来，确实，一些书迫使你考察苏格拉底的那句名言：未经自省的生活，不值得存在。我却要让自己做魔鬼的律师，为一个天真的、有点无知的魔鬼辩护。我要告诉您，在阅读您关于古代哲学的书籍时，人们受到非常大的诱惑，当然，甚至会发生转变，但是，有些东西，今天的人们，普通人，会对自己说：不，我不能，我不接受。

皮埃尔·阿多：首先，我向魔鬼的律师致敬。我听说，在封圣仪式的诉讼里，有更多的人会为魔鬼辩护。这也许解释了为什么会有一些可疑的人物被奉为经典。但是，说这些话是为了逗您展颜微笑。我要预先作一点评注。您告诉我，今天的人们，普通人，会对自己说：不，我不能，我不接受。但明确地说，今人，今天的普通人，究竟指的是哪些人呢？在一个既定的时代，不只有唯一的一种集体心态，而所谓集体的心态也分别属于不同的社会群体。比如，有一些社会群体，一些圈子，属于坚决的种族主义者。他们说：不，我不能，我不接受。正如在五十年代前后，有一个女人带着愤慨朝我冲过来，破口辱骂，因为我当时敢于说，黑人和白人一样值得尊重。在说出"我不能，我不接受"之前，需要首先自问，我以什么样的名义这样说。难道是因为我所属的社会群体强加给我这种看问题的方式吗？或者因为，在经过长时间的思考之后，我的哲学信念禁止我如此思考呢？难道是因为科学论证这是不可能的吗？难道是因为这是现今时代流行的？难道是因为我最喜欢的报纸或者电视台持相反的观点吗？说到底，以什么名义，人们可以说：我不能，我不接受，今天的所有人，普通人都不能，都不接受呢？

此外，您提出这些问题，完全在我的意料之中。如果我在书里没怎么谈到这个问题，那是因为，要阐明古代哲学的命题，需要做的已经太艰巨了。您也许会认为，我不想现在谈这个问题。确实，我不太喜欢介入这一类的讨论。但这不妨碍我回答您提出的问题。我曾以优异的成绩通过校准工证书的考试，正是那段学习让我意识到的，当人们高谈阔论时，总是会从事情中脱离，这恰恰是我所不喜欢的。因为这是对话录的文学体裁所提出的问题之一，正是严肃性的问题，当讨论是即兴发挥的，而留下很少思考的时间时，也存在讨论的有效性的问题。在我的几个出色的同事所做过的对话录里，我会留意到，在讲话时，他们有时被牵引到"大概"的表述里，甚至也作过夸张讽刺的介绍，恰恰在涉及我们当代人对古代哲学的接受的问题时。我不想陷入同样的曲解之中。尤其，史学家们总是重视标志着从文艺复兴以来的现代时期的决定性转折、彻底的革新。在这种情况下，他们认为的古希腊人的盲目与无知是相当令人惊讶的。他们大约无视线性的时间、进步、无限世界的理念，甚或对于高处与低处的对立也不敏感；他们从来不敢登上一座山吧！

对于您向我提出的问题，我更倾向于在经过深思熟虑、文献考据翔实的一本书的框架里来答复，因为，我们面对极其复杂的问题，这同时关涉到古代人的集体心态与当代人的集体心态。但终归还是让我们进行讨论吧。

雅妮·卡尔利埃：在整个访谈过程中，在您的几部著作中，您都给我留下这样的印象：古代哲学可以教会现代人某种东西，对现代人来说具有某种意义，有助于对现代人的行为进行指导。但是，为什么要经过这种迂回呢？如果能为二十一世纪初期向我们提出的问题创造解决方案，给出完全崭新的解决办法，难道不是更好吗？

皮埃尔·阿多：我首先要回答您，告诉您，我并不是做这种迂回的唯一一个。首先，让我举一个现代思想家的例子，尼采已经表明这种态度（《人性，太人性的》，第二章，第二百一十八段），他写道："古希腊可以帮现代人易如反掌地沟通一些难以沟通的事物，并促人反思。"有人会反驳我，当尼采这样说时，他想到的与其说是爱比克泰德或普罗提诺，不如说是古希腊悲剧的时期，或者是赫拉克利特。正如我在访谈里说过的，他同样把古希腊的哲学学派看作我们可以从中获益的实验室。此外，还要提到一个事实，二十世纪以不同的形式实现朝向古希腊的涵盖面广阔的返归，从海德格尔一直到福柯。

为什么有这种返归？从我的方面来说，这涉及克尔恺郭尔称作的"非直接沟通"的方法。如果人们直接说，这样做，或者那样做，就在授意一种行为，用一种虚假的确信的语气。但是，幸亏有来自另一个人的精神修炼的描述，可以让人瞥见和暗示一种精神态度，可以让人听见一种召唤，而读者有接受或者拒绝这种召唤的自由。由他自己来决定。他有相信或者不相信的自由，也有行动或者不行动的自由。我收到过无数来信，是来自法国、德国、美国的各种各样的人写给我的信，他们告诉我，我的著作给予他们精神层面的帮助——甚至有人给我这样写道："您改变了我的人生。"如果我从收到的读者来信来判断的话，我想，这是一种好的方法，而我总可以恰如其分地回答这些读者，那不是我，而是西方古代哲学带给他们这种帮助。

的确，人们经常会说：我们的任务在于为今天向我们提出的问题提供解决办法。但是，在等待今人需要的一个创造性天才出现的同时，在二十一世纪初期，每个人都应当做他所能够做的。而对我来说，我尝试着成为"时代之间的联系"，如米什莱所说的，"这条生命链，从表面上来看，是从死亡的过去之中提取活力，让元气朝向未来传递"①。

雅妮·卡尔利埃：从总体来看，您刚才告诉我们，您的著作并不仅仅是一些博学的作品，而且，也是非直接的"引导性"②的作品，借鉴古代人的说法。

因为我要进一步评论作为生活方式的古代哲学，我要先来引一段悦人的话语，引用您所喜爱的歌德的一段话。浮士德说：

---

① 米什莱，《日记》（1980年9月2日），第2卷，第125页。
② 引导性（Protreptikos），旨在引导"转向"哲学实践的话语。

"有两个灵魂住在我身上,其中一个欲求摆脱另一个。一个用他所有的器官黏在这个世界之上,另一个想避开黑暗。"这完全是基督教式的言论,也完全是柏拉图式的话语。我想请您说明您在著作里很少谈及的一些问题。在青年时代,古代哲学的一个原则最早让您惊叹,即"做哲学,意味着学习面对死亡"。在古希腊,尤其是柏拉图主义者那里——说到底,正是巴门尼德开始在这个世界与另一世界、身体与灵魂、感性与知性之间设立强烈的对立,他说永不改变的是好的。在整个柏拉图主义里,到处浸透冀求置身他处的愿望;在《泰阿泰德篇》里,有那句名言,"从下往上,尽快地逃逸"①;而在《斐多篇》里,只有与肉身分离的问题。我想,我们不能再完全接受这一点了。当厌倦了两千年来的论调:"我的王国不在这个世界",我们想要这样说:我的生命就在此地,因为,没有他处;身体并不是一切恶的来源。您难道不是把柏拉图的论断"逃避这个世界,从身体中脱离"更改那么一点儿,略引向斯多葛派,并赋予今人能够接受的一种意义吗?但说到底,又为什么不行呢?

皮埃尔·阿多:您在这里影射的是我对柏拉图的表述"做哲学,即练习面对死亡"的诠释。在《精神修炼与古代哲学》里,我已经说过,《斐多篇》里的这句表述可

---

① 柏拉图,《泰阿泰德篇》(*Théétète*),76a—b。

以诠释为投向事物的目光的转换。用思想与理性的普遍性来驾驭一种对世界的再现，以此取代身体的需求与个体、私己的激情占统领地位的观念。这就让人想起《理想国》(486a)里的那一段话，在其中，哲学家以静观时间与存在的整体性的形象出现。更明确地说，在《斐多篇》(例如65e)里，这个问题清晰地定位在认知的层面：感性的认知可能让灵魂的推理迷路。人们显然可以讨论对感性认知的拒绝的价值。但在这里让我们感兴趣的却是面向死亡的精神修炼的意义与生活模式，在我看来，在柏拉图的思想乃至所有的哲学学派里，这构成对事物的看法的转变，从个体的、激情的视野过渡到理性的、普遍性的视野。面向死亡的修炼，事实上是一种生命的修炼。我同意您的观点，对当代人来说，肯定知性而贬低感性的这种倾向是难以接受的。在我撰写的论普罗提诺的那本小册子的结尾，我暗示了这一点。正如柏拉图在《斐多篇》里所写，和他同时代的人们嘲笑柏拉图学派的哲学家们，把他们称作垂死的人，确切地说，正是因为这些哲学家们批评身体与感性世界。回到对感性的贬低的问题上，人们完全有权利，正如我本人也一样，更喜欢柏格森或梅洛-庞蒂，他们为知觉赋予核心的职能。

雅妮·卡尔利埃：柏拉图的那句名言"做哲学，即练习面对死亡"，与斯多葛派的思想能很好地吻合，此外，您可以引用许多斯多葛派的文本来论证。然而，似乎构想"练习面对死亡"或者"逃避肉身"的方式对我们来说完全可以接受。在您的著作《精神修炼与古代哲学》里，练习面对死亡，这完全不等于折磨身体，而意味着"修炼弃绝私己与激情，在普遍性与客观性的视野里看待事物"[1]。这一点毕竟与人们以表面化的方式阅读柏拉图时所认为的非常不同。今天，如果说今人可以接受，乃是因为谈及古希腊哲学家尤其是斯多葛派，人们接受总是需要从普遍性的视角看待事物的观念。对身体的拒绝，那么，是否意味着拒绝和自身身体一样作微小的生物，而选择回归普遍性、回到整体性之中？

皮埃尔·阿多：这甚至也许不是一种拒绝，而是意识到我们只是微小的生物，但有一些更为重要的事物，还存在某种程度上的一些绝对价值。但这并不意味着对肉身的一种排斥。

雅妮·卡尔利埃：但是，难道在古代哲学里没有对肉身与肉身带来的愉悦的排斥吗？爱比克泰德本人不是也讲到如同尸体一般的肉身吗？

---

[1] 《灵修与古代哲学》，第38页。

皮埃尔·阿多：这种排斥在犬儒主义者那里不存在，他们实践一种严格的苦行修炼；在亚里士多德主义者那里不存在，他们满足于调节欲望；在古代的斯多葛派那里不存在，他们期待圣人绝对没有激情；在伊壁鸠鲁派那里也不存在，他们沉湎于克制欲望的功夫。人们可以认为，这种排斥在后期斯多葛派那里出现，比如在爱比克泰德或马可·奥勒留那里。但是，在这两位哲学家那里，总需要考虑到听来可能会刺耳的表述，来更好地调整精神的失调。我想，这仅仅指的是提醒人们，人是会死的。此外，与此同时，在讲究实际的生活里，在斯多葛派的生活方式里，比如马可·奥勒留，他毫不犹豫地享受一些愉悦。在为他刚亡故的妻子福斯蒂娜哭泣过之后，马可·奥勒留又找了一个女人，但没娶她；从表面上看，他接受愉悦的合法性。

从公元三世纪起，伴随着新柏拉图主义的发展，事物发生变化。普罗提诺为拥有一个肉身而感到羞耻，为他写传记的作者这样告诉我们。应该讲，对他来说，人拥有一具肉身的事实，意味着他是未能始终停留在精神世界的一个灵魂，在某种程度上也意味着曾经犯下过错。波斐利不能采纳上帝之肉身化的基督教理念，因为，在化身为人时，上帝还被鲜血、胆汁和其他更糟的东西弄脏了。但显然，在上帝的精神性与身体的物质性之间有一种反差。

此外,还要补充,如果马可·奥勒留重复爱比克泰德的表述,"身体是一具尸体",但他仍不免会(Ⅲ,2)赞叹"在上了年纪的女人或男人身上的成熟与繁荣,还有小孩子身上可爱的魅力"。

雅妮·卡尔利埃:一方面有对肉身及感性、物质世界的拒绝,另一方面至少是对这个感性世界的崇拜,这种对立,我们经常会在同样的思想家与同一领域中发现。在柏拉图那里,有些文本会说:逃离这个世界;另一些文本则说:这个世界已足够美。我们在基督教里也会找到这样的理念:我的王国不在这个世界,但是,天空与大地吟唱是作为创造者的上帝的光荣。让·弗斯迪耶尔神甫指出在炼金术的神秘学说里的这种矛盾;他甚至说:这不是一种宗教,因为,宗教不可能立足在如此完全对立的一些原则之上。一面说世界是好的,肉身是可以接受的;一面又说世界是糟糕的,肉身是绝对要驱逐的。在歌德作品里的蒙昧让我想到推崇神秘学说的诺斯替派,那是走向接近于拒绝此在世界与身体的态度的一种过渡,认为这个世界是由一个糟糕的神创造的,而肉身属于黑暗的领地。对于这种矛盾,您会作何反应呢?

皮埃尔·阿多:这并不令我感到惊讶,在古代哲学里,有一些比较自相矛盾的立场。因为,古代哲学恰恰不是一些体系。这些立场相继从不同的问题意识出发,发展出各自的推理。当古代人处在世界的问题意识之中，处在此刻，人们就置身在《蒂迈欧篇》的气氛里，感性的世界是美好的。而且，在《蒂迈欧篇》里，整篇都有关于灵魂撞击的发展脉络，灵魂遭遇到物质，从而完全迷失方向，需要进行再教育；但这毕竟是相当连贯的。当人们处在个人伦理的问题意识里，就置身在《斐多篇》的气氛里，身体如同影响认知与美德的一种危险出现。在斯多葛派那里，至少对晚期的斯多葛派而言，我们会看到，也有这种矛盾。另一方面，也有必要提到古希腊文明完全不是视身体如仇敌，那是创建了奥林匹克竞技、体操运动、温泉浴室的一种文明，所有人都特别留意对身体的关怀。如果说，对一些古希腊哲学家来说，身体是滋发激情的一种源泉，这并不妨碍他们经常光顾沐浴场所并在其中做一些身体锻炼的活动。

雅妮·卡尔利埃：作为柏拉图的肤浅的读者，当我们在他的《对话录》里读到对身体的轻视、对身体的拒绝时，难道我们不会受到基督徒们所做的发展的影响吗，尽管其中也有肉身复生的教条？因为，归根结底，柏拉图没有鞭笞自身，也没有活在一根柱子上。您对此怎么想，难道不是基督徒们从这其中提取出了极端的苦行方式吗？柏拉图主义者从来没有不吃肉。

皮埃尔·阿多：在我看来，还需要有所保留地去核实，《福音书》的启示本身完全包含这一类的苦行。此外，法利赛人这样讲基督：他和众人一起大吃大喝。不过，确实发生过两个转变：一方面，基督徒们希望让基督教看上去像一种哲学，他们在总体上采纳了柏拉图哲学，有时候带着斯多葛派的色彩，因为，这实际上是在公元初的数个世纪里依然非常强大的唯一一种学派。因此，他们接受柏拉图主义者对身体的拒绝，把基督教引向理智主义的形而上学，这是在《福音书》里丝毫没有包含的方向。另一方面，在这一点上，他们还增加了对于苦痛以及基督之死的思索：基督徒认为不得不承受基督在生命中的某一刻曾经承受的考验，也就是如帕斯卡尔在那句著名的表述里所言：基督将处在垂危状态，直到世界的末日，在这段时间里，不能沉睡。在基督教与哲学的精神修炼之间的差异，恰恰在于，在前者中，引入人格化的耶稣，对耶稣的模仿。因此，就有了对耶稣受难的模仿再现，引向耶稣受笞以及其他苦行。但也需要作细微差别的区分：有一些做苦修的杰出人物，比如"沙漠僧侣"，可以像哲学家一样达到彻底的不加分化的境界以及保持激情的完全缺席，因而达到灵魂完美的平静。最终，我不认为是基督教引发对柏拉图的肉身拒绝的诠释的强化，不如说新柏拉图主义强化了这一点。

雅妮·卡尔利埃：您写了一本论马可·奥勒留的很棒的书，书名为《内心的城堡》。这是一个很美的书名，此外，也是从奥勒留本人的表述中借鉴而来。它让人联想到古希腊哲学中的一个恒定量，无论哲学家们有什么其他的理论，都需要在自身的四周建造起一座城堡，不要让任何事物扰乱自身。斯多葛派、柏拉图派的立场都是简单的，也是极其连贯一致的：对圣人而言，只有犯下道德的过错，才是恶行，这取决于自身的选择。其他一切不取决于自身选择的遭遇，疾病、贫穷、死亡，都不是一种恶，也不应扰乱他的灵魂的安宁；因此，正如斯宾诺莎所言，幸福不是美德的结果，而是美德本身。有一些令人崇敬的相关文字，苏格拉底如是说："他们可以让我去死，但他们不能让我损害他人。"在历史中，不仅仅在古代的历史中，充溢着身体力行的斯多葛主义者。但与此同时——不是在您所讲的，而是在斯多葛派所讲的话中——有什么东西让人毛骨悚然。比如，当爱比克泰德①说——总体而言意味着朝向普遍性的过渡、对于个体性的超越："您的奴隶打碎了一个花瓶，您很生气；您的邻居，更客观些，对您说：花瓶会打碎的，有时候会发生。"直到这里，我们会说：是的，爱比克泰德和他的邻居说得有道理，花瓶可能会打碎，这是正常的。但是，爱比克泰德继续讲他的例子：您家的孩子死了，您感到痛苦，灵魂受到了困扰；这不好，因为，您的邻

---

① 爱比克泰德，《手册》，第26页。

居,他自言自语:孩子们,有时候也会夭折的。更糟糕的是,爱比克泰德说:您可以对一个朋友表现出同情,但为了不要让自己难受,别感到同情。读到这里,我们会绝对拒绝这种说法,我们拒绝可以毫无困扰地接受这些事情的观念。如果说要做到不受伤害,付出的代价是不去爱他人,那么,这个代价太沉重了。

皮埃尔·阿多:首先,我要讲,我曾提出一个原则,我想,它还是比较清楚的。即把哲学视为一种生活方式,正如古代哲学家们所认为的,但这并不意味着人们要全盘接纳古代哲学家的所有态度,尤其是他们所有的话语。正如尼采说得很好,那是一些经验,因此,有时候可能会成功,但有时候也会失败;这些经验足以向我们表明,如何行事是好的,但也表明要避免什么。

尽管这样说,我本人在评论爱比克泰德的《手册》时,也曾指出,爱比克泰德所使用的一些表述可能会有让我们震惊的地方。但是,正如我在这篇评论里所说过的,《手册》是他的学生写的概要,在爱比克泰德的《对话录》里,我们可以看到他充分发展的思想。他说,苏格拉底很诚挚地爱着他的孩子,但他也接受世事的道理、神祇的意愿。首先,斯多葛主义者并不是一个如神仙般没有感觉的人。如果一个斯多葛主义者惊闻他的孩子或者他的生活中某个至亲去世的消息,他会先感受到一种创击,他深深地为之困扰。爱比克泰德及其他的斯多葛派都这样说、一再说过。这是下意识的行为。但是,随后,斯多葛主义者将恢复镇静,这样做的目的并不仅仅在于不感到痛苦或者困扰。此外,塞内加也说过,如果人们感觉不到痛苦,那样就谈不上英勇承受痛苦的功德了①。不,如果他成功地做到,那么是因为他认为,要对世界的全部现实说"是",即使现实是残酷的。对世界说"是",人们在尼采那里赞赏这种态度,为什么不能在斯多葛派那里也赞赏这一点呢?这并不意味着,要做到坚强,就不应爱他人。斯多葛派的旨意,让我们再重复一遍,并不在于不受苦。

此外,在斯多葛派的眼中,怜悯、同情,都属于非理性的激情。但是,也需要懂得,当讲到激情时,他们并没有想到一种泛泛的情感,而是知性的深邃的震撼,一种不理智。这种不理智并不在于在事件面前体会到的不由自主的情感重击,而是人们对事件产生的错误的判断。对斯多葛派来说,激情带来错误的判断。当他们讲到如同激情一般的怜悯时,他们会想到那些让激情冲昏了头的人们,他们因此变得无法行为、无法救助受苦的他人,正如外科医生,出于怜悯之情,因为害怕让病人疼痛而不敢为他开刀手术。然而,斯多葛派接纳一种怜悯,它在某种程度上不

---

① 塞内加,《论智者不惑》(*De la constance du sage*),第10章,第4页。

是一种激情。马可·奥勒留（Ⅱ，13，3）说，我们应当为那些做恶事的人体会到某种怜悯之心，因为他们不知道自己在做什么。在这种情况下，这种"怜悯"不是一种会撼动灵魂的激情，而是愤怒的一种缺席，更确切地说，他本人也这样讲，这是一种宽恕、温和、耐心、善意，要比激情似的怜悯更有效。这些美德意味着尊重他者，但激情般的怜悯，归根结底，却意味着对他者的蔑视。人们会认为，他无法承受一种痛苦或者困难。当爱比克泰德说，需要对一个朋友显示出同情心，却不要亲自去体会，他想说的是人们不应该任由自己陷入撼动灵魂、让理性变得黯淡的激情般的怜悯之中。因此，爱比克泰德想说的，就是不需要和那个受苦的人一起失去冷静，而是要真正地去帮助他克服痛苦。在当今时代，当一场灾难降临，人们会派心理医生去帮助受难者承受灾难的创击。这些心理医生并不认为有必要和受难者一起哭泣、蜷曲、吼叫。我认为，需要在这种视野里去领会斯多葛派对激情般的怜悯的批评。此外，现代人也质疑怜悯之情的价值。当乔治·弗里德曼督促自己去实践精神修炼时，他写道："剥离怜悯与憎恨之情。"

还要补充，马可·奥勒留也会流泪。首先，是在他的导师去世时。他身边的人们都奉劝他要克制情感的明显显露。他的继父安东尼皇帝说了这样一句美好的话："就让他做一回凡人吧。哲学或皇家的权力，都不能取消人的情感。"但后来，朱利安皇帝斥责他为他的妻子福斯蒂娜的离世而流泪，尽管她的一些行为有所偏离，但他的情感还是超出了理性。在士麦那地震发生之后，修辞学家埃留斯·阿里斯提德斯（Aelius Aristides）被特派到皇帝身边恳求他帮助重建城邦，在听完对方的陈述后，奥勒留也流泪了。

在这里，我们同时代人的批评与古希腊斯多葛派的同时代人的批评相汇拢，正如塞内加所证实的："我知道，斯多葛学派在无知的人们那里有坏名声，因为他们认为这一学派对于过度的行为不敏感。"① 塞内加这样回应："没有其他任何一个学派比斯多葛派更爱人类，更专注于众人之利益。"

雅妮·卡尔利埃：有一种斯多葛派的态度，是我们大概可以接受的，我们甚至判定是正派的，它旨在言说（我把马可·奥勒留的话略改一下）：失去一个孩子，这不是一种幸福，但勇敢地承受这种失去是一种幸福。② 这是诠释斯多葛派的一种方式。这最终难道不是一种言辞之争吗？如果人们讲到身体的痛苦（伊

---

① 塞内加，《论仁慈》（*De la clémence*），Ⅱ，3，2。
② 马可·奥勒留，Ⅳ，49，6。在《内心的城堡》里引用，第52页。实际上，他说：这非但不是一种不幸……

壁鸠鲁、爱比克泰德，在这个领域，都做出了英勇的榜样），难道不是有一个故事讲一个哲学家在叫喊：折磨我吧，痛苦，你别让我承认你是一种恶。这正是斯多葛派的模糊性所在：即使这让人难受，这也不是一种恶。一切都在于判断。

皮埃尔·阿多：人们可以认为，这是一种言语的争论，可以这样归结：世人所称作的恶，对于斯多葛派来说，不是一种苦，比如贫困、疾病、死亡。只有道德层面的恶。这一点，正是斯多葛派的主旨，此外，也是苏格拉底哲学的主旨。因为，依据柏拉图的观点 [《申辩篇》(*Apologie*)，41d]，苏格拉底如是说："对于一个仁善的人来说，无论他活着还是去世，都没有恶的可能。"潜台词即唯一的恶正是道德层面的恶。斯多葛派的生命体验，斯多葛派的生活选择，皆旨在首先把善看作应绝对欲求的，把恶看作应绝对排斥的。其次，还旨在决定唯一绝对值得欲求的，正是道德层面的善，而唯一值得排斥的，正是从恶的意愿。在这一点上，康德从善的意愿的理论承继了斯多葛主义。因此，斯多葛主义者需要对抗死亡，而不是放弃美德与从善的意愿的至高无上的价值。这属于苏格拉底与斯多葛派的一种英雄主义的决定，与固定的成见逆流而行。至高无上的价值，正是善的意图，善的意志。苏格拉底之死，正需要在这个视野里去领会。因而，斯多葛派拒绝把疾病、死亡与自然灾害称作恶：对他们来说，这些遭遇既不是好的，也不是坏的，不加分化，是宇宙间诸事必然运行的结果，如果人们不能补救，就要接受，依据对待事物的态度不同，则会变成好事或者坏事。

但人们可以——这一点太显然了——接纳其他哲学的生活方式，较少英雄主义的如同伊壁鸠鲁派一样放松的方式。

雅妮·卡尔利埃：难道不可以说我们的欲望本身也发生了改变吗？财富、权力、荣誉，在斯多葛派和伊壁鸠鲁派那里时常出现，在那些不该欲求的事物清单里。然而，如今，当然有一些人期待这些东西，但大多数人拥有一些更适度的欲望。在朝圣地教堂的许愿登记簿里，我们可以读到："圣女，让我的父母不要离婚吧。""让帕特里克找到工作吧。""让我孙女的病治愈吧。"一个伊壁鸠鲁主义者可能会这样对我说：这是一些自然的欲望，但不是必要的。而从他的视角来看，的确如此，但这并不妨碍我们其他的现代人在其中会看到一些绝对合法的欲望。

皮埃尔·阿多：我完全不认为人的根本欲望可以改变。财富、权力与荣誉，无论在古代还是在今天，都被领导阶层或者富有阶层探求。我们当今文明的所有不幸，正是利润欲望的加剧，这体现在社会的各个阶层中，特别是在领导阶层。至于寻常百姓，可以拥有更简单的欲望：工作，或者家庭的幸福，或者健康。在古代，对神祇的祈求，与现在对圣母的祈祷，是一回事。过去向神灵祈求的，和今天向星象祈求的，也是一回事。这不是时代的问题。但是，当伊壁鸠鲁区分自然的欲望与必要的欲望、自然但不必要的欲望以及既不自然也不必要的欲望时，他并没想清点所有合法的欲望，也没想说明人们如何满足这些欲望，他希望界定一种生活风格，凭借他的直觉得出一些结论，依照他的直觉，愉悦感与取消一种欲望所引起的痛苦相对应。在这一点上，与今天非常流行的佛教近似。因此，为了得到幸福，需要把痛苦的缘由，亦即欲望，减少到最小程度。因而，他希望救治人类的不幸。他建议放弃极其难以满足的欲望，以尝试满足更容易满足的欲望，也就是说，最终，仅仅满足吃饭、饮水与穿衣的欲望。在一个表面上看起来务实的面向之下，在伊壁鸠鲁派那里，有某种不同寻常的东西：承认只有一种真正的愉悦，存在的愉悦，要体会到这种愉悦，只需满足自然的欲望以及肉身的存在所必需的欲望。伊壁鸠鲁的经验是极有教益性的；如同斯多葛派一样，这种经验邀我们彻底地颠覆价值。

雅妮·卡尔利埃：很明显，神圣天意的问题不是首要的关注，因为，伊壁鸠鲁派对此完全不相信，而亚里士多德呢，他认为神圣天意不会降临到月亮下面的人间。但是，这对于柏拉图主义者、斯多葛派、当然还有基督徒却非常重要，即使每个学派用不同的方式构想这种天意。

皮埃尔·阿多：在哲学层面的天意与基督教里的天意极其不同。天意的概念在柏拉图的《蒂迈欧篇》（30c1）里出现，当柏拉图说世界是经过众神做了深思熟虑的决定（pronoia）之后才诞生的。但这种神圣理性的理念属于造物神的神话，这仅仅意味着在宇宙的根源有一种神圣的才智。同样，斯多葛派认为，不应把天意再现为对各种特殊情况感兴趣的一种神圣的意愿，而应再现为驱动整个宇宙的运动以及构成命运的因果关联的原初推动力。与诺斯替派相对立，普罗提诺以强有力的方式拒绝世界是由一种推理与意志产生的理念。最终，在哲学层面的天意对应一种理性的必然性，构成世界的秩序。与此相反，犹太教里的上帝，在基督教里延传，是用他的未可预见的意愿引导世界与个体历史的人的形象。

雅妮·卡尔利埃：如今，我们可以接纳一种世界的秩序吗？

皮埃尔·阿多：我想，我很难回答这个问题。因为，伴随科学的不断演进，学者的哲学观点也不断地演进。比如，爱因斯坦醉心于暗含超验知性的自然法则，着迷于符合一种思想秩序的世界秩序。在这个方面，我们可以说：难以理解的地方，在于世界是可以理解的。其他一些人将一切归于偶然，或者归于偶然与必然。关于我们谈论的话题，您本人刚才也承认，天意与世界秩序的问题不太重要，伊壁鸠鲁也不相信，此外，斯多葛派认同的必然性最终也与一些现代观念相距不远。

雅妮·卡尔利埃：事实上，许多当代人都拒绝相信有一个守护神从头到脚地监护我们，并且会在每个瞬间决定在人间与天上的所有事物；这不会让我们免去在地震发生时以及无辜者被杀戮时去质问一个正直、善良的上帝即刻的责任。但是，由于学者们让我们了解了地球与人类的演变史，我们希望接纳在世界中的规律性、自然的规律性，比如，地震，甚至还有孩童们的早夭，或者在人类的行为举止中循环反复的现象。因此，如同古代人一样，我们几乎要相信，有理性世界的一种秩序。这是理性的，因为人们在其中可以定位一些规律性和"法则"；但是，这并不意味着它是一种永远正确而恰切的符合理性规划的理性秩序。在这一点上，我们远离了古代哲学、斯多葛派与柏拉图派，在莱布尼茨之前，这些学派早就说过：现世即是最好的世界，一切为了做到更好；或者还有：发生的即是最好，因为它已发生了。当涉及

哲学的生活方式 | 263

一些"人类学层面的规律性",当涉及犯罪、不公正、屠杀、饥荒、上亿人的巨大苦难时,我们不能欢快地与"整体的运作"、与"良好、公正的管理"配合,如斯多葛派对我们的要求一样。恰恰相反,我们首要的义务似乎在于抵抗这些规律性。

皮埃尔·阿多:在此,我们遇到在一个简单对话的框架下讨论一个如此复杂的问题的困难。让我们先把这个庞大的哲学问题搁在一旁,而在其内部谈论:人类学层面所谓的规律性,也就是说战争、灾难、人的变态,难道构成了世界的秩序吗?让我们在此只讲一下斯多葛派可能怎么看待。我不能用几句话来解释在人类的自由与命运之间的关系的复杂问题。让我们再一次重复:斯多葛派认为,在人的意愿里,并没有恶。因此,对他们来说,我们称之为人类学层面的规律性并不构成世界的秩序,因而,当他们与整体的运作配合时,这意味着他们承认自己是宇宙里的一部分,通过自身的存在,作为一部分以其尺度参与到宇宙的总体运动之中。因此,他们不赞许一切属于道德层面的恶,包括不公正、人对人的剥削,但需要与之作斗争。此外,捎带还要提到,如同后来的基督教徒,马可·奥勒留也直面战争之"必要的"恶的问题,但他没能解决这个问题。他毫不犹豫地召唤强盗(X,10,1),他也自称为强盗,擒获萨尔马特人(当时与他开战的民族)的强盗。

无论如何，如果需要为人类共同体效力，就得对抗人类一切糟糕的行为。但如果抵抗恶的行动失败，在这种情况下，斯多葛派就不得不承认如是存在的现实，例如犯下的屠杀罪行。于是，他需要尝试置身在这种新的处境面前，以其他方式来给自己的行动定向。如果他完全沦落到无能为力的地步，他不应毫无用处地反抗命运的安排，此时似乎是要承受一种失败，因为，恶似乎取胜，但他们依然相信（VIII, 35），自然与普遍理性可以把拦阻道路的困境遭遇扭转为对他们有利的顺境。相信这一点，也就是相信理性终会在世上获胜。我们的一些同时代人相信过或者依然相信理性的这种力量，另外一些人并不相信。在马可·奥勒留的时代，大概也是一样。

我想，您把爱比克泰德的表述（《爱比克泰德手册》，8）"让一切该来的顺其自然地来临"与"如果已来临，即是最好"这一类的表述等同是有误的。因为对斯多葛派而言，已来临的事物，既不好也不坏。这是一件无关紧要的事。它取决于人的意愿为它赋予的价值，或好或坏，根据我们对它作什么用途。好与坏仅仅存在于人的思维与意愿，而不在于事物本身。但是，在爱比克泰德的表述里，我们再一次找到对宇宙的赞许，假设我们不能改变对世界的秩序构成障碍的一切。您说，一个现代人不能快乐地加以赞许，但尼采却说："不仅要承受不可抗拒的……

也要爱它。"① 因此,这一类的态度是被一个现代思想大师所接纳的。此外,柏格森在《思维与运动》(*La Pensée et le Mouvant*)中写道:"我们感觉参与到创造的巨大运作之中,它在我们眼前持续进行(在这里,对柏格森而言,创造指的是创造性演变),我们作为自身的创造者。"② 我们并没有怎么远离"与整体的作品的快乐的协作"。

雅妮·卡尔利埃:关于"内心的城堡",它让圣人攻不可破,难道没有什么东西让我们很强烈地与古代人相区别吗?也就是说,我们已经完全失去了成为神灵的欲念。在古代,难道没有一种思潮,通过各种方式来拒绝人类的处境吗?我讲的不是神话里的神祇,而是哲学家的神,完全不受激情的侵袭,他不被打动,从来不生气、不痛苦。在这个意义上,您援引了大量的文本,首先是柏拉图那篇著名的《泰阿泰德篇》,"从下往上,尽快地逃逸",随后,"逃逸,是让自己与上帝相似,尽可能地"。或者还有塞内加,"如同上帝,(圣人)他说:'一切属于我。'"我们不再记怨这一点。我们接受人类的处境。

皮埃尔·阿多:成为一个神的愿望,与圣人的理想相符合。米什莱的文本总是令我感到非常震惊:古代最终发

---

① 《尼采作品全集》,第8卷,第275页。
② 《思维与运动》,第116页。

现了真正的神，即是圣人。确实，对许多现代人来说，这种认同的理想不再有意义，但很容易在智慧的理想中祛除这个特征，这在某种程度上属于神话的特征。

明确地说，我希望通过几点总体的观照来结束这番对话。显然，现代人并不必采纳所有形而上学的假设或者斯多葛派、伊壁鸠鲁派、犬儒主义的神话再现。我认为，最终是应该把布尔特曼希望在基督教里运用的处理方法应用到古代哲学里，也就是去神话化、去神秘化，将两个方面分离：一个方面是主旨的内核；另一方面，是时代的集体再现构成的粗糙外表。雷蒙·吕耶在书名有点让人摸不着方向的一本著作《普林斯顿的真知》里提到了我所讲的"精神修炼"，他称之为"蒙太奇"（montages）。他说：伊壁鸠鲁式、斯多葛派式的蒙太奇总是有效的，但伴随其中的"意识形态的迷雾"却不是有效的。我认为这段评述非常恰切。最终，在精神修炼的模式中，有意思的地方在于：精神修炼可以采用不依赖于将之证实或者建议的话语的方式来实践。比如，在伊壁鸠鲁派和斯多葛派那里，集中在当下的精神修炼都存在，只有轻微的差别，但却有完全不同的理由。因此，我想，集中在当下的精神修炼具有一种自在的价值，不依赖于一些理论——我也会比较频繁地加以实践，但这并不意味着因此我就会像斯多葛派一样相信永恒的回归，即与这种修炼相联系的一种学说。

此外，在这番对谈的最初，您讲到，今天的人们会说：我不能接受这个。但我想，我们已经隐约地看到，如果他们这样说，那么是因为他们和我们生活在同一时代，因为在古代，普通人在谈到苏格拉底或柏拉图或斯多葛派时也会说完全一样的话。但他们为什么会说：我不能接受这个呢？需要有一个苏格拉底来提问，来提问他们拒绝的真正理由。这是否立足在一些理由之上？这是否现代的一些偏见的回音，而那些偏见往往不具有任何现代特征？在任何一个时代，都会在日常生活与哲学生活方式的习惯与风俗之间，存在着一种对立，造成喧哗或者反抗，或者让那些不懂哲学的世人发笑。

10. 唯有当下是我们的幸福

雅妮·卡尔利埃：在古代哲学的内在态度与精神修炼之中，您更喜欢哪些，您可能会实践哪些呢？

皮埃尔·阿多：我会说，从青年时代起，由于我的阅读，随后，由于我经历数次外科手术（我被麻醉过数十次），有一个主题让我感到最震惊，那就是思索死亡的主题。这不等于说我被关于死亡的思考纠缠；但我总感到惊讶，关于死亡的思考可以帮助我更好地生活。用仿佛活在最后一天、最后一刻的方式来生活。这样的一种态度要求彻底的专注的皈依。不是投射到未来里，而是在自身之上审视，通过自身审视自我的行动，不再把世界看作我们行动的简单的框架，而是在世界之中看待它，通过世界看待它本身。这种态度既具有一种存在的价值，也具有一种伦理的价值。它首先让人意识到当下时刻的无限价值，今天的一些时刻的无限价值，还有明天的一些时刻的无限价值，人们带着感恩接纳这些时刻，如同一种不期而至的机遇。但它也可以让人认真地对待在生命中的每个时刻。做惯常做的事，但并不如惯常一样，相反，仿佛第一次这样做，同时，在这种行动中，发现所蕴涵的一切意味，以好好地完成。在作家佩吉的作品中，在某一处，有一段，他用很漂亮的方式提起圣徒小孔扎格的圣路易（Saint Louis de Gongzague）说过的一段话（此外，这段话在我童年时代的道德课上经常被引用，曾经让我很惊讶）。有人问他，如果他在一个小时后即将死去，现在会做什么。他回答：我会继续打球。因而，他承认，我们为生命的每个瞬间赋予在某种程度上绝对的价值，即使是平庸的，即使是谦卑的价值。重要的并不在于人们做什么，而在于如何做。关于死亡的思考，将我引向集中于现时的修炼，伊壁鸠鲁派与斯多葛派都这样建议。

雅妮·卡尔利埃：但如何把对于现在的集中与行动的迫切需要相互协调，这总包含一种合目的性，因此也就包含走向未来的一种方向？

皮埃尔·阿多：首先需要明确，面向现在的这种集中包含双重的释放：过去的重负和对未来的畏惧。这不意味着生命在某种程度上变成瞬间的，也并不意味着在现在中联结过去与将来。但明确地说，对于现在的这种专注，即对于我们真正能够做的事的专注：我们完全不能改变过去，我们也不能对尚且未到来的有所行为。现在，就是我们可以行动的唯一时刻。因此，对于现在的集中，就是行动的一种苛求。在此处的现在，不是一个数学的、无穷小的瞬间，比如，它是行动在其中实行的绵延，是人们言说的语句的绵延，是人们实施运动的绵延，或是人们听见的旋律的绵延。

雅妮·卡尔利埃：您喜欢援引歌德《浮士德Ⅱ》里的一句诗，您还专门写了一篇文章来加以论述。在此，我引用如下："因而，精神既不向前瞻，也不后顾。唯有现在，是我们的幸福。"人们如何可以说唯有现在是我们的幸福呢？

皮埃尔·阿多：我很高兴您问到这个问题，原因有两点。首先因为，关于歌德的联想让我们明白，这些精神修炼拥有应当书写的一种文学史。我一向喜爱沃韦纳格公爵的那句格言①："一本很有新意、很特别的书，正是让人热爱古老的真理的书。"这些古老的真理，在各个时代反复出现，在我们的时代也一样，一方面因为它们在过去

---

① 沃韦纳格（Vauvenargues），《思考与格言》（*Réflexions et maximes*），第 400 段。

那么强烈地被经历，乃至于继续在我们的潜意识里留下痕迹；另一方面，它们也总伴随着世世代代的生命体验一再重生。事实上，这些根本的精神态度构成冥思的主题，统领了西方思想史。关于现在的命题，即一个范例。其次，我很高兴您给我机会来讲讲这篇文字，因为我意识到，在文中的某些细节召唤我去详细说明。此外，总体的命题永远是可行的，要知道，歌德很好地重新采用、大量地借鉴伊壁鸠鲁派和斯多葛派的理念，依据这些理念，人们只能在当下的时刻里找到幸福。对歌德来说，古代的生活与艺术的标志在于懂得生活在当下，如他所说，认识"此刻的健康"。

我只援引一首题名"生命的准则"（*Règle de vie*）的小诗，它非常鲜明，没有留下任何疑问，部分地回答了您的问题："你想有美丽的生活为你作典范吗？不应忧虑你的过去，尽可能少地恼火，不断地为现在感到欢欣，不憎恨任何人，至于未来，交付给上帝。"幸福就在当下的时刻，首先由于我们仅仅生活在现在的简单的理由；其次，因为，过去与未来几乎永远都是痛苦的源泉：过去让我们忧伤，仅仅因为它是过去，逃避开我们，或者因为它给予我们一种不完美的印象；未来让我们忧虑，因为未来是不确定的、未知的。但现在的每个时刻都给我们提供幸福的可能性：如果我们置身在斯多葛派的视野里，这给我们机会履行我们的义务，按照理性去生活；如果我们置身在伊壁鸠鲁派的视野中，它在每个时刻给我们提供存在的愉悦，正如卢梭在《孤独散步者的遐想》第五篇里所写的。

在那篇文章里，我要说明的是对《浮士德Ⅱ》里一些诗句的诠释，"因而，精神既不向前瞻，也不后顾。唯有现在，是我们的幸福"。从表面上看来，这些诗句准确地表达了与诗作《生命的准则》里同样的理念。的确，在与海伦的接触中，浮士德采纳了一种古代的语言，当他提议把精力集中在当下的瞬间。但毕竟还要明确一些问题。在诗作《生命的准则》里传授的生活艺术与古代哲学的生活艺术完全吻合，也就是说，每个时刻，无论如何，都提供一种幸福的可能性。相反，在浮士德与海伦相遇的例子中，关涉的不是随便哪个时刻，而是一个例外的时刻，一个美好的瞬间，一个绝妙的瞬间，在这个词的最强烈意义里。因为，在这个瞬间，以一种神奇的方式，一个中世纪的男人，浮士德，与一个远古时代的女人海伦，他们相遇了。这就是为什么，当浮士德告诉海伦：既不要回顾过去，也不要前瞻未来，只在意现在，他影射的是两个情人的处境。事实上，海伦只能被她的过去与她和浮士德之间的联系的缺失而感到害怕，对一段暧昧的未来的可能性而感到忧虑，可以说这种暧昧关系是那么不自然。因此，浮士德想说的，最终意味，"不要多想，不要思考过去与未来，享受现在的机遇，爱吧！"此外，在浮士德悲剧的视野里，人们可以自问，这个美好的瞬间是否对应在作品的开头涉及的"瞬间"，当浮士德说，"如果我对瞬间说：'停下来吧，你如此美丽。'那么，你可以引导我。"他和魔鬼订了契约。在此，再一次，这指的不是随意哪个瞬间，而是一个特别幸福的瞬间，某一种存在的巅峰。确切地说，与海伦的相遇，正是浮士德所讲的如此美妙的那个瞬间。这就是为什么人们也会自问，出于什么理由，当梅菲斯特（Méphistophélès）听见浮士德对海伦说：唯有现在是我们的幸福，依据契约，别用现在来征服浮士德。或许，因为浮士德没有按字句重复他所说的话，尤其，因为他并不能命令这个瞬间停下，因为，他希望与海伦在未来一起生活。无论如何，在整部悲剧里，除了与海伦共处的短暂一幕以及最后一幕以外，不管怎样，浮士德都不懂得在现在享乐。在歌德的眼里，这是一个现代人。但是，古代哲学家难道没有指责他们的同时代人也被贪得无厌的欲望吞噬了身心吗？歌德为古代人做了一番抒情的再现，他肯定古代人懂得生活在现在。他应该也说过，只有一些哲学家努力地这样去做。

　　无论如何，面对现在的专注的修炼并不在于懂得享受一个美好的时刻（当它呈现时），比如萨特在《恶心》里讲的那些完美时刻之一，而在于懂得承认每个时刻的无限价值。事实上，这一点很难做到，但是，只要能够做到，重新意识到当下瞬间的这种丰富性就是好的。

雅妮·卡尔利埃：在讲到当下瞬间或时刻的丰富性时，您究竟有何意味呢？

皮埃尔·阿多：这种丰富性正是我们为当下赋予的丰富性，借助我们与时间之间的关系的转变，也是我们应该给予它的丰富性。通常，我们的生命（在这个词的最强烈的意义上），总是未完成的，因为我们投射了所有的希望、所有的向往，还有我们对未来的所有专注，同时，我们对自己说，当我们达到某个、某个目标时，我们会感到幸福：我们心怀畏惧，只要那个目标还没有抵达，但如果我们达到目标的话，它已经不再让我们感兴趣，而我们会继续追逐别的事务。我们并不在生活，而是希望生活，等待去生活。因而，斯多葛派与伊壁鸠鲁派邀我们去实施自身与时间的关系的一种彻底的皈依。生活在我们所在的唯一时刻，即现在，而不是生活在未来。但相反，仿佛没有未来，仿佛我们只拥有这一天，只拥有需要去生活的这个时刻，因而以最好的方式去活，仿佛——我们刚才说过——这是最后一天，我们生命的最后一个时刻，与之相伴的是我们与自身的关系，以及我们身边的人们。这指的不是一种虚假的悲剧，那会是可笑的，而是去发现我们在瞬间可以拥有全部的一种方式。首先，我们在其中可以实现一种行动，用心地、有意识地去做，为做而做；我们可以对自己说：我全神贯注地集中在此刻在做的行动上，尽可能地做到最好。我们也可以自言自语：我在这里，在此处，活着，这就足够，也就是说，我们可以意识到存在的价值，享受存在的愉悦——在这个方面，我们可以再一次重复蒙田那句取之不尽、用之不竭的话①，他对感觉自己一整天什么都没做的一个人说道："什么？你不是活着吗？那不仅是你职业最根本的，而且也是最光彩照人的事。"我们甚至可以这样补充：我在这里，在此处，置身在一个广袤而美好的世界之中。正是当下的瞬间，正如马可·奥勒留所说（VI，25），让我们与整个宇宙建立了联系。在每个瞬间，我可以想到我构成宇宙中一部分难以言说的事件。但这会把我们引向应触及的另一个主题，即在世界面前的心醉神迷。在此，我暂且限于简短地说，生活在当下，意味着用仿佛初次亦是最后一次的方式看世界。因此，现在的每个时刻都可以是一个幸福的时刻，无论是存在的愉悦，还是事情做得好的快乐。

很明显，我们不能总是生活在这种心情之中，因为，

---

① 蒙田，《随笔集》，第3卷，13，巴黎，伽利玛出版社，第1088页。

需要付出艰难的努力把自身从未来的吸引与日常的循规蹈矩里释放出来。

雅妮·卡尔利埃：在我看来，似乎您也在书里多次讲到您所称作的"从高处俯视的目光"？

皮埃尔·阿多：这在我看来也是非常重要的一种修炼，而且我尝试去实践。显然需要区分从高处俯瞰的目光，即从山峰、飞机或者宇宙飞船的高处投向大地的目光，与从想象的、思考的高处投下的目光。但后者显然也需要有从一个抬高的点、从高处投下目光俯视的体验。在古希腊的文明中，人们有可能经常讨论存在，讨论从高处投下的这种目光，可以说是心理层面的目光。汉斯·布鲁门贝格确认，需要等到1336年4月26日，彼得拉克登上旺杜山，这构成一个决定性的历史性转折，人终于有勇气从高处俯瞰世界，这样的一种目光在此前都是保留给神祇的。在这里，我们看到的是一个很好的例子，证明当研究者有一个先入为主的理念时，他们会有一种盲目。根据布鲁门贝格的观点，沿循雅各布·布克哈特（Jakob Burckhardt）的理论，古代人从来没有出于乐趣或者好奇去登山，除了到山上建造庙宇之外。事实上，古希腊人与古罗马人的确证实从高处俯视的目光的存在。在荷马的史诗里，有一些观察哨兵，从远处看到危险来临。我无法在此一一列举在古代诗歌里出现的所有从高处俯视的目光，从阿里斯托芬（Aristophane）的《云彩》(*Nuées*)一直到罗得岛的阿波罗尼奥斯（Apollonios de Rhodes）的《阿尔戈船英雄纪》(*Argonautika*)。古代登山，比如登埃特纳火山，也是可以得到证实的。同样，在古希腊罗马的艺术中，我们也可以找到从高处俯瞰风景的再现。有趣的是，俯瞰事物的体验可以让人想象一种内心的视觉，飞越大地与凡间，在古代，从头到尾都有这样的联想。这种修炼旨在通过想象穿越空间的广袤，伴随斗转星移的运动，也把目光从高处投向地面，为了观察人类的行为举止，经常被描述，无论是在柏拉图、伊壁鸠鲁、卢克莱修，还是在亚历山大的斐洛、奥维德（Ovide）、马可·奥勒留或吕西安（Lucien）的作品里。

这种想象的努力，也是才智的努力，尤其致力于将人类重新放置在广袤的宇宙之中，让他意识到自己究竟是什么。首先意识到他的渺小，因为，这让他感受到人间的事物看上去虽有首要的重要性，但在这种视野里考虑的话，则是微不足道的。古代的作者，尤其是吕西安，也联想到战争，从高处看，人类的战争如同蚂蚁之间的争斗；还想到疆域，从高处看，疆域是不值一提的。这种努力也要让人类意识到人的伟大，因为他的精神可以穿越整个宇宙。

因为这种修炼引向意识的拓展，引向灵魂在无限中的一种飞翔，正如卢克莱修在提到爱比克泰德时这样描述。尤其，这种努力带来这样的效果：让个体在普遍性的视野里看待事物，并从私己的视角里抽离出来。这就是为什么从高处俯视的目光引向不偏不倚的公正。历史学应当有如此的视角，吕西安在他的著作《如何书写历史》(*Comment on écrit l'histoire*) 中已经这样说过。

雅妮·卡尔利埃：这个主题经常被现代人探索，在东方也一样，但哪怕在具有讽刺性的意图时（我想到伏尔泰），往往，在其中的道德信息也没有被遗忘。

皮埃尔·阿多：这个主题正如"现在"的主题，在整个西方文学里得到迅速地发展，尤其是在帕斯卡尔、伏尔泰、安德烈·舍尼埃，而尤其在歌德的作品里［比如在诗作《在地面上方翱翔的天才》(*Génie planant au-dessus de la sphère terrestre*) 里］，直到波德莱尔题为"升华"的那首令人佩服的诗作，以以下诗句开头："在池塘之上，在山谷之上，有山岗、树林、云彩、大海，在太阳之外，在天空之外，在星体的边界之外，我的精神啊，你带着机敏缄默……"歌德为从高处俯视的目光着迷，他曾对最早的热气球升空飞行（1783年）而欣喜若狂，热气球带着人类挣脱地心引力。到了当代，实现了宇宙飞行。有过这种经验的人们体会到一种难以忘怀的冲撞，他们讲述了从前的人们仅仅在精神修炼中体会到类似的理念与感受；他们感觉自己是星辰中间的星辰，他们也感受到那些让人与人分离的边界与所有身体的、心理的屏障的虚妄。您瞧，我们遇到具有无边无垠的丰富性的一种传统，我希望可以在下一本书里描述它。

从高处俯视的目光的精神修炼，剥离了任何过时的宇宙论与神话学，因此，在今天依然是有效的。只不过人们今天将它称为把自身放置在"天狼星的视角"，在此借鉴于贝尔·伯夫-梅里（Hubert Beuve-Méry）在《世界报》上主持多年的主编社论的栏目标题。把自身放置在"天狼星的视角"里，这意味着尽力做到史学家与学者的客观、公正，但同时也要从自我中脱离，朝向一种普遍性的视野敞开。这种修炼致力于对个体在宇宙中的位置有所意识，因此，将个体从私己的视角里脱离，也让他意识到自己不仅仅属于宇宙的整体，而且也属于人类共同体的整体，让人从对事物的单方面的见解中走出，设身处地地为他人考虑。

雅妮·卡尔利埃：但是，难道您不认为在"天狼星的视角"与共同体的关怀之间有一种矛盾吗？前者必然让我们远离人群，而后者将我们置身在人群中间？

皮埃尔·阿多：有一次，在一张邀请函的卡片上，我读到一段署名爱因斯坦的文字，但没有具体的出处。我方才所讲的在这段文字里得到了很好的表达，我不禁要引用它："一个人仅仅是我们所称作的'宇宙'的整体中的一部分，局限在时间与空间里。然而，他却把他的个体、思想与情感看作是截然不同的。在这里就有一种视觉的幻念，这种幻觉把我们封闭在某一种牢狱之中，因为，我们在里面只能看到自己的向往，我们只把情意给予与我们最亲近的很少一部分人。我们需要义不容辞地走出这些狭隘的局限，把我们的心向所有生灵打开，向绚烂的大自然打开。没有人能充分地达到这个目标，但是，我们试图达到而付出的努力有助于把自身释放，并给内心带来安全感。"这恰恰正是从高处俯视的目光，让人走出自身的局限，将人性重新放置在整体之中，与此同时，也让我们意识到自己是整体中的一部分的事实，引导我们朝向一切生者而打开内心。在这段文字里，整体都带着斯多葛派的气息，甚至也包括智慧无法抵达的特征的理念。它确实是爱因斯坦所写吗？米夏埃尔·沙斯（Michael Chase）和我有好几年都在爱因斯坦发表的作品里用心查找。但无法找到出处。或许它藏在一封书信里？实际上，它相当符合这位伟大学者的思想，比如，他写道，要认识一个人的真实价值，需要自问在多少程度上他从自我中释放出来，这样做又以什么为目标①。无论如何，在我引用的这篇文字里，我们看到两个方面的亲密联系，一方面，从褊狭的视见过渡到普遍性的视野；另一方面，意识到要让自身为人类共同体效力的义务。

雅妮·卡尔利埃：对人类共同体的这种关怀是否在古代哲学各个流派里都能找到，还是斯多葛派所特有的？

皮埃尔·阿多：在柏拉图当年于叙拉古城实施政治改革的尝试里，我们已经看到了这种关怀。随后，在伊壁鸠鲁那里有了一种推进，在他的学派的生活里，在自由人与奴隶之间不加区分。最终，人的类型的理念，似乎只在斯多葛派那里出现，他们把城邦的概念拓展到有理性的人的共同体。什么是人呢？爱比克泰德这样提问（Ⅱ，5，26），他答道：人是一个城邦的一部分，也就是说属于大城邦，神灵与人类共有的城邦，也属于小城邦，后者只是宇宙城邦的图像。

在塞内加那里，可以找到承认所有人的高尚尊严的

---

① 爱因斯坦，《我如何看世界》，巴黎，弗拉马里雍出版社，1979年，第11页。

最具决定性影响的斯多葛派文本。在《致卢基里乌斯的书信》(95,33)里，塞内加批评竞技场的一些场景，当时在竞技场，正对一些赤裸的、解除武装的罪人们进行惩罚，要将他们置于死地，在谈到这个问题，他运用这句表述，"人对人来说，是一种神圣之物"。我们要注意，他的话里指的是被看作罪犯的那些人。因此，也意味着作为人的人，对人来说，是一种神圣的生物。对古代人来说，"神圣"这个词带有宗教的价值。爱比克泰德在谈到奴隶时，他讲的是"上帝的儿子"。

因而，斯多葛派对我们所说的人类的社会使命、人类共同体的效力、哲学的政治责任拥有一种敏锐的见解。然而，在他们眼里，哲学家不应在一个国家里进行政治活动，他如要实行，就需要放弃他的道德原则。在道德与政治之间，他们严格要求一种紧密的联系。

雅妮·卡尔利埃：古代的历史是否呈现了斯多葛派与斯多葛主义者一种政治行为的痕迹呢？

皮埃尔·阿多：在古代斯多葛派的历史进程中，人们可以注意到了学派所实行的政治行为的一些见证。在公元前三世纪，斯巴达国王克里奥门尼斯（Cléomène）在他推行的多次改革中受到斯多葛主义者斯菲洛斯（Sphairos）的启发；这些改革保证各个公民之间的绝对平等，与社会阶层的任何分化相对立，保证男性与女性之间的平等、土地的共享、债务的免除。在公元前二世纪，格拉古兄弟①著名的耕地改革，是在斯多葛派的圈子里制定的，受到斯凯沃拉家族的影响，还有斯多葛主义者布洛修斯（Blossius）的影响。这些改革受到了在提比略·格拉古的一段讲话里出色表达出的对苦难的同情的启发。在提比略·格拉古改革失败之后，哲学家布洛修斯逃亡亚洲，逃到亚里士多尼古斯（Aristonicus）的身边，后者与罗马人争夺帕加马王国，以奴隶的解放与公民的平等作为政治纲领。罗马帝国地方省份的执政官，比如昆图斯·穆修斯·斯凯沃拉，也将斯多葛派的人道主义原则应用在治理地方省份的方式中②。但我等于在上一堂历史课。因此，我要很快地带着遗憾过渡到公元一世纪，斯多葛派与帝国形成了对立。

雅妮·卡尔利埃：但到了随后的一个世纪，一名斯多葛主义者将成为罗马皇帝，他就是您喜爱的马可·奥勒留。在他的执政中是否可以识别出斯多葛派的痕迹呢？

---

① 格拉古兄弟（les Gracques），古罗马的两个保民官，主张实行土地法案，粮食法案等，发起了旨在将贵族及大地主多得的地产分给平民的一场改革，由于改革触动了贵族尤其是元老院的利益，遭到豪门贵族激烈反对，后均被杀。兄长即后文提及的提比略·格拉古。
② 皮埃尔·阿多，"斯多葛派的传统……"，见本书第七章第一问。

皮埃尔·阿多：有一点是确切的：马可·奥勒留没有像克里奥门尼斯或格拉古兄弟那样发动轰动一时的改革。但在他的书里，他称颂一些将士，他们或属于斯多葛派或属于其他学派，为了一种国家理念而战斗和献身：在书中，法律面前人人平等，每个人都拥有言论的自由，主体的自由得到尊重。因此，我们可以清楚地看到他的所好。

让我们举几个例子，看他着重的细节如何证实他的关怀。我讲到"细节"，因为，马可·奥勒留似乎坚信，准确地说，皇帝的首要义务在于操心一些细节，比如，保护城邦的居民免受官吏滥用职权或者司法谬误所累。古代的历史学家与法学家赞美他给予正义的细致关怀，他延长了法院开庭会的时间，总担心给某个人判错了罪，努力地为被告保留辩护的权利。马可·奥勒留的法律证实了他对于促进奴隶解放的关注，尽管这与保障国库需求的原则相抵触。为了不给地方省份加重赋税的压力，他通过拍卖皇室的贵重物品来资助那些日耳曼的村庄。当得知表演杂技的孩子们因跌落绳索而身亡时，他立刻下令增加垫子、在绳索上安放保护措施来避免类似的事故。在当时来说，这些都是极其罕见的对待平凡公民的态度。很少有皇帝会在意这些对他们而言无关紧要的细节。

雅妮·卡尔利埃：我想，我们都会同意一点，都会承认人类共同体的关怀，在斯多葛派所宣扬的精神态度中，对我们来说保留了最多的价值。

皮埃尔·阿多：是的，马可·奥勒留在著作中写下的笔记非常珍贵。在这位皇帝对他自己提出的建议中，有一种非同寻常的清醒，去清除窥伺着行动者的所有危险。人们需要用心地尊重他人，始终不偏不倚，完全无私，不要用自私的方式执着于行为，要接受他人的建议。今天，这些意见依然具有价值。

在更广泛的层面上，人类共同体的关怀是哲学思考与哲学生命中一个主要维度。在柏拉图《申辩篇》里，苏格拉底十分强调要忽略个人的利益，只应照顾他人。很明显，可以说，他只照顾灵魂。但在古代，也有一些元首是哲学家，比如提比略·格拉古或者昆图斯·穆修斯·斯凯沃拉，他们关怀民众的生计，尤其是穷人。

在这个视野里，我想说，在今天，任何旨在减轻苦难、痛苦与疾病的行动，受到伦理主题启发的任何政治行为，正如瓦茨拉夫·哈维尔[①]所定义的，他这样写道："唯一的政治，唯一配得上这个名字的，而且是我愿意实行的唯一政治，是为众人服务的政治，为群体服务的政治。"

---

① 瓦茨拉夫·哈维尔（Vaclav Havel），《夏天的沉思》(*Méditations d'été*)，巴黎，黎明出版社，1992年，第137页。

因此，所有这些行动，都可以被视为哲学式的"行动"，在这个词的最强烈、最高贵的意义上。

雅妮·卡尔利埃：有一个主题经常在您的作品里出现，即面对存在与宇宙的光彩的赞叹。我想，这还是您认为依然充满活力的古代哲学家的一种态度？

皮埃尔·阿多：现在，您给我机会再谈一下我刚才联想到的这个理念：生活在当下，仿佛最后一次、也是第一次见到这个世界一样去生活。尽力地观看这个世界，仿佛第一次见到它，这也意味着从我们对事物惯常的、墨守成规的观念里摆脱出来，重新找到对现实的一种天然的、纯真的看法，因而，觉察到我们常常没有留意到的世界的辉煌。这正是卢克莱修付出的努力，当他对自己说，如果世界的图景突然地、意外地呈现在我们眼前，人类的想象无法构想更美妙的事了。而塞内加讲到，当他注视这个世界时，让他惊愕得目瞪口呆，他说，这个世界，有好几次，当我注目时，都仿佛我初次见到它①。

在相当一部分的西方文学里，我们可以找到这种惊叹，面对世界里存在的前所未闻的奇迹的心醉神迷。在

---

① 卢克莱修，《论事物的本性》(*De la nature des choses*)，Ⅱ，第1023页；塞内加，《致卢基里乌斯的书信》，64，6。

十七世纪，特拉赫恩写下令人钦佩的《极乐之诗》(*Poème de la Félicité*)，让·瓦尔费心地译了一首题名"心醉神迷"的诗："我所看到的一切，都犹如一个奇迹。"十九世纪初，比如，还有一次，在《浮士德 II》里，歌德描写了天使林扣斯（Lyncée）的歌唱："在万事万物中，我看见永恒的盛装。"更近些，还有比如里尔克（"在人间是一种华美"）和维特根斯坦，后者说，他最好的体验就是在世界的存在面前的心醉神迷。

因此，我并不是在世界的存在面前赞不绝口的唯一的人。但我有一个顾虑：林扣斯讲到的这种盛装，难道不正是一种奢华的面纱吗？它遮掩了恐惧，为了生活而战斗的恐惧，对那些猛兽的恐惧，还有对凶蛮地互相撕裂的人们的恐惧？存在难道不正是大自然中的一部分与另一部分残酷争斗的结果吗？斯多葛派告诉我们，需要依照原样看待自然，抛开对自然的拟人化的再现。在这种严谨里，有某种东西千真万确。在一些拍摄自然的电影作品里，我们看见野兽们吞噬着猎物，这最终提示我们，自然界的恐怖也是一种华美。当亚里士多德自忖，为什么我们嫌恶在自然界中看见的恐怖或者残酷的事物，然而我们却又在艺术作品里赞叹它们，他对此表示惊讶。一个真正热爱自然界的行家，应该甚至也热爱其中令人厌恶的方面。他说，在自然界的所有作品里有些美妙的事物。

但是，对于那些成千上万的身陷苦难的人们而言，世界中的存在，确实不会显得有如美妙的事物。叔本华曾说，这些事物看上去很美，但置身其中又完全是另一回事。确切地说，哲学生活旨在有意识地承担作为置身万物中的一员的事实的勇气。有些人物，简单又"普通"，正如蒙田所指出的，拥有这种勇气，因而抵达了哲学生活。甚至当他们在受苦及处在一个绝望的境况中时，他们有时也能在世界中端详存在，犹如华美的事物。在蒙特利尔的一次讲座之后，一个听众告诉我，我应该读一读罗莎·卢森堡在监牢里写的信函①，因为，在其中，可以找到与我说过的近似的话语。我读了她在1917至1918年被囚禁期间的信函（她大约在1919年遇害），几乎在每一封信里都能找到对世界之美的颂歌。她赞美天空、云彩、花朵和鸟，她写道："在这样一片蓝天前，人们如何能做到凶恶或者褊狭呢？"此外，还有索尔仁尼琴《第一圈》里的主人公，他描写了身为囚徒的感受，他躺在床上，双目紧盯着破损的天花板，"存在的纯粹快乐让我颤栗"。

归根结底，世界也许是华美的，也往往是凶残的，但它尤其如谜一般。赞叹可以化成惊讶、惊呆，甚至恐怖。

---

① 罗莎·卢森堡（Róża Luksemburg，1870—1919），德国马克思主义政治家、社会主义哲学家及革命家，德国共产党的奠基人之一。1915年因支持柏林的斯巴达克起义而入狱，遭到严刑拷打并遇害。代表著作《论俄国革命》、《论马克思主义》、《狱中书简》。——译者

卢克莱修在讲到伊壁鸠鲁向他揭示的自然图景时，他发出惊叹："面对这幅美景，一种神圣的愉悦，一种恐惧的微颤攫住我的身心。"这属于我们与世界的关系中的两个组成部分，既有神圣的愉悦，也有恐惧。但据我所知，这是影射我们体验的这种维度的唯一一个古代文本。也许还应补充上我们刚才讲到的塞内加的"惊呆"。无论如何，这种畏惧的微颤宣示人们所体会到的神圣的微颤。依据歌德的《浮士德》，在现实的谜一般的特征面前，他说，神圣的微颤，正是"人类的最好部分"，因为它是我们对世界的意识的一种强化。现代作者，谢林、歌德、尼采、霍夫曼斯塔尔、里尔克（在他的第一部《哀歌》里写道："因为美只是恐怖的开始。"）以及梅洛-庞蒂，都比古代人更好地表达，或者也更好地感受到在世界的存在中奇异、神秘的东西。我们不能随意地生产这种神圣的微颤，因为，在罕有的情况下，这种微颤向我们袭来，不需要试图逃避，因为我们需要拥有直面存在中难以言说的神秘的勇气。

后　记

现在到了我要对我的朋友们表达深切感激的时刻了。首先要感谢我亲爱的同事与多年的老友，阿尔诺·戴维森与雅妮·卡尔利埃，他们迫使我对一些很重要的问题进行思考并表达我的思想。埃莱娜·蒙萨克雷给我们提供了各种有效的协助，来完成这部对谈录。衷心地感谢她慷慨地给予我们的鼓励与建议。我也收到一些至爱的同行们的极其宝贵的建议：桑德拉·洛吉耶、让-弗朗索瓦·巴洛（Jean-François Balaud）、阿兰·塞贡（Alain Segonds），他们校读了这部作品的终稿，给我提供了一些非常有用的评语。因此，这本书是在诚挚、友爱的氛围里诞生的。

在这部对谈录的结尾，我效仿《爱比克泰德手册》的作者阿利安的做法：他曾援引其他作家的几个文本里的话语放在书的结尾，在他看来，这些文字归纳了他想说的话。现在轮到我这样做，我提议，依据年代的先后顺序，做一个简短的文选，它们涉及我没能引用或者不能全部引用的一些文本，比如关于存在的情感或宇宙般的情感和"海洋般的"情感的内容。评论这些文字，将使之变得枯燥无味。我想这也是一种沟通的方式，是用一种非直接的方式与我的读者沟通。

庄　子

丘之于道也，其犹醯鸡与！微夫子之发吾覆也，吾不知天地之大全也！①

塞内加

从我的方面，我习惯于花许多时间静观智慧：始终带着惊叹去注视，正如在其他一些时刻，我注视世界，有好几次，我看到它犹如初见。②

帕斯卡尔

我不知道是谁把我投在这个世上，也不知道什么是世

---

① 庄子，《庄子全集》，XXI，《田子方》，收录于《道家哲学家》，巴黎，伽利玛出版社，"七星图书馆"丛书，第244页。
② 塞内加，《致卢基里乌斯的信》，64，6。

界,什么是我自己……我看到在周遭宇宙的可怖空间,我置身在这个广袤地域的一角,不知道为什么身处这个地点,而不是另一个地点,为什么赋予我生活的短促时光把我指定在这一个点上,而不是在我身前和身后的永恒光阴中的另一个点。我仅仅看到各个方面的无限把我包裹,如同一个原子和只持续一个瞬间、永无回归的一个阴影。我知道的一切,就是我不久会死去,但我最无从知晓的就是我甚至无法避免的这种死亡。①

卢 梭

剥离了任何情绪的存在感,其自身是一种知足的、平和的珍贵情愫,仅仅这一点,就足够让这种存在变得珍贵和温柔,懂得把不断让我们分心和扰乱此处柔和的肉欲的、尘世的各种印象,从自身之中排除出去。

他怀着一种美妙的沉醉,在他所认同的这个美好、广袤的体系里。于是,所有个别的物件都逃逸了,他只看见、只感觉到整体。②

---

① 帕斯卡尔,《沉思录》,194,布伦茨威格出版社,巴黎,1971年,第418页。帕斯卡尔表达了想要停留在怀疑中的人们的感受,但在其中也有对存在之谜的相当精彩的描述,在"整体性"的意义上。
② 卢梭,《孤独散步者的遐思》,第5篇、第7篇。

哲学的生活方式

康　德

有两样东西用永远崭新和不断增长的钦佩与崇拜填充灵魂,当思考更频繁、持久地介入时:在我头顶上的星空与在我身上的道德律令……我立刻把它们与我存在的意识联系在一起。①

歌　德

神圣的畏惧,这是人身上最好的部分。世界让他偿付他所体会到的,这如此昂贵,正是在震撼中,他深刻地感受到不可思议的现实。②

我正是为了惊讶感而存在。③

对于原初现象的即刻感知,让我们沉浸到某种焦虑之中。④

布莱克

在一粒沙石中见世界,

---

① 康德,《实践理性批判》,吉布兰(Gibelin)译,巴黎,1983年,第175页。
② 歌德,《浮士德Ⅱ》,第6272行。
③ 歌德,《间接独白》(*Parabase*),第12行诗。
④ 歌德,《格言与思考》(*Maximes et réflexions*),第16段,汉堡版,第367页。

在一朵野花中见天空，

在手掌心中掌握无限，

而永恒就在这一刻中。①

梭 罗

我与土木香和白杨树纷飞的叶片之间的通感，几乎让我屏住呼吸；然而，正如湖水，我的安宁泛起涟漪，却并不紊乱。

为什么我感觉如此孤单？我们的星球难道不是在银河系之中吗？

我怀着置身大自然中的一种奇异的自由，穿梭来回，化成其中的一部分。

最令人惊讶、最真实的事实，永远只能在人与人之间沟通。在这层意义上，我日常生活的真正收获，也是难以觉察的、无法描述的，正如晨与夜的色调。这是星辰袭来的一丁点尘埃，是我在路过时可以挂在上面的一段彩虹。②

---

① 布莱克，《纯真的占卜》(*Augures d'Innocence*)，收录于《布莱克全集》(*Œuvres de W.Blake*)，皮埃尔·莱利斯译，第 2 卷，1977 年，第 152—153 页。

② 梭罗，《瓦尔登湖》，朗德烈·奥吉埃 (Landré-Augier) 译，巴黎，奥比埃出版社，1967 年，第 253 至 255 页及第 379 页。

尼 采

让我们承认,我们仅对一个唯一、独一无二的时刻说"是",因而,我们说"是",不仅仅对我们自身,也对任何存在。因为,无论是在我们身上,还是在事物之中,没有什么是孤立的。如果,哪怕只有一次,幸福让我们的灵魂颤动并发出共鸣,那么,一切永恒都是必要的,是创造这个唯一的事件的条件,而全部的永恒都在我们曾说"是"的这个独一无二的瞬间,被许可、弥补、证实和确认。①

汤普森

所有事物,

或近或远,

以一种方式隐藏,

彼此联系,

以一种不朽的力量,

让我们在采摘一朵花时,

---

① 尼采,《遗作片断》,1886 年岁末至 1887 年春,7 [38],第 12 卷,巴黎,伽利玛出版社,第 298 页。

不吵醒一枚星辰。①

霍夫曼斯塔尔

大多数的人们并不活在生活之中，却活在一种拟像之中，在一种代数之中，在里面，什么都不存在，一切只有意味。我希望深刻地体会到一切事物的存在……②

我们永远不能用完全如原样存在的方式言说一个事物。③

他在乡下穿过田野的中央，那个十六岁的年轻男孩儿，当他抬起目光看天空，看见一行白鹭飞过，在高高的天上：一无其他，只有这些生灵的白色在蓝天上划桨，只有这两种颜色彼此相衬；关于永恒的那种难以言喻的情感在瞬间潜入他的灵魂深处，将联结的拆开，将拆开的联结，乃至于他好像死去一样倒下身。④

---

① 汤普森（F. Thompson），"视觉的把握"（La Maîtresse de Vision），收录于《诗选》（Poèmes choisis），当尚译，略加修订，巴黎，1961 年，第 186 页。
② 霍夫曼斯塔尔，"致埃德加·卡格的信"，1895 年 6 月 18 日，由 J. C. 施耐德与 A. 科恩援引，收录于霍夫曼斯塔尔，《致尚多斯爵爷的信及其他文本》（Lettre de Lord Chandos et autres textes），巴黎，1992 年，第 223 页。
③ 同上。
④ 霍夫曼斯塔尔，"旅者回家后的信"，收录于《致尚多斯爵爷的信》，施耐德与科恩译，巴黎，1992 年，第 156 至 157 页。文中提到的是罗摩克里希纳。

里尔克

我们应该接纳我们的存在，尽可能地完全接纳。一切，甚至连无法构想的，都应在其中成为可能。最终，我们被要求的唯一的勇气，就是面对奇异、美妙、无法解释的事物的勇气……对无法解释的畏惧，不仅会把个体的存在贫瘠化，而且也会把人与人之间的关系贫瘠化，这种畏惧，将之抽离出无限的可能性的河流，在河岸的某个确切的地点，将之遮蔽。①

维特根斯坦

我的存在是最佳的范例……我相信，最好的方式是描述它，也就是说，当我有了这样的体验，我在世界的存在面前感到心醉神迷……现在，我将描述何谓在世界的存在面前心醉神迷的体验，我会说：这意味着用如同看待奇迹的方式看待世界的体验。②

---

① 里尔克，《致青年诗人的一封信》(*Lettre à un jeune poète*)，巴黎，格拉赛出版社，1937年，第92至93页。
② "关于伦理的讲座"(*Conférence sur l'éthique*)，收录于维特根斯坦，《功课与对话》(*Leçons et conversations*)，巴黎，2000年，第148与153页，福夫译，此处略加修订。

塞 尚

世界的湍流,广袤无垠,在一丁点儿拇指大的材质之中。①

亨利·拉伯

关于大海的体验,太磅礴,太神秘了,不能缩减为一种个体之间的关系……当你独自在海上,在一个有着美丽星辰的夜空下,你所体会到的,与置身在一个文化空间里的个体所体会到的,有着一种本质的差异,宇宙的灿烂与广袤,会让你心醉神迷,让您感到,完全被携卷到这个整体的空间里,只能参与到其中,而词语永远不能描述这一点……在大海上,我不再是我自己,我就是宇宙②。

---

① 让·加斯凯(J. Gasquet),《塞尚》(*Cézanne*),巴黎,1988年,第154页。
② 亨利·拉伯(Henri Laborit),生物学家,刊于《世界报》周日版,1983年4月24日。

皮埃尔·阿多作品选目

《灵修与古代哲学》(*Exercices spirituels et philosophie antique*),巴黎,奥古斯丁研究会,1981 年。第三版,增订版,1993 年。

《内心的城堡:马可·奥勒留思想介绍》(*La Citadelle intérieure. Introduction aux Pensées de Marc Aurèle*),巴黎,法亚尔出版社,1992 年。

《古代哲学的智慧》(*Qu'est-ce que la philosophie antique ?*),巴黎,伽利玛出版社,1995 年。

《普罗提诺或目光的简单》(*Plotin ou la simplicité du regard*),巴黎,伽利玛出版社,1997 年。第一版:巴黎,普隆出版社,1963 年。

《苏格拉底赞歌》(*Éloge de Socrate*),巴黎,阿里亚出版社,1998 年。

《哲学赞歌》(*Éloge de la philosophie*),阿里亚出版社,1998 年。(法兰西学院开课演讲,1983 年。)

文　集

《古代哲学研究》(*Études de philosophie ancienne*)，巴黎，美文出版社，1998 年（收入"金驴集"）。

《普罗提诺、波斐利：后柏拉图研究》(Plotin, Porphyre, *Études néoplatoniciennes*)，巴黎，美文出版社，1998 年（收入"金驴集"）。

译作评注

普罗提诺，《作品集》(*Écrits*)，第三十八篇（Ⅵ，7），巴黎，塞尔夫出版社，1988 年。

普罗提诺，《作品集》，第五十篇（Ⅲ，5），巴黎，塞尔夫出版社，1990 年。

普罗提诺，《作品集》，第九篇（Ⅵ，9），巴黎，塞尔夫出版社，1994 年。

《爱比克泰德手册》(*Manuel d'Épictète*)，巴黎，口袋本，2000 年（哲学经典系列）。

马可·奥勒留，《作品自选集》(*Écrits pour lui-mêm*e)，Ⅰ，巴黎，美文出版社，1998 年。

再版译后记
哲学习练与生活方式

姜丹丹

在这本书中,我们听到的,不仅仅是一个法国当代哲学家、哲学史家皮埃尔·阿多讲述他的生平、经历、研究与阅读,而且也是他对于何谓"哲学的生活"(vie philosophique)的领会,他终其一生,用理论研究与实践结合的方式,正是对于"哲学的生活"——即哲学作为生活方式的选择、决定与坚持。

阿多用平实、淡泊的口吻,首先讲述了他的生活经历,从他对早年遇到的具体限制的陈述中,我们可以体会到,他后来如何努力地摆脱了所在的生活环境与所受教育的局限性。他曾在教会读书,而实际上,否则,他的父母当时可能无力支付他和哥哥们的学费。他也经历了战争年代,在他作为青年研究者的时期,也曾在有化工厂重污染的巴黎郊区,过着拮据的生活,1950 年代,在他租房的巴黎郊区，空气中曾弥漫硫的气味。这些经历的磨难，为他后来得的心脏病、肺炎等疾病，埋下了隐患。2010年4月，阿多因肺炎在巴黎去世。这本对话录，不仅呈现了从哲学史研究成长为思想家的阿多对于一些关键性问题的思考结晶、关于研究方法养成的心得，也见证了阿多从不怨天尤人的生活态度，他总是对于生活充满了感恩，在艰苦的环境中，依然体会到在局限之中的乐趣与收获。这位真正的智者经过不懈的努力，终于超越了种种的限制，成就了做哲学的人生之路，并重构了欧洲哲学作为生活方式的思想体系。因而，这涉及的不仅仅是一种工作的方法——阅读、翻译与诠释哲学文本的途径与视角，而且，也传递了在哲学的流派与文本中呈现的面向生活的不同态度。

阿多试图从诸多的哲学家、流派中找到一些相通性，他发现了一种共通的脉络，认为值得重新探索，即对于生活模式、存在取向的选择，作为精神修习的思考与实践。在这样的视角下，阿多展现了如何规限真我，发现真知的古希腊罗马哲学的传统。自中世纪起，宗教吸收了在古代哲学中的这种传统，而逐渐占了上风，导致"哲学作为生活方式"的修习传统，曾逐渐被世人忽略和遗忘。正由于阿多本人是自觉地、有意识地从宗教的领域中脱离，转向从世俗的、纯粹哲学的视角探讨精神的修习，精神的习练。所以，笔者认为，正如他在这本书的第六章所阐明的,他重新提出的这个概念,应与传统宗教意义上的"灵修"作出明确的区分。阿多明确地指出:"从个人的角度,我会把精神修习界定为一种自愿的、个人的实践,目标在于实现个体的一种转变,一种自身的转化。"而且,阿多认为,这样的脉络不仅存在于古代,而是一直延续到现当代,可以启发我们,从这个视角,重新发现例如在歌德、柏格森、梅洛庞蒂的思想中所涉及的在知觉方式上提议的视角的转化,作为生活方式的一种必要的、切实的内在转化的反映。经过这样重构的欧洲哲学,对于汉语读者来说,显然是更加亲切了,这超越了现代以来的某一种约定俗成的范式对立,即认为西方哲学与中国哲学的主要差异在于知识论与生命的学问的对立。实际上,笔者发现,阿多在这个方面也多少受到了法国汉学尤其是程艾蓝(Anne Cheng)的汉学研究著作《中国思想史》的启发与影响,因而,经由这样的文化转移,阿多所阐释的作为生命的修习的哲学观,自然也与中国古代的哲学可以产生诸多跨文化对话、会通的可能性。笔者最初曾将阿多所重构的习练直译作"精神的修炼",而后来在跨文化对话的研究中,日益发现他所用心作出的朝向中国古代哲学的回应的某种尝试,因而,在修炼与修养之间,为了更好地迈越这种语汇层面的栅栏与阻碍会通的屏障,笔者提议在此重译为"精神的修习"。

阿多在重新挖掘欧洲古代哲学中的生命的关怀时，特别注意与他的同行朋友福柯讲的"自身技术"、"自身修养"的提法保持一定的距离。从阿多多次引述福柯和谈到他们的相遇的文字中，不难看出，他对于福柯的工作也很重视，他始终感激福柯推荐他去竞选法兰西公学院的教席的举荐之恩。但是，他也在学理的层面上揭示，福柯所诠释的古代哲学忽略了内在安宁的修习，缺失了宇宙的视野。相比之下，阿多特别注重在哲学研究中的历史感，在对哲学史进行严谨钻研的基础上，重新激活古代哲学的"意义的内核"。阿多致力于阐明，古代哲学如何启发世人去超越自身的局限，过渡到宇宙的广阔的视野。这正是摆脱与超越自身的生存与视角的偏狭、有限，而转化到"从高处俯瞰"的视角，或如《庄子》所谈的"以道观之"。阿多在这本书里引用《庄子·秋水篇》，因而绝对不是出于偶然，他体会到庄子的哲学与他所重构的哲学观的相近之处，比如在"真知"的方面的会通性，《庄子》所讨论的从"小知"到"大知"的转化，这种视角的转化，意味着自身的拓展，同时，又是以吊诡性的方式，以祛除自私的、狭隘的"小我"的修习为前提性条件。阿多这样评述《庄子》讽刺的"井底之蛙"的处境："要走出这种封闭，在世界的广大空间里呼吸"。与此同时，阿多也强调，在自身的转化中，还有一点特别重要，就是朝向人类共同体的视野的拓展，"我们的行动不是由一种抽象的普遍主义，以一种自动的方式支配的，但在每种情况下，重要的是摆脱我们的眼罩，如果可以这样讲的话，而非把我们的视觉仅仅局限在我们自身的利益之上。这指的是把自己放在他人的位置上，并尝试着把我们的行动重新放置在人类的坐标之上，不是抽象的人性，而是具体的其他人"。在这一点上，显然，也可启发我们进行儒道会通的思考，比如，在庄子所讨论的"敬中以达彼"（《庄子·杂篇·庚桑楚》）的通境中，可以读出，"以与世俗处"（《庄子·杂篇·天下》，"独与天地精神往来，而不敖倪于万物。不谴是非，以与世俗处"）的不容忽略的维度，而在儒道互济的视角里，与《论语》中所讲的"德不孤"相汇通，则可以构成从"见独"走向"共在"的修习。

阿多在穿越哲学史的过程中，在面对时间性的方面，强调了专注于"现在"、活在"当下"的态度趋向，从这样的视角，他也尤其以重读歌德的《浮士德》为例，抽取出其中的浮士德与海伦的"相遇"，作为一个关键的线索，在《别忘记生活》（孙圣英译，收录在"轻与重"丛书，华东师范大学出版社）里，他也继续做了延展的阐发，如海伦所提议的，"既不瞻前，也不顾后"的生活在当下的生命态度，在阿多看来，具有生活在此时此刻的过程之中的哲学意涵。可以说，作为生活方式的哲学，也正意味着，在这个过程中，重新审视自身，放下对于超出我们把握范围之外的事物的负面的影响，也不加入过度的主观性的再现与判断。在每一次面对世界与事物时，都能用"新的目光"，如同初见，发现其中的陌异性，倾听事物内在的声音，因而，也可以说是，建立与深层的、本真的自身的对话性的关系，从而进入与世界、事物、他者的对话、相遇的过程之中。阿多在不同程度上处理的对于主体性的修习，倾向于转化到可以迈越自我的局限、进入拓展的主体性的层面，这种修习，在《庄子》那里，则是以"吾忘我"、"心斋"的吊诡性的表述来思考的，以通向"有蓬之心"、"成心"所无法领会的生命之大道。

从青少年时代，阿多就为法国现代作家罗曼·罗兰（Romain Rolland）提到的"海洋般的情感"所震撼，他在这本书中，多次引用了这一句表述，也从在少年寄宿学校时，比如经历停电的晚间的时光里，在注视星空时，体会到这种体验。一直到书的末尾，阿多再一次提到在广袤的空间里的体验，如面对星辰大海时所感受到的，谈到了超出自身有限的视域，到超越一种固定的文化空间、社会结构中的阻隔，作为他对于"宇宙意识"所代表的自身生命的拓展之境的领会。似乎所有的修习，在阿多看来，都是在为这样的生命之境，创造前提性的条件。因而，阿多可以看到，在古希腊哲学的两种看似对立的流派——斯多葛派与伊壁鸠鲁派之间的相通性，从前者对于情感、情绪的克制，到后者对于不必要的欲望的调节，他都读出了对于现在的、有限的（会死的）生命过程的专注的修习。

在《哲学的生活方式》的末尾，阿多汇集了多位哲人的思想语录，可以说，那些引文都对应了他在此书中凝练、结晶出的哲学生活的理念，在其中，包含美国现代作家梭罗在《瓦尔登湖》里写下的一段话：

> 我怀着置身大自然中的一种奇异的自由，穿梭来回，化成其中的一部分。
>
> 最令人惊讶、最真实的事实，永远只能在人与人之间沟通。在这层意义上，我日常生活的真正收获，也是难以觉察的、无法描述的，正如晨与夜的色调。这是星辰袭来的一丁点尘埃，是我在路过时可以挂在上面的一段彩虹。

可以这样说，对于梭罗而言，"日常生活的真正收获"，来自难以言述的与事物、世界本身的相遇，对于外部世界的发现，可以说每分每秒充满惊奇，却也是"难以觉察、无法描述"的。这种真正构成"相遇"的经验，或许只有"在人与人之间"，有可能达成深层次的沟通，而或者说，人与人之间的相遇，是最为令人惊奇的。因而，总而言之，在梭罗所选择的面向自然的生活方式之中，人生就是与他者（也可以是自然界里的具体元素：晨与夜的色调、星辰、彩虹）相遇、建立沟通的历程。在《庄子》中讲的"意之所随"，正是在沟通的历程中与体验相关的维度，在道的领会层面，达成"通"境，则对应于"意会"、"以神会之"的修习。而哲学在某种意义上，就是对于"相遇"保持惊奇的能力，换言之，而哲学的修习工作，也可以说，就是对于与人与物、与世界的诸种"相遇"的操练与反思，借用阿多的话说，是对于"相遇"之境的生活实践的思想性习练即"精神修习"。

阿多在歌德、梭罗那里，也看到将斯多葛派与伊壁鸠鲁的精神修习实践相结合的典范，他借鉴雅斯贝尔斯的观点，指出斯多葛派与伊壁鸠鲁派的生活态度"似乎对应我们内在生活的对立的、却不可分离的两极：张力与放松，义务与安宁，道德意识与存在的快乐"。这也构成在此时此地的临在世界里，保持平衡、健康生活所需要的不同立场，阿多强调，在具体的情形里，可以"用自由的、个人化"的方式，吸纳和应用不同的修身方法与态度。因而，所谓哲学的生活方式，并不是指遵守僵硬、死板的教条，而是进入活生生的、不断变化的日常生活的过程之中，进行哲学的修习的具体过程。一方面，在从日常生活的视角里抽离出来之后，又返归日常生活，由于知觉的目光发生转化，因而得以重新面对经过转化的日常生活的临在世界。另一方面，通过融入世界的有限整体，在与自然事物、其他人与生灵的关系之中，重新生成为摆脱自我的激情与偏狭视角限制的自由主体，而尤其在构成"相遇"的关系之中，真正获得面向生活本身的价值去存在、言说和表达的能力。在语言的领域，这也意味着领会到语言包容在具体生活形式（私人与公共领域）中的复杂性，在通过与现实建立的一致性结构来表达意义的确定性与明晰性中，也具有含混、不明的部分，也呈现出无法抵达事物和无法解释存在的、神秘不可能的维度。哲学的生活方式教会人们在承认有限性的同时，真正面对充满各种张力、机遇、风险与考验的生命本身。

在《古代哲学的智慧》的开头，阿多引用蒙田设想的一段对话作为题词："我在一天中什么都没做。——怎么，您什么都没做，可您难道没在生活吗！难道这不就是您最显著的一个思虑吗！"阿多认为，这段对话体现了蒙田对于生活本身的无限价值的认可。这意味着，恰恰是要放弃对于生命意义的疑虑与探究，在生活的过程中，以摆脱机制束缚的自由方式，去感受生活本身所蕴含的细致而丰富的价值。然而，在阿多看来，这首先意味着返归自身，由此，阿多揭示，胡塞尔的"超验的自我"，回应了古希腊的德尔斐神谕（"认识你自己"），以及中世纪的奥古斯丁体证"内在的人"("别去外部寻找，返归自身吧，真理居住在人的内在里")，先从"悬隔"出发，而后在"自身普遍意识"的深化中"重新找回世界"，因而，在对"古代传统的献礼"的同时，胡塞尔用创造性的诠释，重新激活了古人的思想，也开创出新的（意向性现象学）哲学进路。

皮埃尔·阿多指出，古代的哲理往往具有简单、平常的表象，但要真正领会其中的意涵，必须要用体贴的方式一读再读原文，也要反复研究注疏、评论、诠释的历史，更需要用不止于理论的阅读伦理去亲身经历，用体验的方式重新激活"古老的真理"，甚至在实践中体会其尺度所在。阿多这样写道："我们终生都在'阅读'，但是，我们却不再会阅读，换言之，需要让我们停下来，从忧虑中释放自身，返归我们自身，将我们对于微妙与独特的探求搁置一旁，平静地沉思、反刍，让文本对我们言说。"在阿多对学习真正的阅读的表述里，关于阅读的主体，需要经历与学习面向生活本身同样的伦理习练。其中的困难在于，悬置主观性的、固定的见解与思维方式的强加，在与文本的对话性的关系里，让文本在我们身上引发真正的转化，如同引向自我在作为习练实践的阅读中的"重新诞生"。正是在这种哲学生活的习练中，阿多通过严谨的研究与创造性的解读相结合的方法，也让哲学文本与其中包含的伦理意义，得到创造性的重构。阅读作为对话、相遇的修习，也对笔者产生了深远的影响。

笔者在北京大学攻读博士期间（2002—2006），有机会得到赴日内瓦大学留学深造的机会，后回国答辩。虽然当时选择做诗学的研究，然而，如在北大读硕士的阶段一样，同时修了哲学系的课程。在日内瓦留学阶段，有幸发现阿多的著作，对我而言，是在博士论文之外的一种重要的馈赠与影响，精神的修习作为一种指路的明灯，引导我坚持走过了读博的那一段长长的隧道。多年之后，我才重新发现，在那段时间里的阅读深耕——作为在精神的修养中的一些域外的思想资源，又与我自少年起长年研读的中国古代哲学的经典，尤其是《庄子》，逐渐产生了对话的可能性。阿多的著作、对话录对于我在跨文化对话领域的探索，可谓是一份重要的滋养。

笔者后曾于2009年秋至2013年底，在华东师范大学思勉人文高等研究院工作。在此期间，于2011年得到国家留学基金委的资助，到法国高等社会科学院访学一年，从事博士后研究，时值恩师——法国哲学家、汉学家幽兰（Yolaine Escande）女士担任国际中国哲学协会会长，组织了国际研讨会。应幽兰教授的安排，我在那一年的大会中，主持道家思想与文化间对话的主题小组，还发表了一篇法文的论文，《从环境伦理到生命伦理》，其中涉及阿多与庄子的思想对话。那篇论文的英文版，后来也收录在她与沈清松（Vincent Shen）、李晨阳（Chenyang Li）老师主编的英文的论文集（*Inter-culturality and Philosophic Discourse*，《文化间性与哲学话语》）中。在那一年中，在巴黎的十五区租了一间狭小的高层公寓间，我常常对着窗口，坚持不懈地翻译阿多的这本思想对话录，一边从法文翻译成汉语，一边积累了最初的关于阿多与道家哲学的对话的点滴思考。可以说，在那一年中的每一天，我都在与阿多以及阿多所讨论的哲学家们相遇、对话，又不断地过渡到、返归到《庄子》的世界。今日回想起来，当年的条件虽然很有限，然而，却造就了一段翻译加研究的难忘时光，清简、充实而颇有心得。

《哲学的生活方式》的中文版的出版，从一开始，就得到上海译文出版社的支持，我也在2014年获得上海社科图书出版资助，也特别邀请法国哲学学界的三位重量级前辈冯俊教授、杜小真教授、高宣扬教授，审阅并推荐本书的中文版，推荐语发表在本书封底（2014年版，本书初版用名《作为生活方式的哲学》）。曾受惠于三位前辈的慷慨推荐，我在此深表谢意。此次能够有机会再版，也要特别感谢上海译文出版社。

这本书于2014年出版时，我刚到上海交通大学哲学系工作不久，转眼八年过去，在这八年中，我也在法国国际哲学学院、索邦大学定期讲授中国哲学与比较哲学，在中法之间的不同文化语境中的工作经历，也让我对于这本书、对于阿多所重新诠释的古代哲学的智慧，产生了日渐深入的体会，在历经三年疫情的冲击之后，有机会重新校订译文并再版，实在是颇有感慨。应该说，从早期留学阶段开始阅读的阿多的法文著作，始终在不乏一些困难时刻的学术之旅中，支撑与激励着我保持内心的平衡，用持之以恒的修习，从容地前行，由修习到实践，在这之间，穿移往返，践行一种生命的转化。在这期间，我得到许多同行朋友们的帮助，逐渐加深了对于阿多所诠释的哲学作为生活方式的领会，怀着对于作者以及在这个领域帮助过我体证与践行哲学之道的诸位的感恩之心，我很荣幸这次有机会，再次修订译本，并作后记。

2022 年 3 月初稿
2023 年 2 月修订
于静笃斋

译者简介

姜丹丹，目前任教于上海交通大学人文学院哲学系、中文系，博士生导师。法国索邦大学哲学系兼任教授、鲁迅美术学院特聘教授、国际哲学学院通信院士。华东师范大学中国智慧研究院研究员、文明互鉴中心高级研究员。获得法兰西学院-路易·德·波利涅克王子基金会行政委员会科研奖（2020）、法国教育部学术棕榈骑士勋章（2015）、上海浦江人才（2011）等荣誉称号。翻译出版学术著作十余种。近年来专攻哲学与艺术理论的跨文化对话与比较研究。

Pierre Hadot
LA PHILOSOPHIE COMME MANIERE DE VIVRE
© Editions Albin Michel-Paris, 2001
Simplified Chinese edition copyright:
2023 © SHANGHAI TRANSLATION PUBLISHING HOUSE (STPH)
All rights reserved.

图字:09-2011-145号

图书在版编目(CIP)数据

哲学的生活方式/(法)皮埃尔·阿多著;姜丹丹
译. —上海:上海译文出版社,2023.5(2024.7重印)
(译文经典)
ISBN 978-7-5327-9276-4

Ⅰ.①哲… Ⅱ.①皮… ②姜… Ⅲ.①哲学理论-研
究 Ⅳ.①B0

中国国家版本馆 CIP 数据核字(2023)第 049500 号

哲学的生活方式
[法]皮埃尔·阿多 著 姜丹丹 译
策划编辑/袁雅琴 责任编辑/李欣祯 装帧设计/张志全工作室

上海译文出版社有限公司出版、发行
网址:www.yiwen.com.cn
201101 上海市闵行区号景路 159 弄 B 座
苏州市越洋印刷有限公司印刷

开本 787×1092 1/32 印张 10.5 插页 5 字数 170,000
2023 年 5 月第 1 版 2024 年 7 月第 2 次印刷
印数:6,001—9,000 册
ISBN 978-7-5327-9276-4/B・539
定价:68.00 元

本书版权为本社独家所有,非经本社同意不得转载、摘编或复制
本书如有质量问题,请与承印厂质量科联系。T:0512-68180628